Jürgen Reichen

Hannah hat Kino im Kopf

Die REICHEN-Methode *Lesen durch Schreiben*
und ihre Hintergründe für LehrerInnen,
Studierende und Eltern

HEINEVETTER VERLAG HAMBURG
SCOLA VERLAG ZÜRICH

Lesen können öffnet das Tor zu einer neuen Welt – der Bücherwelt. Hannah, die bei Katja Reichen in die Schule ging, hat das klar erfasst. Nach ein paar Wochen Unterricht mit *Lesen durch Schreiben* hatte sie einen „Blitzklick".

Daraufhin erklärte sie: „Weißt, Frau Reichen, jetzt brauche ich kein Fernsehen mehr. Ich habe jetzt Kino im Kopf!"

Verfasser: Jürgen Reichen
Lektorat: Willi Brüschweiler, Zürich
Umschlag: Katja Reichen & Andreas Gerth

ISBN 3-87474-590-2

Auslieferung in der Schweiz:
SCOLA VERLAG ZÜRICH
ISBN 3-908256-06-2

3. Auflage Sept. 2004 (unverändert)
Druck dgw Hamburg

Inhalt

I Einleitung

Liebe Leserinnen und Leser,
wenn Sie aus diesem Buch einen Gewinn ziehen wollen, dann sollten Sie es zwar kritisch lesen und mitdenken, aber Sie sollten sich nicht an dem Vorbild von Schule orientieren, die Sie selber einst erlebten. Weil alle Leute einst Kinder waren und selber zur Schule gingen, meinen (fast) alle, sie seien in Schulfragen „Experten". Sie haben Schule erlebt, wissen wie Schule „ist", und so wie sie Schule erlebt haben, soll diese auch bei ihren Kindern sein, sie ist dann wiedererkennbar, sozusagen kontrollierbar. In diesem „Erfahrungszirkel" sind auch die meisten LehrerInnen gefangen, womöglich noch mehr als Eltern, denn die professionellen PädagogInnen gingen als Kind meist gern zur Schule und waren dort erfolgreich – wer an der Schule gelitten hat oder gar versagte, wird später wohl kaum LehrerIn. Daher haben gerade LehrerInnen aus eigener Sicht wenig Grund, die traditionelle Schule und den traditionellen Umgang mit Kindern in Frage zu stellen, mit der Folge, dass diese Haltung praktisch jede Schulreform blockiert. (Dies ist übrigens ein generelles Phänomen. So zeigt die Kulturgeschichte, dass es gemeinhin 50 Jahre dauert, bis eine gesicherte Erkenntnis an der Basis einer Gesellschaft ankommt.)

Zwar wird scheinbar viel über Schule und Unterricht nachgedacht und geforscht; es gibt unzählige Publikationen, Tagungen und Symposien; überall laufen „Projekte", sind irgendwelche „Schulversuche" in Erprobung, so dass man die Schule ständig in einer Fortschrittsbewegung wähnen könnte; doch bei Lichte besehen, bleibt fast alles an der Oberfläche und gefangen in allgemeinen, nie überprüften Selbstverständlichkeiten. Und deshalb möchte ich Sie eindringlich aufmerksam machen: Auch wenn Ihre Erinnerungen an Ihre eigene Schulzeit positiv sein sollten – wir leben jetzt im 21. Jahrhundert, und in d i e s e m Jahrhundert muss sich Ihr Kind dereinst bewähren. Mit der Schule von gestern wird das kaum gelingen. Wir brauchen eine andere Schule – genauer: eine andere Didaktik – als jene, die Sie als Kind erlebt haben. Das ist die Grundüberzeugung, die ganz am Anfang von *Lesen durch Schreiben* steht und die Sie teilen sollten, wenn Sie *Lesen durch Schreiben* abschließend verstehen möchten.

Da Sie sich zur Zeit mit diesem Buch beschäftigen, können Sie lesen. Als Baby konnten Sie noch nicht lesen, aber in der Schule hatten Sie Leseunterricht – und deshalb denken die meisten Menschen, die lesen können, sie hätten es in der Schule gelernt. Aus diesem Grund fragen sich auch manche Eltern, warum jetzt in den Schulen etwas anderes gemacht wird, denn bei Ihnen war doch alles okay.

Nun will ich Sie nicht absichtlich schockieren, indem ich Ihnen meine Zweifel ausführlich unterbreite, aber ohne diese Überlegungen könnten Sie vermutlich nicht nachvollziehen, was es mit *Lesen durch Schreiben* auf sich hat. Ich bin nämlich überzeugt davon, dass Sie nicht lesen können, weil Sie als Kind in der Schule einen ordentlichen Fibelunterricht hatten, sondern o b w o h l Sie diesen Unterricht hatten. So erfolgreich, wie dieser Unterricht tut, ist er nämlich nicht. Ich zum Beispiel lernte in der ersten Klasse nicht lesen (was vermutlich einer der Gründe dafür war, warum ich zum „Querdenker" werden konnte, vgl. im Anhang die „Entstehung der Methode") und die etwa 4 Millionen erwachsenen, deutschen Analphabeten sind ja auch nicht gerade ein Erfolgsausweis. Nach jüngsten Untersuchungen der OECD erreichen in Deutschland lediglich fünf Prozent der Bevölkerung in der Lese- und Schreibfähigkeit die höheren Leistungsstufen 4 und 5. Über ein Drittel erreicht nur die Leistungsstufen 1 und 2. Dieses Drittel verfügt über keine oder nur geringe Lese- und Schreibfähigkeiten. Zwischen einem Viertel und drei Viertel der Erwachsenen in den OECD-Ländern erreichen nicht die Leistungsstufe 3, die nach Ansicht der Experten das Mindestmaß an Lese- und Schreibfähigkeiten für die Bewältigung des modernen Alltags- und Arbeitslebens darstellt. Dieser Befund muss alarmieren, denn jeder Berufserfolg ist letztlich an Lese- und Schreibfähigkeiten gebunden. Geringe Fertigkeiten im Lesen und Schreiben erhöhen überall die Wahrscheinlichkeit, entweder arbeitslos oder Sozialhilfeempfänger zu werden. Sich mit Fragen des Lesens und Schreibens zu beschäftigen ist also durchaus angezeigt.

Wer lesen kann, hat es durch Schreiben gelernt, nicht mit der Fibel – mit der man im übrigen auch nicht lesen lernt, sondern bestenfalls „entziffern". Wir kommen auf alle diese Punkte zurück. Im Moment sei nur der Hinweis gestattet: Nachdem wir in den Schulen über 400 Jahre lang mehr schlecht als recht mit Fibeln lernten, darf die Frage wohl gestellt werden, ob es da nicht bessere Alternativen gäbe. Es gibt sogar in der Didaktik Fortschritte – und trotz des generellen Modernitätsrückstands der Schulen (ein Missstand, der von keiner Seite bestritten wird) sind doch alle anderen Methoden des Unterrichts jünger als das aus dem Mittelalter überkommene Fibelkonzept.

Ein Autor kann nicht alles, was er seinen LeserInnen vermitteln möchte, gleichzeitig vermitteln. Deshalb stellt sich immer die (manchmal schwierige) Frage: Was berichtet man zuerst, was kommt nachher usw. Vor dieser Frage habe ich mich entschieden, wie folgt vorzugehen:

- Zuerst müssen wir einige Vorüberlegungen anstellen, damit klar wird, was „Lesen" eigentlich ist. Denn so selbstverständlich, wie Sie vielleicht meinen, ist es ganz und gar nicht.

- Nachher stelle ich das Original-Konzept von *Lesen durch Schreiben* vor:
  – wie im Unterricht damit gearbeitet wird,
  – welches Hintergründe und Zielsetzungen des Verfahrens sind,
  – was den „Knackpunkt" gegenüber dem Fibelunterricht ausmacht,
  – was die Kinder zusätzlich zum Lesen noch mitbekommen.

- Daraufhin gehe ich auf zwei Spezialthemen ein, die viele LehrerInnen und Eltern beschäftigen: Rechtschreibung und „Legasthenie".

- Dann erläutere ich den „Werkstattunterricht", also jene besondere Unterrichtsform, die zu *Lesen durch Schreiben* gehört und die auch in den weiteren Grundschuljahren den Unterricht prägen wird (jedenfalls, wenn die Lehrerin wirklich nach REICHEN unterrichtet).

- Schließlich gebe ich Ihnen einige Tips, wie Sie Ihr Kind bei *Lesen durch Schreiben* unterstützen können.

- Und zuletzt füge ich für besonders Interessierte noch einen Anhang bei, wo Sie etwas über die Entstehung von *Lesen durch Schreiben* erfahren können.

II Allgemeine Vorüberlegungen

1. Hinweis auf die grundsätzliche Bedeutung des Erstleseunterrichts
Lesen war, ist und bleibt die wichtigste Kulturtechnik überhaupt, es ist die Vorbedingung für jegliche Art von Bildung. Wer nicht lesen kann, ist in unserer Kultur verloren, und wer schlecht liest, hat schlechte Karten. Deshalb stand und steht das Lesen im Zentrum des ersten Schuljahrs. Dies wissen alle, die LehrerInnen, die Eltern und die Kinder. Wenn ein Kind in die Schule kommt, ist es darauf vorbereitet, dass ein ganz wichtiger Lebensabschnitt beginnt. Es weiß, dass es nun (neben Schreiben und Rechnen) das Lesen lernen darf/soll.

Dieses Lesenlernen ist mit großen Erwartungen verknüpft. Zwar hat das Kind in seinem bisherigen Leben schon sehr viel gelernt – ein Großteil dessen, was in unserer Kultur ein durchschnittlicher 20-Jähriger weiß und kann, wurde im vorschulischen Lebensabschnitt erworben – aber dieses Lernen erfolgte nicht in der Art und Weise der Schule. Was ein Lernen in s c h u l i s c h e r Art und Weise bedeutet, das erfahren die Kinder zum ersten Mal im Leseunterricht.

Erfolg oder Misserfolg bei diesem Lernprozess ist daher für jedes Kind von entscheidender Bedeutung. Sein künftiges Schulschicksal hängt davon ab. Denn wenn ein Kind mit dem Lesen gut hinkommt, wird es auch weiterhin mit dem Lernen in der Schule gut zurechtkommen, einfach weil man ihm dies zutraut, weil es das selbst von sich erwartet. Wenn ein Kind mit dem Lesen aber nicht zurechtkommt, wenn es dabei sogar scheitert, dann lernt es leider nicht nur ein bisschen später lesen – das wäre nicht weiter beunruhigend – sondern es lernt zugleich, beim Lernen in der Schule Misserfolge von sich zu erwarten und zu haben, trotz aller Anstrengungen. Hinzu kommt, dass auch in allen späteren Schulklassen die schriftliche Vermittlungstechnik gegenüber allen anderen Vermittlungsarten überwiegt. Schriftliche Anweisungen und Darstellungen spielen in der Schule eine besondere Rolle mit der Folge, dass schlechte LeserInnen zu schlechten SchülerInnen werden.

Deshalb hat der Erstleseunterricht für allen folgenden Unterricht überhaupt Bedeutung. Über den Bereich des Lesens hinaus hat er zudem maßgeblichen Einfluss auf den schulischen Lernstil, den sich das Kind aneignet, auf die Weiterentwicklung seiner Lern- und Leistungsmotivation sowie auf die Prägung seiner sozialen Rolle in der Schule. Was die Schule ist, was sie vom Kind fordert und wie weit es erwarten darf, diese Forderungen zu erfüllen – all das erfährt das Kind eindringlich im Erstleseunterricht.

Daher geht es im Erstleseunterricht um mehr als nur ums Lesenlernen, und deshalb ist *Lesen durch Schreiben* eigentlich erst in zweiter Linie ein „Leselehrgang". In erster Linie handelt es sich um den Versuch, dem Kind vom ersten Schultag an einen offenen, kommunikativen und kindgemäßen Unterricht zu ermöglichen, in dem es nicht nur das Lesen, sondern vor allem auch das Lernen und das Denken lernen darf.

2. Was ist eigentlich „Lesen"?

Die Frage, was „Lesen" eigentlich sei, scheint eine überflüssige Frage. Sie lesen im Augenblick, und daher meinen Sie wahrscheinlich, Sie wüssten, was „es" ist. Im Sinne eines Alltagsverständnisses trifft das gewiss auch zu. „Lesen" bedeutet zunächst „nichts anderes" als zu verstehen, was irgendwo – z. B. hier auf dieser Seite – geschrieben steht. Nur – ist das schon eine Antwort auf die Frage, was „Lesen" e i g e n t l i c h ist? Die heutige Wissenschaft sagt „nein", auch wenn sie erstaunlicherweise die Frage nur wenig präziser zu beantworten weiß.

Nun denken Sie vielleicht, wissenschaftliche Überlegungen seien für Sie im Moment ohnehin nicht von großer Bedeutung. Das kann sein. Wenn Sie allerdings *Lesen durch Schreiben* wirklich verstehen wollen, ist es unumgänglich, sich vertieft mit der Sache zu beschäftigen. Nachdem der traditionelle Fibelunterricht seit über 400 Jahren mehr oder weniger gleichbleibend praktiziert wurde, dürfen bzw. müssen wir schon etwas ausholen, um die vermeintlichen Urteile, die sich im Zusammenhang mit dem Fibelkonzept bei der Lehrerschaft wie auch bei Laien verfestigt haben, als Vorurteile zu entlarven.

Also: Obwohl man sich schon seit Jahrhunderten mit der Frage nach dem Lesen beschäftigt, ist man immer noch am Anfang. Das hat zwei Gründe:

- Zum einen ist die Frage nach dem Lesen im Kern eine erkenntnistheoretische Frage – und die Erkenntnistheorie ist eine sehr schwierige Angelegenheit.

- Zum anderen spielt unsere „Denkfaulheit" eine Rolle. Zwar sind die meisten Menschen neugierig und vielfach interessiert, aber da wir alle auch mehr oder weniger bequem sind, möchten wir am liebsten über alles Bescheid wissen, ohne dass wir uns dafür groß anstrengen müssen. Wissen, das scheinbar auf dem Silbertablett serviert wird, ist gefragt. Doch wirkliches Wissen bekommt man nicht zum Nulltarif – es setzt die Bereitschaft zu geistiger Anstrengung und Wahrheitswillen voraus. Und es bedeutet, sich eine Frage immer wieder neu zu stellen und sie immer wieder neu zu beantworten und bereits erhaltene Erklärungen immer wieder in Frage zu stellen.

Ich bin in einer „phänomenologischen" Psychologie groß geworden, welche die Selbstbeobachtung und Selbsterfahrung (Introspektion) als Erkenntnisquelle nicht ausschloss. Diese „phänomenologische" Psychologie steht auf der Überzeugung, dass psychologische Vorgänge/Prozesse derart vielschichtig sind, dass unser derzeit noch immer rudimentäres Wissen darüber nicht ausreicht, sie wirklich zu begreifen. Ehe eine angemessene Erkenntnis möglich ist, müssten wir viel mehr und viel genauere Kenntnisse über die Vorgänge und Erscheinungen (Phänomene) als solche haben. Vorschnelle Erklärungsversuche, Theorien – und mögen sie noch so ausgefeilt sein – stehen dabei einer angemessenen Erkenntnis eher im Wege. Daher gilt es in erster Linie, immer wieder von neuem auf die Phänomene selbst zu schauen, auch wenn diese noch so banal scheinen mögen, und die vermeintlich klaren, in Tat und Wahrheit aber ungeprüften Selbstverständlichkeiten, in denen wir so oft befangen sind (vor allem im Schulunterricht), durch möglicherweise „dumme" Fragen kritisch zu überprüfen.

Geht man aber „phänomenologisch" an die Frage, was „Lesen" eigentlich sei, dann heißt das, alle Theorien, alles vermeintliche Vor-Wissen über Bord zu werfen und gleichsam vom Punkt Null an nochmals zu beginnen. Das bedeutet:

„Lesen“ ist zunächst etwas, was Sie im Moment gerade tun. Was tun Sie? Sie blicken auf einen Text und verstehen ihn, denn nur wenn Sie den Text verstehen, können wir von „lesen“ sprechen. Aber was ist ein Text? Eine Sammlung von Aussagen? Oder von Sätzen? Oder von Wörtern? Oder von Buchstaben? Oder von Punkten, Strichen, Kurven? Phänomenologisch gesehen ist ein Text eine Art Strich-Ornament, d.h. hier auf dem Papier sind Punkte, Striche, Kurven gedruckt: zwar in bestimmter Weise angeordnet, aber zuletzt eben nichts anderes als Punkte, Striche und Kurven. Und aus solchen Punkten, Strichen und Kurven vermag dann der menschliche Geist z.B. den Begriff „Umweltschutz“ zu entnehmen. Fragt man sich nun aber, wie der menschliche Geist dies anstellt, dann kommt man aus dem Fragen nicht mehr heraus.

Diese Frage hat es in sich. Es ist dies abgewandelt jene Frage, die den großen Philosophen Immanuel KANT ein halbes Leben lang beschäftigt hat. Vereinfacht gesprochen ist es die Frage: Wie bringt es unser Geist fertig, zwischen einem realen Gegenstand – z.B. dem Buch, das wir gerade lesen – und dem Begriff von diesem Buch eine Brücke zu schlagen, so dass wir auch von der Realität abgelöst auf dieses Buch gedanklich Bezug nehmen können, mit ihm gedanklich hantieren können. Diese Frage – und gleichzeitig damit auch die Frage, was „Lesen“ sei – ist bis heute nicht abschließend beantwortet.

Nun bringt uns allerdings die Feststellung, dass wir nicht wissen, was Lesen eigentlich ist, nicht weiter. Auf dieser Ebene des Überlegens wissen wir letztlich überhaupt nichts. Trotzdem lesen Sie, liebe Leserin, lieber Leser, eben jetzt und Sie wissen, dass Sie lesen, und irgendwie auch, was „es“ ist. Sind Sie sicher?

Wir machen ein kleines Experiment bzw. einen kleinen Test. Beachten Sie, was Sie tun, wenn Sie Ihren Blick auf das folgende Kästchen richten:

Caprivi lerko ten hokker, en dano lasare, bing bong.

Konnten Sie den Satz lesen? Oder ging es Ihnen wie den meisten Menschen: „Ich kann es lesen, aber ich verstehe es nicht".

Doch da fragt sich nun: Wenn Sie diesen Satz nicht verstehen, kann man dann wirklich behaupten, Sie hätten ihn g e l e s e n ? Ich denke nein. Von Lesen kann man nur dann sprechen, wenn auch verstanden wird, was man liest.

Erinnern Sie sich bitte einmal an Ihre erste Schulzeit. Ich war ja nicht dabei, als Sie als kleines Mädchen oder als kleiner Junge „lesen" lernten. Doch obwohl ich nicht dabei war, weiß ich dennoch und trotzdem, dass Sie damals, bei Lichte betrachtet, gar nicht Lesen gelernt haben: Sie lernten „laut Vorlesen". Wenn Sie das richtig schön machten, erhielten Sie Lob und gute Zensuren. Ob Sie den gelesenen Text auch verstanden hatten, wurde in der Regel nicht überprüft, dies wurde stillschweigend vorausgesetzt. Man glaubte – und viele LehrerInnen glauben das heute noch –, wer einen Text laut vorlesen kann, könne lesen und habe den Text gleichzeitig auch verstanden. Welch ein Irrtum! Gerade dies ist nicht der Fall. Denken Sie an „Caprivi lerko ...": Das Beispiel zeigt, dass man einen Text sehr wohl laut vorlesen kann, auch wenn man ihn n i c h t versteht. Verstehen ist k e i n e Vorbedingung für lautes Vorlesen, ist keine Garantie dafür, dass man auch versteht, was man liest. Schlimmer noch: Lautes Vorlesen, das zeigen Untersuchungen immer wieder, erfordert nicht nur kein Verständnis, sondern erschwert bzw. verhindert zuweilen das Verstehen geradezu!

Daher beharre ich auf folgender Definition: Lesen ist ausschließlich und nur d e r Vorgang, bei dem man versteht, was man gelesen hat! Alles was es sonst noch gibt, soll man von mir aus benennen wie man will, aber nicht als Lesen. Vor allem darf „lautes Vorlesen" nicht mit „Lesen" verwechselt oder gar gleichgesetzt werden. Man kann es gar nicht oft genug betonen: Man muss überhaupt nicht verstehen, um laut vorlesen zu können. Lesen (als Verstehen) bedeutet, einem Text den sprachlichen Sinn zu entnehmen. Lautes Vorlesen hingegen bedeutet bloß, eine Buchstabenfolge in eine Lautfolge umzuwandeln. Hierzu brauchen Sie jedoch kein Textverständnis: Auch wenn Sie nicht Finnisch verstehen, könnten Sie einen finnischen Text (vielleicht nicht mit finnischer, sondern deutscher Betonung) vorlesen. Und aus diesem Grund wird bei *Lesen durch Schreiben* nicht laut vorgelesen, ja ich bin sogar der Meinung, man müsse in der Schule im Leseunterricht das laute Vorlesen grundsätzlich verbieten. Erst im weiterführenden Leseunterricht soll ausdrucksvolles Vorlesen ein Teilziel werden.

Diese Forderung stößt naturgemäß weitherum auf Unverständnis, denn im bisherigen Erstleseunterricht stand ausdrücklich ausdrucksvolles Vorlesen im Mittelpunkt. Warum eigentlich? Ich stelle diese Frage erneut, denn im Alltag wird doch fast ausschließlich still gelesen. Wäre es da nicht wesentlicher, dass die Kinder das stille Lesen, nicht das laute Vorlesen, beherrschen? Wichtig sind doch lediglich die Sinnentnahme aus den Texten und die Förderung der Lesefreude. Beide Ziele werden jedoch durch das laute Vorlesen in der Klasse eher verfehlt als angesteuert.

Der Grund dafür liegt im Anspruch (sei es durch die Lehrerin, die Eltern oder das Kind selbst), dass beim Vorlesen fehlerfrei gelesen werden müsse. Dabei bezeugen sogenannte Verlesungen u. U. nicht mangelhaftes Lesenkönnen, sondern tatsächliches Verstehen. Wenn in einer Geschichte über ein Mutterschwein und ihre Ferkel der Satz steht „Die Mutter säugte ihre Jungen“ und ein Kind liest „Die Mutter säugte ihre Kleinen“, dann sollte dies nicht als Fehler angekreidet werden, sondern als Beleg dafür genommen, dass das Kind den Sinn des Satzes verstanden hat. Die Forderung nach fehlerfreiem Vorlesen führt nur zu unnötigen Dauerkorrekturen, Unterbrechungen und Hemmungen, welche letztlich Lesebarrieren aufbauen. Das Kind wird durch den Anspruch, fehlerfrei vorzulesen, auf das „Hier und Jetzt“ des gerade zu lesenden Wortes fixiert, so dass es nicht mehr imstande ist, gleichzeitig mit dem Aussprechen des eben Gelesenen auch noch vorauszulesen bzw. zu denken, um Kontexthinweise zu erlangen, welche das Sinnverständnis des Textes begünstigen und unterstützen. Damit wird aber die Sinnerfassung erschwert bzw. gar unmöglich gemacht.

Aus Furcht vor einer Blamage gegenüber den Klassenkameraden und im Hinblick auf die Erwartungen der Lehrerin richten die Kinder beim Vorlesen ihre Anstrengungen auf das Vermeiden von Fehlern und die „schöne Aussprache“ anstatt auf die Sinnerfassung. Da dies aber gerade den schwächeren Schülern nicht immer gelingt, so dass ihre Schwäche immer wieder gleichsam öffentlich zum Ausdruck kommt, vergällt der Zwang zum lauten Vorlesen gerade jenen Kindern die Freude am Lesen, bei denen Lesefreude als Voraussetzung eines besseren Schulerfolgs besonders nötig wäre. Mit anderen Worten: Die Forderung nach fehlerfreiem Vorlesen führt zu einem „Nur"-Lesen ohne Sinnverständnis.

MEIERS schreibt hierzu: „Das übende Vorlesen mit dem Ziel, auch schön vorzulesen, führt in der Regel dazu, dass die Kinder einen Text zwar „einwandfrei", d. h. lautrichtig, auch mit angemessener Betonung, vorlesen, dass dies aber auch häufig ohne Sinnverständnis bleibt. Hier stoßen wir zweifellos auf die gravierendste Fehlleistung des Erstleseunterrichts. Wo das Lesen aber auf den technischen Ablauf des lauten Vorlesens verkürzt ist, wird der Begriff Lesen mit einer zweifachen Konsequenz korrumpiert: Einmal wird das Nichterfassen des Sinnes für das Kind die weitere Mitarbeit im Unterricht erschweren, zum zweiten besteht die Gefahr, dass dieses laute Vorlesen - besonders wenn das Kind dafür noch gelobt wird - zur Gewohnheit wird." (MEIERS, K., Der Lesespiegel, S. 26)

Mit unseren Überlegungen sind wir jetzt an einem interessanten Punkt angelangt: Wenn Lesen Verstehen bedeutet, lautes Vorlesen aber das Verstehen gar nicht hervorbringt - woher kommt denn dann das Verstehen? Mit dieser Frage beschäftigte ich mich schon während meines Studiums. Damals versuchte ich nämlich einmal, die „Phänomenologie des Geistes" des Philosophen HEGEL zu studieren. Doch ich verstand nichts, obwohl ich alles „vorlesen" konnte. Meine in der Schule erworbene Lesetechnik nutzte mir nichts. Das ärgerte mich so sehr, dass ich mich fragte, warum ich eigentlich nichts verstehe? Und dabei stieß ich auf 3 Punkte:

(1) Fehlender Wortschatz: HEGEL hatte, wie alle großen Philosophen, seine eigenen Grundbegriffe entwickelt, und wenn man diese Begriffe nicht kannte, hatte man beim Verstehen Schwierigkeiten.

(2) Fehlende Vorkenntnisse: Bei HEGEL ging es um die Kenntnis der bisherigen Philosophie, die er bei seinen Lesern voraussetzte – und wer diese Philosophiegeschichte nicht präsent hatte, hatte Mühe beim Ver-

stehen. Ähnliches passiert aber auch bei jedem anderen Text. Kein Text beginnt gleichsam bei Adam und Eva, jeder setzt Vorkenntnisse (über die Welt, die Menschen etc.) voraus.

(3) Mangelnde Intelligenz: Verstehen hat auch etwas mit Intelligenz zu tun und für HEGEL war ich einfach nicht klug genug.

Was bei meinem Nichtverstehen keine Rolle spielte, war eine fehlende Lesetechnik, denn vorlesen konnte – und kann – ich die Texte ja problemlos: Mein Wortschatz, mein Begriffsinstrumentarium (d.h. meine Sprachkompetenz), meine Vorkenntnisse (d.h. mein Wissen von der Welt) und meine Intelligenz waren ungenügend. Daraus folgt: Damit wir einen Text verstehen, braucht es offensichtlich neben der „Lesetechnik" viel entscheidender anderes:

(1) Sprachkompetenz (Wortschatz),
(2) Hintergrundwissen (Sach-, Welt- und Lebenskenntnisse),
(3) textentsprechende Intelligenz.

Wird Lesen aber solcherart verstanden, als Verstehen, dann hat das didaktisch zur Konsequenz, dass Lesetechnik zweit- oder gar drittrangig wird. Das Vermitteln einer Lesetechnik – etwa indem zwecks Üben ein Text, z.B. eine Fibelseite, mehrfach gelesen werden soll – ist für das Kind sogar schädlich. Denn dabei wird ihm vorgegaukelt, mit dieser Technik könne es lesen, dabei ist diese bloß ein Können zum Umwandeln von Zeichen in Laute. Damit kann man zwar laut Vorlesen, aber nicht zwingend Texte verstehen. Für das Verstehen – und nur darum geht es letztlich – ist ganz anderes entscheidend:

(1) die Hinführung zu einer hohen Sprachkompetenz (mit Erweiterung von Wortschatz und begrifflichem Instrumentarium),
(2) die Vermittlung einer systematischen Welt-, Sach- und Lebenskenntnis sowie
(3) eine intensive Denkschulung.

Dazu kommt unter motivationspsychologischem Gesichtspunkt noch die Förderung von Lesefreude. Doch damit das Kind am Lesen Freude bekommt und sie auch später behält, muss Lesen etwas sein, das nicht mit Frustrationen oder sozialer Bloßstellung (etwa beim lauten Vorlesen vor der Klasse) verbunden wird, nicht mit Langeweile oder Leistungsdruck, sondern vor allem mit Interessantem und Schönem. Bei *Lesen durch Schreiben* wird dies angestrebt, wobei wir das Nähere im Kapitel III erörtern werden.

Bisher konnten wir eine erste Besonderheit von *Lesen durch Schreiben* klären. Bei *Lesen durch Schreiben* ist das laute Vorlesen „verboten". Und Sie wissen nun, warum. Das Kind soll lesen, d.h. verstehen, was der Text enthält. Zum Verstehen liefert lautes Vorlesen aber keine Grundlage, da ich ja auch dann laut vorlesen kann, wenn ich nichts verstehe. Verstehen kann ich nur, wenn ich über einen entsprechenden **Wortschatz**, gründliche **Vorkenntnisse** und ausreichende **Intelligenz** verfüge. So dürfte Einiges klar geworden sein – nur unsere ursprüngliche Frage „Was heißt eigentlich lesen?" ist damit noch immer nicht beantwortet. Erneut müssen wir uns diese Frage stellen.

Alltags-„Definitionen" besagen: Lesen ist, wenn man weiß, was da geschrieben steht. Das ist nicht unbedingt wissenschaftlich formuliert, entspricht aber in etwa der gängigen Auffassung: Lesen heißt, einen alters- und stufengemäßen Text inhaltlich verstehen, seinen Sinn erfassen.

Leider greift diese Definition zu kurz. Wir machen daher wieder einen kleinen Test:

Knnn S ds hr lsn?

Falls Sie verstehen, was diese Frage ohne Vokale meint, könnte dieses Verstehen nach obiger Definition Lesen sein. Für mich handelt es sich jedoch um mehr und zugleich auch um weniger als Lesen. Warum?

Wir haben es hier mit einem Verstehen über den Weg von Erschließen, Erraten, Vermuten zu tun. Aber Erschließen, Erraten, Vermuten ist kein praktikables Lesen, es würde viel zu lange dauern, in solcher Weise etwa einen Roman zu „lesen" und würde wohl den meisten auch keinen Spaß bereiten, wir würden dann auf die Lektüre verzichten. Lesen muss auch schnell gehen, „wie Rad fahren“ meinten BÜCHNER/BALHORN in einem Aufsatz in der Zeitschrift „Grundschulunterricht“. Wer zu langsam Rad fährt, kann das Gleichgewicht nicht halten. Wer zu langsam liest, hat Mühe zu verstehen und verliert die Freude am Lesen. Deshalb müssen wir unsere bisherige „Definition“ erweitern: das Verstehen muss auch schnell erfolgen. Für mich heißt lesen daher: Auf einen Text blicken und im gleichen Moment (was zugleich bedeutet: ohne inneres Vorlesen) verstehen, was er aussagt.

Wir machen erneut einen kleinen Test. Lesen verlangt ja normalerweise, auf einen Text zu blicken. Dabei können Leser wie Analphabeten in ein Buch „gucken“. Doch dann passiert beim Leser etwas anderes als beim Analphabeten. Was?

Nachstehend finden Sie zwei Kästchen. Was geschieht, wenn Ihr Blick darauf fällt?

Pferd

Nun weiß ich zwar nicht, was bei Ihnen passiert, bei mir ist es Folgendes: Ich erkenne das Bild links als „Kuh“, und zwar blitzschnell und ohne dass ich mir einer geistigen Anstrengung bewusst würde, ohne irgendeinen spezifischen Willensakt, also „von selbst“, im gleichen Augenblick, da ich hingucke. Ich muss nichts zusammenfügen oder „zusammenschleifen“, obwohl die Kuh aus Teilen besteht, die ich sehe: Beine, Hörner, Maul, Euter, Schwanz, Bauch, Rücken, Hufe usw. Aber ich füge diese Teile nicht zu einem Ganzen zusammen, ich sehe sofort das Ganze: die Kuh-Bedeutung der Abbildung teilt sich mir von selbst mit.

Interessanterweise geschieht mir beim Kästchen rechts Ähnliches. Ohne irgendein besonderes Zutun erkenne ich, wiederum sofort und „von selbst", dass hier „Pferd" geschrieben steht. Sobald mein Blick auf das Wort fällt, erfasse ich im gleichen Moment die Bedeutung. Auch hier teilt sich die „Pferd"-Bedeutung des Wortes gleichsam von ihm selbst her mit. Als kompetenter Leser „hänge ich keine Laute aneinander", ich „schleife nichts zusammen" und ich bin mir auch nicht bewusst, einen „sinnstiftenden Akt" vorzunehmen. Ich „teste keine Hypothesen" und frage mich nie, was „das da heißen könnte"? Ja, bei meinem Lesen kommt es nicht einmal zu einer innergedanklichen Artikulation, d.h. ich lese mir in Gedanken nicht selber vor, ich höre keine Worte im inneren Gespräch, ich erfasse die Bedeutung von „Pferd" direkt auf der Ebene der Begrifflichkeit unter Umgehung einer innerlich hörbaren Wortgestalt.

Ich erlebe Lesen als etwas Ähnliches wie das Betrachten von Dingen oder Abbildungen. Ich sehe Dinge und weiß praktisch im gleichen Augenblick, worum es sich handelt. Auf der Straße z.B. sehe ich Autos, Radfahrer, Bäume, Verkehrsschilder usw. und weiß jedesmal unmittelbar, ohne dass ich in meinem Kopf willentlich irgendetwas tun müsste oder nachdenken muss, was es ist. Dieses wahrnehmende Erkennen ist uns allen alltäglich selbstverständlich. Niemand wundert sich darüber – was vielleicht der Grund dafür ist, warum man lange nicht realisierte, dass dies beim Lesen von Wörtern ähnlich ist: Ich sehe z.B. einen Wegweiser mit der Anschrift „Hauptbahnhof" und auch hier, ohne dass ich in meinem Kopf willentlich irgendetwas tun oder nachdenken müsste, weiß ich unmittelbar, was gemeint ist.

Wenn ich versuche, mich selber beim Lesen zu beobachten, dann habe ich also gar nicht das Gefühl, dass ich etwas tun und mich anstrengen muss; ich habe eher umgekehrt das Gefühl, dass mir etwas „angetan" wird, d.h. ich empfinde die Aussage „Ich lese", die ein aktives Tun meinerseits suggeriert, eigentlich als unangemessen: Richtiger scheint mir die Aussage „Ich werde angelesen". Wenn bei mir Lesen stattfindet, dann tue ich bewusst nämlich nichts anderes, als dass ich auf den Text blicke, und dieser „kommt dann zu mir", ich werde vom Text gleichsam „angesprungen", es „widerfährt mir Lesen" – man verzeihe mir meine sprachliche Hilflosigkeit – jedenfalls tue ich außer Hinblicken bewusst-willentlich nichts anderes: Der Text drängt sich mir auf, und ich kann mich nicht einmal entziehen. Sobald mein Blick auf Wörter fällt, erschließt sich mir ihre Bedeutung sogar dann, wenn ich, wie im Falle von Werbung oder Propaganda, gar nicht daran interessiert bin.

Zugegeben: Die Selbsterfahrung, die Selbstbeobachtung bleibt diffus, trotzdem ist eindeutig, dass ich nichts von dem tue oder erlebe, was der herkömmliche Fibelunterricht betreibt: Ich bilde keine Lautreihe entlang einer Buchstabenreihe.

Deshalb wird bei *Lesen durch Schreiben* auch nicht „Lesen geübt", wie es im herkömmlichen Fibelunterricht gemacht wird. Mein Orientierungs- und Zielpunkt ist das kompetente Lesen jener, die mit einem einzigen Blick auf geschriebene Begriffe und Sätze deren Sinn unmittelbar, sofort verstehen, ohne irgend ein willentlich-bewusstes inneres Tun in Gang zu setzen. Mein kompetenter Leser verfügt über ein implizites Können: Er braucht nur auf den Text zu blicken und im gleichen Augenblick versteht er ihn.

Dieses blitzartige Verstehen von Wörtern, die mich anspringen, ist für mich Lesen und hat rein gar nichts mit dem zu tun, was ich in vielen Schulklassen mit traditionellem Erstleseunterricht antreffe, bzw. mit dem, was ich als Erstklässler selber kennenlernte (und bei dem ich übrigens auch nicht lesen lernte). Beim Lesen handelt es sich um einen reinen, geistigen „Selbstläufer", bei dem didaktisch eigentlich nur die Frage interessant ist, wie er zustande kommt. Das weiß ich noch nicht abschließend. Doch ich weiß, was die Selbsterfahrung, klassische Befunde der Wahrnehmungspsychologie und neuere Erkenntnisse zur Neurophysiologie des Gehirns dokumentieren:

Kompetentes Lesen funktioniert nicht so, wie das sogenannte „Erlesen", das man den Kindern im Fibelunterricht aufzwingt. Dieser versteht ja Lesen noch immer als ein Hintereinanderkombinieren von Buchstaben, denen Lautwerte zugemessen sind: Das Kind soll, am Wortanfang beginnend, Buchstabe um Buchstabe einem Laut zuordnen, diese Laute dann laut sprechen, um schließlich durch entsprechend schnelles Zusammenziehen (die Didaktik nennt dies „Zusammenschleifen") aus de hörbaren Wort den Sinn zu entnehmen.

Ich bestreite nicht, dass auch auf diese Weise der Sinn eines kurzen Textes herausgearbeitet werden kann - nur denke ich, man sollte ein solches Verfahren nicht Lesen nennen, sondern Rückübersetzen, Entziffern, Enträtseln, Herausfinden o.ä. Dieses Verfahren ist ineffizient und so anstrengend, dass „Lesen" auf diese Weise unmöglich Spaß machen kann.

Damit sollen unsere Überlegungen zur Frage „Was heißt eigentlich Lesen?" zum Abschluss kommen. Im Konzept von *Lesen durch Schreiben* ist Lesen kein lautes Vorlesen, sondern ein innergedanklicher Vorgang, ein geistiger „Selbstläufer", bei dem man durch Hinblicken auf einen Text den Sinn desselben ohne ein besonderes, willentlich gesteuertes Zutun versteht. Und nachdem dies nun klargestellt ist, können wir uns der Frage zuwenden: Was tut die Schule, damit die Kinder zu diesem Lesen kommen?

III Die Methode *Lesen durch Schreiben* – d.h. was den Kindern im Unterricht angeboten wird

Wenn Sie das unterrichtliche Vorgehen, also die Didaktik von *Lesen durch Schreiben* verstehen möchten, wenn Sie verstehen wollen, wie im Rahmen von *Lesen durch Schreiben* Kinder das Lesen „lernen", wenn Sie verstehen möchten, wie der Unterricht organisiert wird, dann müssen Sie zuerst das „lesedidaktische Prinzip" kennen, die sog. Methode.

Jede Lehrmethode muss von der Grundtatsache ausgehen, dass Lernen immer ein Prozess ist, der nicht „delegiert" werden kann, d.h. die Lehrerin – und sei sie noch so qualifiziert – kann nicht für das Kind lernen, genauso wenig wie auch Sie als Mutter, als Vater nicht für ihr Kind lernen können. Sie können für Ihr Kind kochen, Sie können (wenn Sie wollen) Ihrem Kind die Schuhe putzen usw. usf., aber l e r n e n können Sie nicht für Ihr Kind: Lernen ist etwas, was jedes Kind allein schafft (oder eben nicht). Aus diesem Grund können Lernprozesse didaktisch gesehen nur begrenzt gesteuert und kontrolliert werden. Didaktisch kann man Hilfen anbieten, die dem Kind die Bewältigung seines Lernens erleichtern. Daher enthält letztlich jeder Erstleselehrgang „nichts anderes" als ein mehr oder weniger reichhaltiges bzw. wirkungsvolles Angebot an

Lernhilfen - und wenn sich Erstleselehrgänge voneinander unterscheiden, dann in der Art dieser Lernhilfen.

Bei *Lesen durch Schreiben* ist die Annahme grundlegend, dass dem Kind beim „Lesenlernen“ am wirkungsvollsten geholfen wird, wenn man seine geistigen Prozesse, seine kognitiven Selbststeuerungsakte, in Ruhe lässt bzw. nicht stört, indem nur indirekte Hilfen eingesetzt werden. Nähere Begründungen erfolgen im Kapitel IV. Hier muss zunächst ein Hinweis genügen: Nachdem wir ja nicht wissen, was Lesen eigentlich ist, wird didaktisch gar nicht erst so getan, als lehre man Kindern das Lesen. Stattdessen zeigt man ihnen wie Schreiben „funktioniert“. Dabei ist mit dem Begriff „Schreiben“ nicht die Handschrift gemeint, d.h. es geht nicht darum, wie man z.B. mit einem Bleistift Buchstaben auf Papier „malt“, sondern es geht um die geistige Leistung, einen Begriff wie z.B. „Löwe“ in einem grafischen Zeichensystem festzuhalten.

Die Methode, das zeigt sich schon im Namen *Lesen durch Schreiben*, leitet das Kind dazu an, durch eigenes Schreiben das Lesen zu erlernen. Wie das funktioniert, lässt sich am besten auf der Grundlage eines Selbstversuchs erläutern, und darum bitte ich Sie jetzt, Papier und Bleistift bereitzulegen.

Worum geht es? Das Kind kommt in die Schule und soll jetzt in die Geheimnisse der Schrift eindringen. Es kennt Schrift zwar bereits, denn mindestens im öffentlichen Raum auf der Straße hat es überall schon Geschriebenes gesehen – doch es konnte sie bisher nicht lesen. Das aber soll es jetzt lernen. Das ist gar nicht so schwierig, wenn man ihm eine Hilfe anbietet: eine Buchstabentabelle.

Eine solche Tabelle sehen Sie auf der nächsten Seite, allerdings eine Sonderanfertigung für Erwachsene. Die Tabelle hier enthält „Buchstaben einer Geheimschrift“, während die Tabellen für die Kinder im Inneren des Bogens unsere bekannten lateinischen Buchstaben zeigen. Damit Sie den Versuch selber machen können, war es notwendig, hier die Zeichen einer für Sie unbekannten Schrift aufzuführen, denn das lateinische Alphabet kennen Sie ja bereits. Doch gegenüber dieser neuen Schrift sind Sie nun in der gleichen Lern-Situation wie das Kind am Schulbeginn:

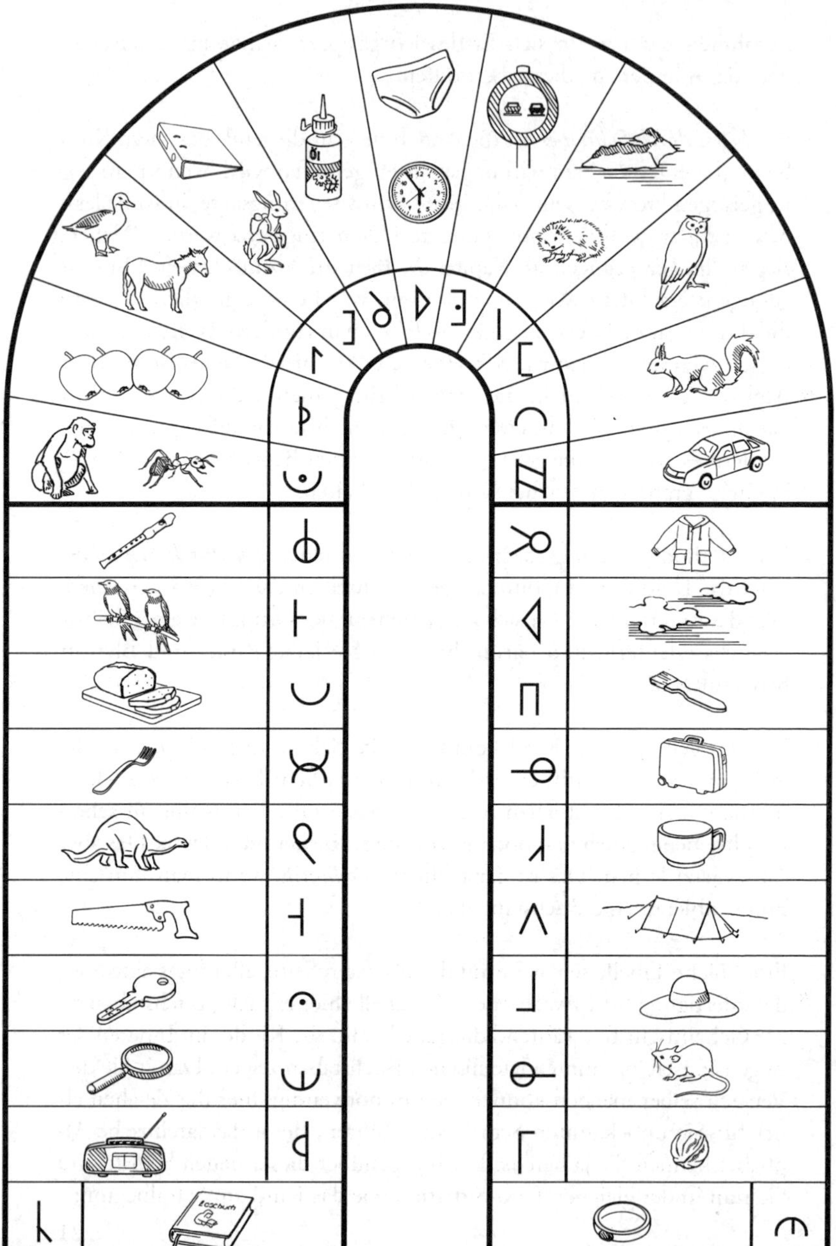

Sie sollen diese Schrift jetzt nämlich lernen, die Sie zwar sehen, mit der Sie aber nichts (noch nichts!) anfangen können.

Nach der Methode *Lesen durch Schreiben* wird diese Schrift erlernt, indem Sie sie schreiben. Mit Hilfe der Buchstabentabelle ist das kein allzu großes Problem, denn die Tabelle ist nach dem „Anlautprinzip" angeordnet. Das heißt: Sie sehen z.B. im linken Teil einen Dinosaurier und daneben ein Zeichen, das „D" bedeutet. Analog bedeutet das Zeichen neben der Maus „M". Oben im Bogen sind die Selbstlaute aufgeführt. Weil es im Deutschen davon jeweils zwei Varianten gibt, die kurzen und die langen, findet man hier jeweils zwei Bilder, z.B. die „Ameise" für das lange „A" und den „Affen" für das kurze.

In der Annahme, dass Sie das Prinzip verstanden haben, können wir jetzt loslegen. Dabei ist es für den Selbstversuch im Augenblick unerheblich, ob Sie alle Bildbenennungen richtig vornehmen – es geht ja lediglich um das Prinzip. Immerhin, zwei Tips sollen Sie noch bekommen: (1) Der Greifvogel oben rechts im Bogen soll nicht als „Kauz", „Waldkauz" oder „Uhu" benannt werden, sondern als „Eule", die für „Eu" steht. (2) Die beiden untersten Bildchen – Buch und Ring – stehen für die Endlaute „ch" und „ng", da diese in der deutschen Sprache als Anlaut nicht vorkommen. Alles klar? Dann können Sie jetzt die Tabelle nutzen und mit ihrer Hilfe ein Wort in Geheimschrift schreiben.

Schreiben Sie ein möglichst langes Wort, Sie werden dann eher merken, was eigentlich abläuft – und schummeln ist natürlich verboten. Sie dürfen Ihr Wort nicht zuerst in normaler Schrift schreiben und dann einfach nur diese Sonderzeichen darunter setzen, sondern Sie müssen direkt mit dem neuen Zeichenbestand arbeiten, denn die Kinder haben auch keine Möglichkeit, auf ein bekanntes Schriftsystem zurückzugreifen.

Und bitte: Machen Sie den Versuch tatsächlich. So werden Sie mit der gleichen Situation konfrontiert wie die Kinder und erfahren das lesedidaktische Prinzip von *Lesen durch Schreiben* am eigenen Leib.

* * * * *

Wenn Sie mit dem Schreiben Ihres Wortes fertig sind, können wir auf zwei wichtige Punkte eingehen:

Erstens: Sie haben soeben selber erlebt, dass man mit Hilfe einer Buchstabentabelle eine Schrift, auch wenn man diese noch nie zuvor im Leben gesehen hat, auf Anhieb benutzen kann. Das Auffinden gesuchter Buchstabenzeichen ist zunächst vielleicht etwas zeitraubend und mühselig, aber womöglich hatten Sie ja in Ihrem langen Wort dreimal ein „e" und beim dritten Mal wussten Sie schon, wie es geschrieben wird – Sie haben also bereits einen ersten Lernfortschritt gemacht. Würden Sie nun in den nächsten Tagen und Wochen regelmäßig weitere Wörter in „Geheimschrift" notieren, dann dürfte erwartet werden, dass Sie irgendwann diese neue Schrift auch ohne Hilfe der Buchstabentabelle verwenden können – Sie hätten sie e r l e r n t. Bei den Kindern in der Schule läuft das jedenfalls genau so ab. Die Kinder schreiben Wörter und Wörter und Wörter (wir empfehlen für den Anfang fünf Wörter täglich, später dann mehr, eine Steigerung erfolgt immer individuell – je nachdem, wie gut das Kind mit dem Schreiben klarkommt), bis sie eines Tages ohne Hilfe der Tabelle schreiben können. Das ist natürlich auch bei den Kindern zunächst eine zeitraubende und manchmal auch mühselige Sache, doch wenn sie regelmäßig immer wieder schreiben, dann erwerben Kinder eine erstaunliche Fertigkeit und schreiben bald mit Vergnügen und Leichtigkeit – auch ohne Buchstabentabelle.

Zweitens: Wir müssen einen Tatbestand festhalten, der zum Verständnis der Methode, zum Verständnis der zugrundeliegenden Prozesse, insbesondere aber zum Verständnis spezifischer Maßnahmen in der schulischen Unterrichtspraxis von zentraler Bedeutung ist. Wir müssen nämlich festhalten, dass Sie mit Hilfe der Tabelle zwar geschrieben haben, aber Sie können nicht lesen, was Sie nun geschrieben haben. Sie wissen zwar, was die Zeichenreihe auf Ihrem Papier heißen soll, aber ein Lesen so, wie es Ihnen bei der Lektüre dieses Textes hier geschieht, ereignet sich nicht, wenn Sie auf die Zeichenkette blicken.

Lassen Sie uns wieder einen kleinen Test machen. Hier steht ein Wort in „Geheimschrift":

Können Sie es lesen? Ich nehme an, dass Sie das Wort im Sinne der Lesedefinition von Kapitel II nicht lesen können – Sie werden vom Wort nicht „angesprungen". Natürlich könnten Sie herausfinden, was das Wort heißt. Sie könnten, wie man es im Fibelunterricht betreibt, jedem Zeichen den entsprechenden Lautwert zuordnen, die Laute laut sprechen und zwar schnell hintereinander (sogenanntes Zusammenschleifen) und wenn Sie dann Glück haben, würden Sie der gesprochenen „Lautkette" anhören können, um welchen Begriff es sich handelt. (Sie könnten natürlich noch einfacher vorgehen, indem Sie jedem Zeichen der Geheimschrift den entsprechenden lateinischen Buchstaben zuordnen und würden dann vom so geschriebenen Wort „angesprungen", aber das soll hier nicht gestattet sein, denn die Kinder im 1. Schuljahr verfügen ja auch nicht über eine zweite, ihnen bekannte Schrift, in die sie bloß übersetzen müssten.) Wie bereits im Kapitel II besprochen, sollte man ein solches Verfahren nicht Lesen nennen, sondern Rückübersetzen, Entziffern, Enträtseln, Herausfinden o.ä. Ein solches Verfahren ist ineffizient und so anstrengend, dass „Lesen" auf diese Weise unmöglich Spaß machen kann.

Die Feststellung, dass Sie mit Hilfe der Tabelle zwar ein Wort schreiben, es aber nicht lesen können, ist deshalb wichtig, weil Sie durch Ihren eigenen „Geheimschrift-Schreibversuch" selber gemerkt haben, was wir in der Schule bei den Kindern auch feststellen: dass sie nämlich eine gewisse Zeitlang zwar alles schreiben können, was sie schreiben wollen alle Wörter der Welt – dass sie aber nicht lesen können, was sie geschrieben haben. Diese Feststellung irritiert viele, sind wir es doch gewohnt, dass man lesen kann, wenn man schreiben kann. Am Anfang des Prozesses ist das aber nicht so, wobei diese Situation natürlich ist und keineswegs als der Anfang einer legasthenischen Fehlentwicklung angesehen werden darf. Wir kommen auf diesen Punkt zurück, wenn wir unterrichtspraktische Einzelheiten erörtern (u.a. warum bei *Lesen durch Schreiben* strikt „verboten" ist, mit Kindern, die noch nicht lesen können, es zu versuchen). Im Moment sollten Sie sich einfach merken: Man kann am Anfang schreiben, ohne das Selber-Geschriebene auch lesen zu können.

Das eigentliche Lesen stellt sich nach einiger Zeit des Selber-Schreibens „von selbst“ ein: Lesenkönnen entsteht aus dem Schreiben. Das ist für Sie vielleicht eine befremdliche Aussage, doch Tausende von LehrerInnen im gesamten deutschen Sprachraum werden Ihnen bestätigen, dass dies so stimmt.

Nun ist dies natürlich noch kein restlos überzeugender Hinweis. Sie kennen ja diese „Tausende von LehrerInnen“ nicht, so dass ich es durchaus nachempfinden kann, wenn Sie im Moment ein ungutes Gefühl haben. Da wird Ihnen berichtet, die Kinder könnten „alle Wörter der Welt“ schreiben – aber lesen können sie keines. Lesen käme dann später irgendwann „von selbst“ – das ist schwer zu glauben. Ich will versuchen, die entsprechenden Überlegungen zu verdeutlichen. Das ist nicht ganz einfach, denn nur mit Worten komplexe Ereignisse ganz einfach zu erklären, verlangt viel. Zwar sollen Sie hier ja keinen „Roman“ vorgesetzt bekommen – genausowenig wie ein didaktisches Fachbuch –, doch das Grundsätzliche sollten Sie wissen:

Lesen durch Schreiben wird nicht im Rahmen einzelner Stunden gleichsam als das Fach „Leseunterricht“ angeboten, sondern ist eingebettet in ein fächergemischtes Gesamtlernangebot, den sogenannten Werkstattunterricht. Leitend ist dabei eine lernpsychologische These, die herkömmlichen Auffassungen diametral entgegengesetzt ist:

Kinder lernen umso mehr, je weniger sie belehrt werden!

Aus dieser lernpsychologischen Hauptthese, die im Kapitel IV näher begründet wird, folgt, dass „Leseunterricht“ umso wirkungsvoller sein muss, je unspezifischer er ist, d.h. je weniger er „Lesen“ und je mehr er „anderes“ betreibt. Ich gehe von der Annahme aus, dass der Erwerb eines kompetenten Umgangs mit der Schrift, d. h. also Lesen- und Schreibenkönnen, wenig mit der Kenntnis von Buchstaben zu tun hat. Das zeigen uns erwachsene Analphabeten oder Kinder in Sonderschulen, die nicht lesen können, obwohl sie alle Buchstaben kennen! Offensichtlich ist Buchstabenkenntnis keine ausreichende Bedingung für Lesenkönnen. Das Lesen stellt vielmehr eine hochkomplexe Leistung von Sprach-, Wahrnehmungs- und Denkprozessen dar, weshalb wir bei *Lesen durch Schreiben* keine

Lesetechnik vermitteln. Statt dessen steht im Mittelpunkt des Unterrichts eine allgemeine, umfassende Förderung und Erweiterung von Sprachkompetenz, von Wahrnehmungsfähigkeiten, von „Lesefähigkeiten“ im weitesten Sinne (Verständnis von Bildern, Piktogrammen, Verkehrszeichen, Gestik und Mimik u.ä.) sowie – im Hinblick auf die späteren Schuljahre ganz besonders wichtig – einer aufgabenbezogenen Arbeitshaltung (Konzentrationsvermögen und Anweisungsverständnis).

Aus all diesen Gründen gibt es bei *Lesen durch Schreiben* keine Fibel, sondern vielfältiges, fächerübergreifendes Arbeitsmaterial, das auch viel Ungewohntes enthält[1]. So werden den Kindern beispielsweise regelmäßig Aufgaben aus dem Bereich der Mathematik gestellt, was üblicherweise nicht zum Erstlesen gehört, während andererseits Aufgaben, die sonst den Mittelpunkt des Erstlesens bilden, wie z. B. die Vermittlung von Buchstabenkenntnissen oder Leseübungen, vollständig fehlen. Irritierend – vor allem für LehrerInnen – ist auch die Tatsache, dass der Lehrgang zwar ein reichhaltiges didaktisches Arbeitsmaterial zur Verfügung stellt, dass dieses aber keine Angebote zum Üben enthält. Vorgegeben sind mehr oder weniger ausschließlich Aufgabenstellungen, welche Konzentrations-, Wahrnehmungs- und Denkfähigkeiten herausfordern und das Kind für das Lernen sensibilisieren.

Im Wesentlichen beruht das Konzept auf drei Prinzipien:

1. Lesedidaktisches Prinzip:
   Lesen durch Schreiben

Sollen die Kinder Schreiben lernen, dann stellt die Fähigkeit, einen beliebigen Begriff aufzuschreiben, das wesentliche Grundlernziel dar. Allerdings wird dabei nicht erwartet, dass das Wort orthografisch korrekt geschrieben wird; es genügt zunächst, wenn es lautgetreu, d.h. phonetisch vollständig notiert (fachbegrifflich: verschriftet) wird.

Zum Aufschreiben steht dem Kind als zentrales Hilfsmittel eine Buchstabentabelle zur Verfügung, aus welcher die richtige Zuordnung eines jeden Buchstabens zu seinem Lautgehalt selbständig abgelesen werden

[1] erhältlich beim Heinevetter-Verlag Hamburg

kann. Will das Kind z. B. „Löwe“ schreiben, macht es sich zuerst klar, mit welchem Laut das Wort „Löwe“ anfängt und sucht dann in der Buchstabentabelle jenen Gegenstand, der mit dem gleichen Laut beginnt, in diesem Falle die „Lupe“. (Sie erinnern sich an Ihren eigenen Schreibversuch?) Nun kann es der Tabelle den Buchstaben „L“ entnehmen und aufschreiben, d.h. abmalen. Dann wiederholt sich der ganze Vorgang mit dem zweiten Laut „ö“, der in der Tabelle durch „Öl“ repräsentiert wird – und so geht es weiter, bis das Wort vollständig ist.

Die Buchstabentabelle erlaubt dem Kind, von Anfang an selbständig alles zu schreiben, was es will – **alle Wörter der Welt**, wie wir es in der Schule nennen – und das bedeutet: Es wird von Anfang an mit dem gesamten Laut- und Buchstabenbestand gearbeitet, so dass der Wortschatz keinen Einschränkungen unterliegt. Zudem macht die Buchstabentabelle Übungen zur Buchstaben-Laut-Zuordnung überflüssig. Schreibt das Kind mit ihrer Hilfe – und diese Hilfe soll es solange beanspruchen dürfen, wie es das will – immer wieder selbstgewählte Wörter und Texte, dann verinnerlicht es die Buchstaben-Laut-Kenntnisse incidentell, d.h. „beiläufig begleitend“, und kann aufgrund der entsprechenden, unbemerkten Mitübung nach relativ kurzer Zeit ohne Hilfe der Tabelle schreiben.

Zum Lesen wird das Kind im Rahmen des Unterrichts nie aufgefordert oder gar gezwungen. Denn ein Kind, das lesen soll, aber gar nicht kann, wird durch eine solche Aufforderung nicht in die Lage eines Lesers, sondern lediglich in die eines Entzifferers gebracht. Da es nicht lesen kann, wird es vom Text auch nicht „angesprungen“ und muss daher durch bewusste, oft verkrampfte Überlegungen herausfinden, was da geschrieben sein könnte. Es bleibt ihm keine andere Wahl als eine „Rückübersetzung“, das aber scheint mir gefährlich, weil das Kind dadurch eine völlig irreführende Vorstellung davon bekommen kann, was Lesen sei. Ich warte, bis das Kind von sich aus liest, d.h. ich warte, bis es vom Text „angesprungen“ wird. Dieser Moment kommt, denn Lesenkönnen stellt sich, wie schon erwähnt, als Begleitprodukt des Verschriftens „von selbst“ ein und wird zum eindrücklichen, einmaligen Erlebnis für das Kind. Es merkt, dass es auf einmal lesen kann!

2. Lernpsychologisches Prinzip: Selbstgesteuertes Lernen

Das lernpsychologische Prinzip *Selbststeuerung* ist das A und O von *Lesen durch Schreiben*. Es wird im Kapitel IV näher erläutert. Zum Verständnis der Selbststeuerung in der Unterrichtspraxis ist vorerst nur folgender Hinweis von Belang:

Lesen durch Schreiben steht auf der pädagogischen Grundüberzeugung, dass die meisten Kinder aus sich heraus lernfähig und lernbereit sind und viele didaktisch-methodische Maßnahmen der Schule das kindliche Lernen vermutlich eher stören als unterstützen – Kinder lernen um so mehr, je weniger sie belehrt werden. Leitend ist eine psycholinguistische Hypothese, die besagt, dass im Bereich des Lesenlernens der Anteil von Nachahmungsleistungen, d.h. die Aneignung und Übernahme lesetechnischer Verfahrensweisen, sehr gering ist. Kinder erwerben die Kompetenz zum Lesen und Schreiben durch aktive innere Gestaltungsprozesse, nicht durch didaktisch aufgezwungenes Buchstabentraining. Entsprechend wird bei *Lesen durch Schreiben* der Selbstaktivität des Kindes ein Maximum an Spielraum gelassen. Die unumgänglichen Anteile rezeptiven Lernens sind klein gehalten.

Bei den bisherigen Lesemethoden wurde aus Gründen der didaktischen Vereinfachung eine Abfolge chronologischer Lernschritte mehr oder weniger zwingend vorgegeben. Da wurde z.B. festgelegt, dass die Kinder zuerst das „M“ zu lernen hätten, während das „S“ später an die Reihe kam. Die Kinder mussten sich dabei fremdgesteuert der Fibel und der Lehrerin unterwerfen, individueller Lernspielraum bestand nicht, der Unterricht folgte dem Motto „Alles hört auf mein Kommando“. Bei *Lesen durch Schreiben* ist das anders. Hier verläuft der Lernprozess individuell und weitgehend selbstgesteuert. Weil die Methode dem Kind von Anfang an alle Buchstaben an die Hand gibt und auf dem Schreiben aufbaut, gestattet sie im Unterschied zum Fibelunterricht ein aktives Lernen: Beim Lesen bin ich rezeptiv und muss lesen, was der Text enthält, beim Schreiben aber bin ich selber tätig – Buchstaben malen sich ja nicht von selbst – und kann selber festlegen, was ich schreiben will. Beim „Lesen“ in der Fibel „lesen“ alle Kinder das Gleiche, beim Schreiben schreibt jedes Kind etwas Eigenes.

3. Schulpädagogisches Prinzip: Werkstattunterricht

Lesen durch Schreiben orientiert sich an der Idee des „offenen" Unterrichts (Näheres vgl. im Kapitel VIII). Ich gehe davon aus, dass Schreiben- und Lesen„lernen" nicht als isolierte Vorgänge betrachtet werden dürfen. Schreib- und Leselernprozesse sind eingebettet in die Gesamtheit aller Lernprozesse, mit denen sich ein Kind auseinanderzusetzen hat. Das Konzept folgt daher nicht der linearen Systematik einer Reihe vermeintlich aufeinander aufbauender Lernschritte, sondern der Komplexität des Gesamtlernprozesses der Kinder. So „bequem" das Modell einer curricularen Abfolge, also linearer, aufeinanderfolgender und -aufbauender Lernschritte für die Schule auch sein mag –, im wirklichen Lernprozess der Kinder gibt es diese Stufenfolge nicht. Zwingt der Unterricht das Kind gleichwohl auf einen im voraus festgelegten Lernweg mit einer bestimmten chronologischen und sachlogischen Lernschrittabfolge, dann beeinträchtigt und/oder stört man damit das individuelle Lernpotential des einzelnen Kindes. Angemessener ist die Vorgabe eines offenen Angebots, bei dem die einzelnen Übungs- und Lernmaterialien flexibel nutzbar sind. Ein solches didaktisches Angebot ist eben der Werkstattunterricht.

Beim Werkstattunterricht wird nicht wie sonst üblich die ganze Klasse gemeinsam für die Dauer einer Lektion in einem bestimmten Fach unterrichtet, sondern es wird in längeren Zeitblöcken individualisiert und fächergemischt gearbeitet. Der mündliche Unterricht (oder unfreundlich ausgedrückt der „Abfrage-Antwort-Unterricht") entfällt fast ganz, statt dessen wird den Kindern ein vielfältiges Lernangebot unterbreitet, aus dem sie auswählen können.

Dieses Lernangebot – man könnte es „didaktisches Schwedenbuffet" nennen – ist für die Kinder auf besonderen Tischen, auf dem Fenstersims, in Regalen oder wo auch immer Platz ist, ausgelegt und enthält neben grundlegenden Lernaufgaben aus dem Schreib-, Lese-, Mathematik- und Sachunterricht auch offene Anregungen (z.B. Beobachtungsaufgaben, Anregungen zu künstlerischem Gestalten, Hinweise auf Experimentiergelegenheiten usw.), welche den Kindern einen größeren Spielraum lassen. Sie finden hier beispielsweise Schreibanregungen, Arbeitsblätter zur Mathematik, Übungen zur Alleinarbeit mit einem Kontrollgerät (z.B. SABEFIX), Lesestoff, Computerprogramme, aber auch sachunterrichtliche Aufgaben wie Versuche zu Maß und Gewicht (mit Waagen, Messbechern usw.) oder musische Tätigkeiten (ein Lied dichten, vertonen und mit Orff-Instrumenten vorspielen).

Aus diesem Lernangebot wählen die Kinder ihre Lernaufgaben selber aus und beschaffen sich die dazu notwendigen Informationen und Materialien selbständig. Somit können sie persönlichen Lerninteressen nachgehen, sie dürfen sich auch frei im Klassenzimmer bewegen, miteinander reden und, je nach Lernangebot, mit Kameraden zusammenarbeiten. Das bedeutet: Die Kinder lernen meist unabhängig von der Lehrerin und sind zu initiativer Selbständigkeit herausgefordert, da sie sich auch selber kontrollieren müssen.

Die Lehrerin übernimmt eine andere Rolle als im Fibelunterricht: Sie „doziert“ nicht mehr, sondern wird zur Moderatorin, die Lernprozesse nur noch indirekt anregt, indem sie Aufgaben, Anschauungsmaterial, Hilfsmittel für Experimente usw. bereitstellt. Natürlich steht sie den Kindern nach wie vor beratend zur Seite, wenn Probleme auftreten. Aber ihre Haupttätigkeit ist nicht mehr das Erklären, Kontrollieren und Korrigieren, sondern sie nutzt jetzt die „freigewordene“ Zeit für die vertiefte Beobachtung der Klasse und vor allem für die intensive Einzelbetreuung von Kindern mit Lernschwierigkeiten. (Weitere Erläuterungen zum Werkstattunterricht, Kapitel VIII)

* * * * *

Vergleicht man *Lesen durch Schreiben* mit dem alten Fibelunterricht, dann findet man viele Unterschiede. Der wesentlichste betrifft die Art des Lernens: Fibelunterricht ist Frontalunterricht im Klassenverband und geprägt von Nachahmungslernen durch wiederholtes Üben, bei *Lesen durch Schreiben* geht es dagegen um ein weitgehend individuelles Lernen durch Einsicht.

Der übliche Fibelunterricht orientiert sich am sogenannten „didaktischen Dreischritt“:

(1) Die Lehrerin führt z.B. das „L“ ein, erklärt den Lautwert und macht vor, wie „L“ zu schreiben ist.
(2) Die Kinder wiederholen alles, sie ahmen es also nach.
(3) Danach üben und üben sie solange, bis sie das „L“ können.

Diese Art des Lernens war fast jahrhundertelang die gängige, selbstverständliche Art des Lernens. Seit die Wissenschaft jedoch tiefer in die Problematik von Lernprozessen eingedrungen ist, weiß man, dass solches Nachahmungslernen mit anschließender Dauerübung keineswegs der didaktische „Königsweg“ ist, sondern dass selbstgesteuertes Lernen mit funktional begleitender Mitübung das überlegenere Lernverfahren ist. Daher versucht *Lesen durch Schreiben* für die Kinder selbstgesteuertes Lernen zu ermöglichen. Am Lehrgang ist letztlich nicht entscheidend, dass man vom Schreiben ausgeht statt vom Lesen, sondern die andere Art des Lernens, die nahegelegt wird: „Durch Schreiben“ wird das Kind ganz von allein, selbstgesteuert, zum kompetenten Leser.

Ein Unterricht, der primär auf Selbststeuerungsprozesse beim Lernen abstellt, setzt natürlich pädagogischen Optimismus voraus, eine Überzeugung, dass Selbstentwicklungskraft und Selbstlernfähigkeit der Kinder so groß sind, dass allzu starke didaktische Führung unnötig ist, dass Kinder im Prinzip sehr viel mehr verstehen und leisten können, als ihnen der herkömmliche Anfangsunterricht meistens zutraut. Für die Lehrerin kommt es vor allem darauf an, die Kinder bei ihrem selbständigen Lernen nicht zu stören.

Die Methode *Lesen durch Schreiben* hilft dabei, selbständiges Lernen zu ermöglichen und stärkt dadurch die natürliche Entwicklung des Selbstbewusstseins der Kinder. Während das Fibelkind fast ein Jahr lang erlebt, dass es eigentlich nicht lesen kann, jedenfalls nicht, sobald es ein Text außerhalb der Fibel sein soll, weiß das Lesen-durch-Schreiben-Kind von Anfang an, dass es alles schreiben kann, was es will – alle Wörter der Welt! Zudem erfährt es, dass es selber lernen kann und dazu keine Lehrerin braucht. Unter pädagogischen Aspekten betrachtet ist dies der Hauptvorteil des Verfahrens: *Lesen durch Schreiben* vermittelt dem Kind die Überzeugung, es selbst habe sich das Schreiben und Lesen beigebracht, nicht die Lehrerin.

Ich könnte mir vorstellen, dass Sie sich nun an dieser Stelle fragen: Aber wenn sich die Kinder Schreiben und Lesen selber „beibringen“, was macht dann eigentlich die Lehrerin im Unterricht? Diese Frage kann ich Ihnen nicht beantworten, denn ich bin nicht dabei. Wahrscheinlich ist Ihnen bekannt, dass in der Schule Methodenfreiheit herrscht. Jede Lehrerin, jeder Lehrer kann so vorgehen, wie sie/er es für richtig hält. Das ist auch gut so, denn sie müssen ihren Unterricht nicht nur erteilen, sie müssen ihn auch persönlich verantworten und können sich nicht hinter einer Methode verstecken, selbst dann nicht, wenn diese qualifiziert ist. Daher kann ich hier nur schildern, wie ich vorgehe – in der Hoffnung, dass viele meiner KollegInnen pädagogisch-didaktisch ähnlich arbeiten.

1. Gespräch zum Thema „Schule und Lernen“

Am ersten oder zweiten Schultag führe ich mit den Kindern ein Gespräch zum Thema „Was ist Schule? Warum kommt ihr in die Schule?“ Dabei geht es zunächst darum, Vorstellungen der Kinder von der Schule zu klären und die Erwartungen oder Befürchtungen, die sie mitbringen, zu bestätigen oder rechtzeitig zu korrigieren. Viele Kinder kommen in einer Mischung aus freudiger und ängstlicher Erwartung in die Schule. Sie wissen, dass Schule etwas Bedeutsames ist und spüren den gesellschaftlichen Erwartungsdruck, unter dem sie jetzt stehen. Sie wissen, dass sie nun Lesen, Schreiben und Rechnen lernen sollen/dürfen und ahnen häufig, dass das u. U. mit Anstrengung, Frustration oder gar Problemen verknüpft sein kann. Deshalb erscheint mir sehr wichtig, Kinder von allfälligen Irrtümern zu befreien und ihnen vor allem Selbstvertrauen zu vermitteln, damit sie von Anfang an zuversichtlich und erfolgreich lernen können. Zu diesem Zweck stellen wir gemeinsam fest, dass sie zwar bislang noch nicht in der Schule waren, aber bereits sehr, sehr viel gelernt haben. Ich lasse die Kinder dann erzählen, was sie schon alles können und würdige ihre Leistungen, so dass sie stolz auf sich sein können. Vor allem aber bestätige ich ihnen – was ja stimmt (Kinder merken schnell, wenn Erwachsene lügen) –, dass sie eigentliche „Großmeister des Lernens“ sind: Sie lernten Gehen und Laufen, überhaupt die motorische Körperbeherrschung, sie lernten Sehen und Hören und entwickelten hochkomplexe Wahrnehmungsfähigkeiten, sie lernten sprechen und eigneten sich wesentliche geistige Fähigkeiten an, sie verfügen über erste mathematische Kenntnisse und grundlegende „Kategorien des

Weltverstehens", beherrschen Anfänge einer psychologischen Menschenkenntnis usw. usf. Fängt man an, darüber nachzudenken, was ein Schulanfänger im Vergleich zu einem Neugeborenen schon alles gelernt hat (und zwar ohne Schule), dann kann man nachvollziehen, dass es Schätzungen gibt, wonach die Schulanfänger bereits mehr als die Hälfte dessen erlernt haben, was in unserem Kulturkreis ein durchschnittlicher 20-Jähriger weiß und kann.

Allerdings stellen wir nicht nur fest, was die Kinder schon alles gelernt haben, wir betonen auch das „Lerngesetz 1": „Dein(e) Lehrer(in) kann nichts für dich lernen, deine Mutter kann nichts für dich lernen, deine ältere Schwester kann nichts für dich lernen – es kann überhaupt niemand etwas für dich lernen! Alles, was du in deinem Leben lernst, lernst du selber oder gar nicht."

Ein stellvertretendes Lernen ist nicht möglich. Viele Kinder wissen das bereits und wenn sie erfahren, dass die Lehrerin das auch weiß und entsprechende didaktische Konsequenzen zieht, indem sie das Lernen den Kindern belässt (und es ihnen nicht stiehlt, wie es im Fibelunterricht vorkommt), dann übernehmen die Kinder die Verantwortung für ihr Lernen und treiben es in einer Art und Weise voran, dass man nur noch staunen kann.

Dann halten wir das „Lerngesetz 2" fest: „Man kann nicht alles gleichzeitig lernen, deshalb dauert die Schule auch 10-13 Jahre, also länger, als ihr schon auf der Welt seid." Weil man nicht alles gleichzeitig lernen kann, kann man auch nicht von Anfang an alles können, d.h. in Klasse 1 muss man noch nicht wissen, was man später in Klasse 5 wissen muss. (Dieser Hinweis ist für viele Kinder sehr beruhigend.) Und weil wir nicht alles gleichzeitig angehen können, können wir auch nicht gleichzeitig Lesen und Schreiben lernen. Deshalb lernen wir hier zuerst Schreiben und später dann Lesen.

Weil die methodischen Besonderheiten von *Lesen durch Schreiben* oft unbekannt sind, halte ich solche Klarstellungen für wichtig. Denn dann können auch die Kinder zur Aufklärung beitragen: Als z.B. Oma bei Deborah zu Besuch war und dabei erfuhr, dass Deborah in der Schule keine Fibel hat und nicht einmal „Leseunterricht“ bekommt, da war Oma entsetzt. Doch als sie fragte: „Was ist denn das für eine Schule?“, da konnte Deborah sie souverän beruhigen und meinte: „Ja, Oma, weißt du denn nicht, dass man nicht alles gleichzeitig lernen kann? Wir lernen jetzt zuerst Schreiben und dann erst Lesen. Ihr habt das früher umgekehrt gemacht, aber heute sind wir weiter und da wird es modern gemacht.“

Im Hinblick auf die methodischen Besonderheiten von *Lesen durch Schreiben* wird in diesem ersten klärenden Unterrichtsgespräch anschließend erörtert, was Lesen und Schreiben eigentlich bedeutet. Dabei weise ich die Kinder vor allem darauf hin, dass Lesen und Schreiben Vorgänge sind, bei denen man normalerweise nichts hört! Wenn Mama die Zeitung liest, hört man nichts und wenn sie z.B. eine Einkaufsliste erstellt, hört man auch nichts. Lesen und Schreiben sind Vorgänge, die sich „im Kopf“ abspielen – und da sollen sie auch bleiben, da gehören sie hin.

Natürlich gibt es noch weitere Punkte, die in diesem Gespräch geklärt werden, z.B.:

- was ein Lehrplan ist und was er von uns, den Kindern und der Lehrerschaft verlangt,
- organisatorische Regelungen, die an unserer Schule gelten,
- wie wir in der Klasse miteinander umgehen wollen (wir schaffen es nur miteinander, nicht gegeneinander),
- wie die Computer technisch zu handhaben sind usw.

An dieser Stelle will ich allerdings nicht weiter auf diese Punkte eingehen. Ich möchte nur nochmals bekräftigen, dass mein Ideal von Unterricht der „offene“ Unterricht ist, und der Begriff „offen“ enthält auch den Aspekt von „offen legen“ bzw. „transparent machen“. Das aber heißt: Wer Kinder ernst nimmt und voll respektiert, muss sie auch über alles informieren – natürlich in altersangemessener Form.

2. Einführung in das Schreiben bzw. Verschriften

Nach dem Klärungsgespräch beginnen wir mit dem Schreiben. „Wir schreiben jetzt. Das ist gar nicht schwer. Viele von euch können ja schon ihren Namen schreiben. Natürlich muss man am Schluss mehr schreiben können als nur den eigenen Namen, und deshalb lernen wir jetzt alle Wörter der Welt zu schreiben."

Danach „erkläre" ich den Kindern am Beispiel von Lina das Prinzip des Schreibens bzw. des Verschriftens, wie das in der Fachdidaktik korrekt heißt: Lina hatte eine ältere Schwester, welche im Kindergarten „gelernt" hatte, ihren Namen zu „schreiben". Von Schreiben als einem einsichtigen Tun war dabei natürlich keine Rede, in Wirklichkeit konnte das Mädchen lediglich ein „Strichornament" malen, welches Leser als Lina erkannten. Lina wollte auch ihren Namen schreiben, wusste aber nicht wie. Ich gab ihr eine Buchstabentabelle und instruierte sie: „Wenn du Lina schreiben willst, musst du ja nur wissen, welche Buchstaben du brauchst. Die findet man auf der Tabelle. Da schauen wir jetzt. Wir fangen immer unten an, bei „Radio" und merken: „Radio" brauchen wir nicht. Dann kommen wir zu „Lupe", das passt – „Lupe", „Lina" – und nun weiß ich, welchen Buchstaben ich malen muss, den, der neben der „Lupe" zu sehen ist: „L". Schreibe jetzt „L", das ist der Anfang von „Lina". Jetzt kommt das „I". Wir fangen wieder beim „Radio" an, überlegen, ob das passt oder nicht und gehen dann von Bild zu Bild, bis wir beim passenden ankommen. Für „I" ist das beim „Igel", hier sind wir richtig: „I" – „Igel". Schreibe jetzt „i". Nun haben wir von „Lina" bereits „Li", aber es fehlt noch „na". Wir müssen noch „na" schreiben. Wir suchen „N" und finden das bei der „Nuss" und zuletzt noch das „A" bei der „Ameise". Wir schreiben noch „n" und „a" und sind fertig. Das ist die ganze Kunst. Und da du nun weißt, wie das geht, kannst du jetzt einmal „Susi" schreiben."

Wahrscheinlich denken Sie nun, diese „Erklärung", diese „Einführung", wie es die Didaktik nennt, sei aber wenig ausführlich, ja eigentlich recht „schludrig". Sie haben recht. Doch meiner Meinung nach muss das so sein. Wenn Lernen, wie schon erwähnt, bedeutet, etwas, was ich jetzt noch nicht weiß und kann, nachher zu wissen und zu können, dann lässt sich die „Brücke" zwischen Nicht-Können und Können nur schlagen, wenn das Lernen an Bekanntem anknüpft, aber über dieses hinausgeht. Dazu brauchen wir einen Unterricht, der die Denkkräfte der Kinder provoziert und stärkt. Doch das passiert nicht, wenn für ein Kind alle

Sachverhalte klar sind, es fehlt dann der Anreiz zum Weiterdenken. Zwar sollen Kinder nicht **über**fordert werden, **heraus**gefordert aber schon. Nach dem Motto „Selber denken macht klug“ vorzugehen, bedeutet daher, den Kindern grundsätzlich „halbstrukturierte Lernarrangements“ anzubieten, wo Sachverhalte nur zum Teil geklärt werden, so dass der verbleibende unklare Teil Fragen aufwirft und das Denken in Gang setzt. Verstehen Kinder (und Erwachsene) Sachverhalte nur halb, dann versuchen sie, mit eigenem Denken die andere Hälfte auch noch zu klären.

Nun glaube allerdings auch ich nicht, dass nur aufgrund dieser „Schluder-Einführung“ eine Klasse nachher schreiben kann. Nicht einmal ich glaube das. Was ich aber effektiv glaube, nicht nur glaube, sondern weiß, weil in allen Fällen, in denen ich dabei war, es so war: Ich weiß, dass einige Kinder in der Klasse jetzt „Susi“ schreiben können. Aufgrund dieser einzigen, salopp dahergeredeten Halberklärung, die das Kind didaktisch nicht bedrängt, die nicht penetrant ist, die sein Denken nicht auf einen einzigen Weg zwingt, die einfach macht, was zu machen ist, aber eigentlich nichts erklärt, begreifen einige Kinder, worum es geht. Und das halte ich für einen ganz großen Vorteil, denn damit erhöht sich die Zahl „kompetenter Lehrerinnen und Lehrer“ in der Klasse auf einen Schlag. Weil die Kinder im Werkstattunterricht frei umhergehen, sich selber Lernangebote aussuchen, zusammenarbeiten und miteinander reden können, erhöht natürlich jedes Kind, das bereits das Prinzip des Verschriftens beherrscht, den Informationsstand in der Klasse und ist somit ein Gewinn. Genau so habe ich es vor Jahren in meiner eigenen Klasse erfahren:

Eines der Kinder, die in meiner Klasse in Möhlin nach der oben geschilderten „Schluder-Einführung“ auf Anhieb verschriften konnten, war Kevin. Neben Kevin in der Bank saß Marco. Marco konnte nach meiner „Erklärung“ noch nicht „Susi“ schreiben. Aber er wollte es gerne können und wusste, dass Kevin es konnte. So sprach Marco auf dem Heimweg nach der Schule seinen Klassenkameraden Kevin an. Er wollte von Kevin wissen, wie das geht, „Susi“ schreiben – und Kevin erklärte es ihm. Nun war ich bei dem Gespräch natürlich nicht dabei und kann nichts Genaues berichten, ich weiß nur, als Marco zu Hause ankam, konnte er auch verschriften – er hatte auf dem Heimweg das Schreiben gelernt, jedenfalls im Prinzip. Er hat verstanden, was Schreiben heißt. Und wenn man etwas verstanden hat, dann hat man es verstanden. Dabei ist denkpsychologisch in diesem Zusammenhang wichtig, dass Einsicht, Verstehen, Begreifen Vorgänge sind, die plötzlich und schnell passieren. Nicht grundlos bedient sich die Sprache der Wörter Gedanken- bzw. Geistesblitz, wird im Comic die „Geburt einer Idee", der Moment, da ein Problem seine Lösung findet, zeichnerisch durch einen Blitz ausgedrückt.

Wer geisttötenden Lerndrill ablehnt, wer auf freies Denken und Einsicht setzt, muss seinen Unterricht an Erkenntnissen der Denkpsychologie orientieren und auf den „schöpferischen Moment im Bildungsprozess" setzen. Didaktisch ausgeklügelte, penetrante Erklärungen erschweren jedoch das Einschlagen dieses „Geistesblitzes".

Auch wenn Sie mir nun abnehmen, dass in meinen Klassen stets ein paar Kinder bereits am ersten Unterrichtstag das Prinzip des Verschriftens begriffen – also im Stande waren, „alle Wörter der Welt" mindestens lautlich angenähert aufzuschreiben – so bleibt natürlich die Frage offen: Und was war mit den anderen Kindern, für die das Geheimnis des Schreibens ein Geheimnis blieb? Dieser Frage wenden wir uns jetzt zu.

3. Der Anfangsunterricht

Der Anfangsunterricht in meiner Klasse, das heißt die ersten 8-10 Wochen in der Zeit von Schuleintritt bis zu den Herbstferien, folgt bei mir einem ganz einfachen „Strickmuster". Dabei knüpfe ich, wie in jeder guten Didaktik, dort an, wo die Kinder stehen, und arbeite mit dem, was sie mitbringen. Und unsere Kinder bringen die Sprache mit – das ist das Entscheidende. Hier hole ich sie ab und von hier aus müssen sie dann lernen, das Prinzip des Verschriftens zu begreifen. Das heißt: Begriffe wie z.B. „Fußball" können nicht nur mit Hilfe von Kehlkopfgeräuschen gesprochen und dadurch hörbar gemacht werden, sie können auch mit Hilfe von Schriftzeichen geschrieben und dadurch lesbar gemacht werden.

Dabei ist entscheidend, dass immer dort, wo man z.B. ein „u" sprechen würde wie bei „Schuh", „Kuh", „Muh", „Huhn", „zu", „Blut", „gut" usw. usf. man auch ein „u" schreibt. Allerdings gilt die Umkehrung nicht, denn nicht überall, wo ein „u“ geschrieben wird, wird auch eins gesprochen: Denken Sie an „Heu“, „neu“, „Feuer“ usw. Doch das bleibt zunächst unwichtig. Entscheidend ist, dass alle Laute, die man sprechen würde, auch geschrieben werden – und das ist für das Kind „eine saubere Sache“, es ist einsichtig. Wenn Kinder das Prinzip begriffen haben, dann akzeptieren sie es und halten sich daran. Sogar Leon in Hamburg, ein Junge mit bereits ausgeprägter Persönlichkeit: intelligent, aber eigenwillig und rebellisch, der sich nicht kritisieren lässt und stets „zurückmault“, wenn ich ihn belehren will, sogar Leon akzeptiert immer sofort, wenn ich ihn auf einen Lautfehler hinweise. Er vermag nämlich einzusehen bzw. nachzuvollziehen, wenn ich ihm sage, dass seiner „Blme“ ein „u“ fehlt (während ich ihm nicht bzw. noch nicht klar machen kann, dass sein „Hun“ nach dem „u“ noch ein „h“ bekommen muss).

Das Beispiel von Leon zeigt, dass die Kinder mit mir zusammen verschriften – individuell. Damit solcher „Einzel-Unterricht“ organisatorisch möglich wird, ist im Klassenraum eine vielfältige Unterrichtswerkstatt ausgebreitet, d.h. ein großes Spiel-, Lern- und Arbeitsangebot, von dem die Kinder bis zu den Herbstferien völlig frei Gebrauch machen können. Natürlich schließt die Anordnung „völlig frei“ Boxkämpfe u.ä.m. aus, aber wer z.B. tage- oder wochenlang nur in der Bauecke bauen will, darf das. Die Kinder bekommen keine Vorgaben, es wird nichts von ihnen verlangt, sie sind wirklich vollständig frei – mit einer Ausnahme: sie müssen jeden Tag fünf Wörter schreiben.

Dadurch entsteht ein fruchtbares Spannungsverhältnis: Auf der einen Seite besteht diese Pflicht, fünf Wörter zu schreiben. Hier wird von meiner Seite her konsequent Druck gemacht. Auf der anderen Seite haben die Kinder große Freiräume, die zu diesem Druck einen Ausgleich schaffen. So fühlen sie sich nicht eingeschränkt, und mindestens die Hälfte meiner bisherigen Klassen hat auch verstanden, dass es sich bei diesem Unterrichtsarrangement um eine Art „Deal“ handelt. Die fünf Wörter, die sie schreiben müssen, sind eine Art Eintrittspreis für vielfältiges, interessantes Spielen, Lernen und Arbeiten in der Werkstatt.

Ganz am Anfang des Schuljahrs werden diese fünf Wörter unter meiner direkten Obhut geschrieben. Anhand der Klassenliste rufe ich Kind um

Kind zu mir und lasse es unter meiner Aufsicht schreiben. Dadurch bekomme ich natürlich sehr rasch mit, wer mit dem Verschriften klarkommt und wer noch Probleme hat. Die Kinder, die bereits verschriften können, dürfen danach selbständig schreiben, während die Kinder mit Problemen nun häufiger mit mir schreiben können. So kommt die meiste Unterrichtszeit den langsamer lernenden Kindern zugute.

Wenn immer möglich, versuche ich, die fünf Wörter, die zu schreiben sind, aus einer aktuellen Situation abzuleiten. Wenn Alissa mit einer neuen Puppe in die Schule kommt und erzählt, dass Lilli, wie die Puppe heißt, ein Geschenk der Oma aus Lübeck ist, dann schreiben wir natürlich Lilli/Puppe/Geschenk/Oma/Lübeck. Oder wenn Marcel berichtet, dass Anja, die Schäferhündin der Familie, Junge geworfen hat und er für die Welpen die Namen bestimmen dürfe, dann gelten unsere fünf Wörter natürlich diesen Hunden. Nun hat aber nicht jeder Tag solche Ereignisse. Deshalb führe ich mit den Kindern regelmäßig eine Art „gehobenen Small Talk", bei dem ich erfahre, was sie später einmal für einen Beruf ergreifen wollen, wo sie den letzten Sommerurlaub verbrachten, was ihr Goldhamster am liebsten frisst usw. usf., und aus diesen Gesprächen greifen wir dann geeignete Wörter zum Verschriften heraus. Dieses Verfahren hat einen zweifachen Vorteil: Die Wörter, welche die Kinder schreiben, sind für sie persönlich bedeutungsvoll, was die Motivation steigert – und LehrerIn und Kind lernen sich gegenseitig sehr gut kennen. Denn es ist ja klar: Wenn Eliane von ihrem kranken Meerschweinchen berichtet, dann fragt sie zugleich, ob mein Meerschweinchen auch krank sei und bekommt dann zu hören, dass ich kein Meerschweinchen halte, dass meine Frau aber gerne ein Kätzchen hätte.

Später im Jahr wird natürlich die Anforderung erhöht auf 10 Wörter, dann auf 15 Wörter, auf 5 kleine Sätze, auf 10 Sätze usw. Meine Tochter hat dieses System über den Anfangsunterricht hinaus beibehalten und hat in ihrer letzten 1. Klasse das Jahr mit täglich bis zu 25 Sätzen beschlossen. Diese Klasse, das dürfen Sie glauben, war in puncto Schreiben und Lesen „top fit" – und in allen anderen Belangen auch, denn die außerhalb des Verschriftens zugestandene Lernfreiheit trug reiche Früchte und trägt sie in allen Klassen, in denen so gearbeitet wird. Denken Sie daran: Kinder lernen umso mehr, je weniger sie belehrt werden!

Ganz am Anfang verläuft das Verschriften noch relativ umständlich. Doch schon nach kurzer Zeit erreichen die meisten Kinder im Umgang mit der Buchstabentabelle eine erstaunliche Sicherheit und verlieren kaum noch Zeit mit Buchstaben-Suchen. Sobald der Lernweg den Kindern vertraut ist, lernen sie zunehmend selbständig und selbsttätig. Und da ihnen freigestellt bleibt, was sie schreiben wollen, fangen einzelne Kinder sogar schon bald an, ganze Geschichten aufzuschreiben.

Dabei zeigen viele Kinder in ihrem Schreiben nach kurzer Zeit eine erstaunliche Ausdrucksfähigkeit und machen sich die neu erworbene Fähigkeit unmittelbar für den „Eigengebrauch" zunutze. Sie verfassen Mitteilungen für andere, beschriften ihre Zeichnungen, richten kleine Liebesbriefchen an ihre Mutter, notieren Geburtstags- oder Weihnachtswünsche usw.

Alle diese Schreibprodukte haben einen eigenen Zauber und erfreuen Erwachsene immer wieder von neuem. Natürlich hapert es noch mächtig mit der Rechtschreibung (und manchmal irritiert auch ein unEinHEitlicHEs ScHRifTBild durch beliebige Verwendung von Groß- und Kleinbuchstaben oder die Eigentümlichkeit, dass die meisten Kinder TexteohneWortzwischenräumeschreiben – gerade so, wie man es aus ganz alten Klosterhandschriften kennt), aber das sind letztlich sekundäre Erscheinungen, wie Sie im Kapitel VII „Rechtschreibung" noch erfahren werden.

Ich hoffe, dass Sie sich nun eine ungefähre Vorstellung von meinem Unterricht machen können: Die Kinder lernen völlig frei in einer reichhaltigen Lernwerkstatt, haben aber die Pflicht, täglich zu schreiben. Bei diesem Schreiben unterstütze ich sie, wenn sie Unterstützung brauchen, und bin auch sonst für sie da. Und mit dieser „Methode" lernen dann die Kinder schreiben, individuell, die einen schnell, die anderen langsamer.

Die Kinder können nun schreiben. Wie aber werden sie LeserInnen? Diese Frage kann ich Ihnen leider nicht beantworten. Vor Jahren hatte ich „Erklärungen", aber inzwischen überzeugen sie mich nicht mehr. Und da ich lieber eine Frage offen halte, als mich mit einer vorschnellen „Schein"-Antwort zufrieden zu geben, müssen Sie sich mit der Auskunft

„Ich weiß es nicht" begnügen. Die Erfahrung, die meine und die vieler LehrerInnen, zeigt einfach, dass sich beim Großteil der Kinder die Fähigkeit zum eigentlichen Lesen nach etwa einem halben Jahr des Schreiben-Lernens „von selbst" einstellt. Ohne dass man mit den Kindern irgendwelche Leseübungen o.ä. macht, scheint es, als ob die Kinder eines Tages „plötzlich", „auf einmal" lesen können. Von diesem „plötzlich" war schon die Rede und auch davon, dass sich das womöglich nicht allzu überzeugend anhört. Ich kann Ihnen aber nicht gegen meine eigene Einsicht „Erklärungen" anbieten, die S i e vielleicht akzeptieren, die ich aber für falsch halte.

Nachdem ich mich nun mehr als 30 Jahre mit *Lesen durch Schreiben* beschäftigt habe, ist in mir die Überzeugung gereift, dass das Lesen n i c h t gelernt, sondern „plötzlich gekonnt" wird. Der entscheidende Unterschied zwischen dem Konzept *Lesen durch Schreiben* und anderen Konzepten zum Schriftspracherwerb liegt hier: Ich gehe davon aus, dass der Prozess, durch den ein Kind zum Leser wird, kein Lernprozess im üblichen Sinne ist. Deshalb ist jegliches Üben unwichtig, ja sogar kontraproduktiv, entscheidend ist eine – wie ich es nenne – „kognitive Aktivierung", d.h. eine dauernde Herausforderung der kindlichen Geisteskräfte durch vielfältige Aufgaben, die ganz bewusst am Rande der individuellen Überforderung angesiedelt sind. Mithin bedeutet der Hinweis, dass die Kinder „von selbst" LeserInnen werden, nicht, dass im Unterricht nichts dafür getan werden müsste. Nur wenn das lesedidaktische Prinzip *Lesen durch Schreiben* in eine spezifische Lernstrategie eingebaut wird, deren Zentrum das selbständige und selbstgesteuerte Lernen der Kinder ist, lässt es sich erfolgreich verwirklichen. Dabei ist das Wichtigste, dass man mit den Kindern nicht zu lesen versucht, solange sie es noch nicht können! Denken Sie an den Selbstversuch mit der „Geheimschrift": Es gibt in der Lernentwicklung der Kinder, die das Lesen durch Schreiben „lernen", eine Phase, in der sie zwar schreiben, aber überhaupt nicht lesen können. D.h., dass das Kind imstande ist, z. B. seiner Mutter den Einkaufszettel so zu schreiben, dass sie damit einkaufen kann, während das Kind aber nicht imstande ist, das Selbstgeschriebene zu lesen.

Diese Phase, das sei nochmals ausdrücklich betont, ist ganz natürlich. Sie darf auf keinen Fall von außen (z.B. von den Eltern) mit Leseerwartungen an das Kind gestört werden. Denn: Was tut ein Kind, das lesen soll, aber nicht lesen kann? Es fängt an zu entziffern, zu erraten, d.h., es setzt seinen bewussten Willen ein und blockiert dadurch wahrscheinlich die geistigen Prozesse, welche das von mir erwünschte „Anspringen" des Textes ermöglichen. Denn das wissen wir auch aus unserer Erfahrung: Werden Kinder, die noch nicht lesen können, zum Lesen gedrängt, zeigt man ihnen, wie „Lesen funktioniert", womöglich noch mit der Behauptung, das Lesen sei ein Aneinanderhängen von Lauten, die durch Zeichen repräsentiert würden, dann führt das nicht dazu, dass die Kinder rasch Leser werden, es geht dann einfach langsamer. Am schnellsten werden Kinder zu LeserInnen, wenn man ausschließlich aber regelmäßig mit ihnen schreibt und schreibt – und einfach auf das Lesen-Können wartet. Das klingt in Ihren Ohren vielleicht etwas mysteriös. Im nächsten Kapitel möchte ich Ihnen Näheres mitteilen und hoffe, dass Sie merken, dass alles mit rechten Dingen zugeht!

IV Die Hintergründe des Konzepts – oder das Geheimnis der Selbststeuerung

Eltern wissen, wie wichtig Bildung für den Lebenserfolg ihrer Kinder ist. Entsprechend irritiert reagieren sie, wenn in den Medien regelmäßig Missstände des staatlichen Schulsystems aufgezeigt werden und sie erfahren, dass die Leistungsfähigkeit deutscher Schüler im internationalen Vergleich stark nachgelassen hat. Naturgemäß möchten sie als Eltern, dass ihre Kinder eine qualifizierte Bildung und Ausbildung bekommen, doch sie haben wenig Möglichkeiten, hierzu einen Beitrag zu leisten – allen „Mitbestimmungsmöglichkeiten" zum Trotz sind sie dem System letztlich ohnmächtig ausgeliefert. Diese Situation führt dazu, dass derzeit viele Eltern in Schul- und Erziehungsfragen stark verunsichert sind, und im Bemühen, Sicherheit zu finden, klammern sie sich dann an das vermeintlich „Bewährte", also an den herkömmlichen Unterricht. Im Zusammenhang mit *Lesen durch Schreiben* heißt das, dass manche Eltern für ihre Kinder einen Fibelunterricht vorziehen. Sie fragen sich: Warum muss überhaupt eine neue Methode praktiziert werden? Warum bleibt man nicht beim bewährten, alten Fibelunterricht? Damit haben wir früher doch auch Lesen gelernt!

Das sind komplexe Fragen und es gibt darauf keine einheitliche Antwort, denn es sind mehrere Gründe, die das Konzept *Lesen durch Schreiben* stützen. Abgesehen davon, dass man bei genauer Betrachtung im Zusammenhang mit Fibelunterricht mitnichten das Urteil „bewährt" fällen kann, geht es zunächst um eine größere Zielgenauigkeit. Die Kinder sollen selbständig und individuell agieren, in produktiven und aktiven Prozessen. Das geht, wenn sie eigenhändig und persönlich schreiben, was sie wollen; es geht nicht, wenn sie lesen sollen – schon gar nicht, wenn alle die gleiche Fibelseite aufgeschlagen haben –, denn dann werden ihnen Texte vorgesetzt, die andere festgelegt haben. Vor allem aber sollen sie lesen, nicht entziffern, sie sollen verstehen und nicht laut vorlesen!

Damit diese Ziele optimal erreicht werden können, muss der Unterricht dem Wesen der Schrift und den Prozessbedingungen des Schriftspracherwerbs genügen. Das schafft der Fibelunterricht nicht, denn er ignoriert die nachfolgend dargestellten Überlegungen und zieht entsprechend auch keine Konsequenzen daraus.

1. Sachlogische Überlegung: Das „ontologische Universalargument"
Bisher lernten die Kinder in der Schule zuerst lesen und später schreiben. Das scheint die natürliche Reihenfolge zu sein, doch bei *Lesen durch Schreiben* wird diese Reihenfolge nun umgekehrt. Warum dies so ist, davon handelt dieses Buch, und abschließend klar wird das Ganze vermutlich erst, wenn alle Überlegungen vorgebracht wurden.

Zunächst spricht die Sachlogik für die Reihenfolge „zuerst schreiben, nachher lesen". Man kann nämlich überall auf der Erde – und dies gilt nicht nur heute, es galt gestern und wird auch morgen gelten – ein Wort erst dann lesen, wenn dieses Wort vorher geschrieben wurde (von mir selber oder von jemand anderem). Allem Lesen muss grundsätzlich das Schreiben vorausgegangen sein, ein Text muss zuerst geschrieben werden, bevor man ihn lesen kann!

So schlicht dieser Hinweis auch ist, er ist unabweisbar und von erheblicher Relevanz. Weil zuerst geschrieben werden muss, was nachher gelesen werden soll, muss man vermuten, dass vor Jahrtausenden als erstes nicht das Lesen, sondern das Schreiben „erfunden“ worden ist. Dabei war das keine „technische Erfindung“, wo lediglich Sachzwänge zu beachten waren. Als „kognitive Erfindung“ musste das Schreiben der Funktionsweise unseres Denkens entsprechen. Es muss eine Passung geben zwischen dem „System Schrift“ und dem Funktionieren unseres Gehirns.

Nun war zwar damals niemand von uns dabei und „erfunden“ wurde die Schrift auch nicht, jedenfalls nicht so, wie z.B. Konrad ZUSE in einem Geniestreich den Computer erfand – unsere heutige Alphabetschrift ist Ergebnis einer sehr komplexen Entwicklung, die über Jahrhunderte verlief und an der die unterschiedlichsten Kulturen beteiligt waren –, aber die zeitliche Folge, zuerst produzieren, dann konsumieren, galt immer. Ein Bild musste zuerst gemalt werden, ehe man es betrachten konnte, Hieroglyphen zuerst gestaltet, ehe man sie deuten konnte usw. Von daher ist „zuerst schreiben und dann lesen“, so wie es bei *Lesen durch Schreiben* gemacht wird, das Natürliche, und zwar nicht nur in **sach**-logischer, sondern auch in **psycho**logischer Hinsicht: Mit *Lesen durch Schreiben* wiederholen die Kinder in ihrer eigenen Lebensgeschichte gewissermaßen die Kulturgeschichte der Menschheit: Die kulturgeschichtlichen Prozesse, die über die Erfindung der Schrift zu deren Beherrschung führten, werden durch die Kinder als entwicklungspsychologische Prozesse nacherlebt, so dass die Passung zwischen dem „System Schrift“ und dem Funktionieren unseres Gehirns besonders ausgeprägt zum Tragen kommt und aus *Lesen durch Schreiben* eine in hohem Maße kindgemäße, gehirngerechte und lernwirksame Methode macht.

2. Erkenntnistheoretische Überlegung: Was wissen wir eigentlich?

Anfang November 1990 trafen sich Vertreter der deutschsprachigen Länder zu einem wissenschaftlichen Symposion in Bregenz. Thema war der Schriftspracherwerb, Veranstalterin die UNESCO. An jenem Symposion ereignete sich etwas in meinen Augen sehr Bemerkenswertes, was wahrscheinlich mit dem Zeitpunkt der Veranstaltung zu tun hatte: Es war nämlich genau ein Monat nach dem Ende der DDR! Da solche Veranstaltungen lange Vorbereitungszeiten erfordern, bestand folgende Situation: Als die Konferenz vorbereitet wurde, gab es die DDR noch; als die Konferenz durchgeführt wurde, gab es die DDR nicht mehr. Die

Personen, die jetzt als VertreterInnen der „neuen Bundesländer" an der Konferenz teilnahmen, waren also noch durch Instanzen der DDR ausgesucht worden, um deren Positionen zu vertreten, doch jetzt gab es diesen Staat nicht mehr. Aufgrund dieser Situation waren die ostdeutschen KonferenzteilnehmerInnen extrem verunsichert. Sie hatten den Boden unter den Füßen verloren, ja teilweise eine Art Identitätskrise, vor allem aber fühlten sie sich von den „West-WissenschaftlerInnen" nicht ernstgenommen. Und in dieser Situation, da sie wie in einem „luftleeren Raum" operierten und nicht mehr gezwungen waren, zum „Ruhme der DDR" beizutragen, kam es dazu, dass sie öffentlich eingestanden, dass sie eigentlich nicht wüssten, wie die Kinder Lesen und Schreiben lernen!

Dieses Eingeständnis wirkte wie eine Befreiung, denn als nun die einen ihr Nicht-Wissen zugaben, trauten sich auch die andern aus der alten Bundesrepublik, aus Österreich und aus der Schweiz zuzugeben, dass sie effektiv auch nicht wüssten, wie Kinder Lesen und Schreiben lernen. Die Neue Zürcher Zeitung (NZZ) leitete damals ihren Konferenzbericht denn auch mit dem lapidaren Satz ein: „Die Frage, wie Kinder lesen und schreiben lernen, ist nicht gelöst!"

Wenn man sich vorstellt, dass in diesem Symposion die maßgebenden ForscherInnen der deutschsprachigen Länder drei Tage lang über den Schriftspracherwerb diskutierten und am Ende eingestanden: „Wir wissen eigentlich nicht, wie die Kinder lesen und schreiben lernen", dann scheint mir dies schon beachtlich. Bemerkenswert ist der Fall, weil das Nichtwissen hier ein Besonderes ist, es ist, als ein wissenschaftliches Nichtwissen, gleichsam ein qualifiziertes Nichtwissen, d.h. eines, das durchaus Wissen in sich beschließt. Vor allem enthält es das Wissen, dass Kinder Lesen und Schreiben nicht so lernen, wie wir das bis jetzt gemeint haben. Denn wenn der Schriftspracherwerb so erfolgte, wie wir das bis jetzt geglaubt haben, wüssten wir ja Bescheid, aber gerade das ist eben nicht der Fall.

Nun liegt die erwähnte UNESCO-Tagung zwar über 10 Jahre zurück und ein paar Erkenntniszugewinne sind seither durchaus zu verzeichnen, doch in der Hauptsache sind wir noch nicht weiter; nach wie vor ist die Frage, wie Kinder lesen und schreiben lernen, nicht gelöst. Wer die wirklichen Verhältnisse rings um das Thema „Schriftspracherwerb“ kennt, weiß, dass es im Bereich des Erstlesens bis zum Erscheinen von *Lesen durch Schreiben* Jahrzehnte vorher keine wirklichen Neuerungen gab. Außenstehende wundern sich vielleicht darüber, denn in der Arbeitswelt werden aufgrund des ökonomischen und politischen Konkurrenzdrucks Produktionsverfahren, Organisationsmodelle und Marketingmethoden dauernd überprüft, in Frage gestellt und weiter entwickelt. In der Schule aber geschieht kaum Vergleichbares. Weil das staatliche Schulmonopol Konkurrenz weitgehend unterbindet, fehlt es ihr am belebenden Wettbewerb und ihr schon sprichwörtlicher Entwicklungsrückstand wird kontinuierlich größer. Vor allem aber ist die Alltagspraxis in den Schulen weniger von wissenschaftlichen Didaktiken geprägt als vielmehr von einer Didaktik, die ich „Kommerzdidaktik“ nenne, d.h., der „Didaktik“, welche die großen Lehrmittelhersteller ihren Schulbüchern und Unterrichtsmaterialien zugrunde legen, und wo es weniger ums Kind, sondern vor allem ums Geld geht.

Nun soll bekanntlich nicht mit Steinen werfen, wer selbst im Glashaus sitzt: Ich verdiene ja auch Geld, wenn LehrerInnen *Lesen durch Schreiben* kaufen (und nicht über Raubkopieren „stehlen“). Dass Geld verdient wird, ist nicht das eigentliche Problem, denn es verdienen alle, die sich professionell mit Erziehung beschäftigen. Eigentlich problematisch ist, dass unter dem Einfluss des Geldes wichtige grundsätzliche Überlegungen unterbleiben, es erfolgt keine Grundlagenforschung. So dreht sich beispielsweise die „Kommerzdidaktik“ bloß im Kreis: Sie präsentiert uns zwar laufend „Neues“, das sich dann aber immer wieder nur als das verstaubte Alte in neuer Verpackung entpuppt. Dabei ist nicht bedenklich, dass die Schule da immer wieder auf raffinierte Marketingstrategien hereinfallt, bedenklich ist, dass sie dadurch dem „erkenntnistheoretischen Erfahrungszirkel“ nicht entkommt, ja ihn nicht einmal zur Kenntnis nimmt. Damit meine ich folgendes:

Wenn man eine Theorie oft genug hört, hält man sie irgendwann unreflektiert für wahr, vergessend, dass es eine Theorie ist, d.h. ein Erklärungs v e r s u c h , der zwar nicht gegen eindeutig erkannte Tatsachen formuliert sein darf, aber Erkenntnislücken mit Vermutungen oder Spekulationen füllt. Und deshalb muss jede Theorie immer wieder einmal grundsätzlich in Frage gestellt werden – und zwar unter Beachtung der schlichten erkenntnistheoretischen Einsicht, dass alle unsere Antworten, Feststellungen usw., die unser „Wissen“ ausmachen, das Ergebnis der Fragen sind, die wir stellten oder nicht stellten, bzw. der Beobachtungen, die wir machten oder nicht machten. Das bedeutet ja nicht, dass entsprechende Antworten falsch oder Beobachtungen unzutreffend sind, es bedeutet nur, dass die Richtigkeit einer Erkenntnis noch nichts über ihre Bedeutung aussagt.

Denken Sie zum Beispiel an die Krebsforschung: Da wird seit Jahrzehnten weltweit mit großem Aufwand geforscht, wir haben unzählige Studien sowohl mit Einzelbefunden als auch einem umfangreichen Datenmaterial – aber richtig Bescheid wissen wir immer noch nicht, die Menschen leiden und sterben weiter. Die gefundenen Antworten sind zwar richtig, aber offensichtlich bedeutungslos – für mich ist das ein Indiz dafür, dass man die falschen Fragen stellt bzw. unwesentliche Phänomene beobachtet hat. Als die Leseforschung untersuchte, welches die optimalste Reihenfolge für die Einführung der Buchstaben wäre, fand man z.B. heraus, dass es sich nicht empfiehlt, zuerst das „E“ einzuführen, obwohl es der mit Abstand häufigste Buchstabe in der deutschen Sprache ist. Diese „Erkenntnis“ ist nicht falsch, aber sie setzt bereits voraus, dass man einzelne Buchstaben in einer bestimmten Reihenfolge einführen soll. Ob aber diese Annahme an sich richtig ist, das wurde vorgängig nicht untersucht.

Im sogenannten „Methodenstreit“ (ca. 1920/1960) wurde in der Leseforschung jahrzehntelang darüber gestritten, welche Methode die bessere wäre: die „Buchstaben“-Methode, bei der die Kinder lernten, wie man einzelne Buchstaben „zusammenhängt“, oder die „Ganzwort“-Methode, bei der die Kinder zuerst ganze Wörter „lesen“ lernten und erst später mit den Einzelbuchstaben vertraut gemacht wurden. Es wurden unzählige wissenschaftliche Untersuchungen vorgelegt, aber trotzdem konnte die Streitfrage nicht entschieden werden: Keine Methode erwies sich eindeutig als die bessere, so dass man schließlich annahm, es seien beide gleich gut. Die andere Denkmöglichkeit aber, dass nämlich der Methodenstreit unentschieden enden musste, weil beide Methoden falsch ansetzen, blieb außer Betracht.

Nun gibt es neben der erkenntnistheoretischen Einsicht, dass alle unsere Erkenntnisse das Ergebnis der Fragen sind, die wir stellten oder nicht stellten, bzw. der Beobachtungen, die wir machten oder nicht machten, im Schulbereich noch ein weiteres, verschärfendes Erkenntnishindernis: Alles, was wir an Kindern beobachten, sind nicht Feststellungen an „Naturgeschöpfen", sondern an Kindern, die in einer bestimmten Art und Weise instruiert (!) wurden – und meistens noch mit erheblichem Druck. Schließlich geht ja Erziehung davon aus, dass man heranwachsende Kinder in ihrem Verhalten verlässlich beeinflussen könne, d.h., dass Kinder etwas so tun, wie wir es ihnen beigebracht haben. Und weil dies weitgehend zutrifft, entdeckt die didaktische Forschung immer nur das, was die didaktische Praxis vorher schon angebahnt hat. Wird beispielsweise ein Kind im Fibelunterricht didaktisch angeleitet, bzw. bedrängt und gezwungen, Buchstaben zu kombinieren und herumzugruppieren und dazu gut hörbar Laute zu sprechen und zusammenzuschleifen, dann tut ein wohlerzogenes Kind das auch, denn es wird ihm ja schon Monate vor dem Schuleintritt immer wieder deutlich gesagt, dass es zu tun habe, was die Lehrerin fordert.

Wenn man dann anschließend beobachtet, wie zwei Kinder aus der Klasse von Kollegin X anscheinend von sich aus mit Buchstabenkärtchen OMA zu OPA variieren und daraus den Schluss zieht, dass dieses Buchstabenvariieren den Leselernprozess beschleunige, dann ist dieser Schluss falsch. Nach meiner Meinung hat das weniger mit den Kindern als mehr mit der Lehrerin X zu tun. Diese erwartet letztlich von den Kindern, dass sie mit Buchstaben Wörter legen und verändern, denn sie hat ihnen gezeigt und „weis"gemacht, dass man auf diese Weise lesen lerne – und das wollen die Kinder ja auch. Also tun sie, was die Lehrerin erwartet. Bei mir tun Kinder nie so etwas – wobei das auch in meinem Fall nicht an den Kindern liegen muss: Ich erwarte so etwas eben nicht.

Mit dem Wissen um die Gefahren dessen, was vorher „Erfahrungszirkel" genannt wurde, stelle ich nun erneut – zum x-ten Mal, wie Sie sicher bemerken – die Frage „Wie lernen Kinder lesen?"

Die allgemeine Meinung, wer lesen könne, habe dies in der Schule gelernt, kann nämlich auch ein Irrtum sein, denn alle feststellbaren Tatsachen könnten auch als Placebo-Effekt erklärt werden. Weil die ganze Gesellschaft glaubt, dass man im schulischen Leseunterricht lesen lerne, glauben das selbstredend auch die Kinder – und dieser Glaube ist es dann, der die Lesekompetenz freisetzt. Vielleicht ist es nur ein Glaube, der bewirkt, dass Kinder eines Tages lesen können. Und daher ist das Ganze vielleicht auch über einen anderen Auslöser möglich. Möglicherweise stellen wir eines Tages fest, dass wir mehr erreichen, wenn wir auf den traditionellen Leseunterricht verzichten und mit den Kindern stattdessen afrikanische Regentänze aufführen – interessanter dürfte das für die Kinder allemal sein.

Nun behaupte ich natürlich nicht, dass man über afrikanische Regentänze zum Leser wird (nach meiner These ist ja das Schreiben der „Lese-Auslöser"), aber ich möchte wirklich dafür plädieren, den bisherigen Leseunterricht gründlich und grundsätzlich in Frage zu stellen. „Wie lernen Kinder lesen?" ist nämlich lediglich grammatikalisch gesehen eine korrekte Frage; auf dem Hintergrund eines auf Wahrheit ausgerichteten Erkenntnisinteresses ist sie unpräzise, sogar irreführend. Sie setzt stillschweigend die Annahme voraus, dass Lesen g e l e r n t wird und nur noch das Wie geklärt werden müsse. Aber trifft diese Annahme wirklich zu?

3. Wahrnehmungspsychologische Überlegung: Lesen ist wie Hören

Betrachtet man die gängige Praxis in den Grundschulen, dann scheint die Frage „Wie lernen Kinder lesen?" gelöst: „Lesen lernt man durch Lesen!"

Ich gebe zu, das tönt wirklich gut. Es erinnert an so eingängige Slogans wie „Klavier spielen lernt man durch Klavier spielen", „Rad fahren lernt man durch Rad fahren" usw. Ich wiederhole mich, es klingt wirklich gut und es scheint ja auch was dran zu sein, denn Geografie lernt man kaum im Chemielabor und Mathematik nur ausnahmsweise im Schwimmbad. Trotzdem: „Lesen lernt man durch Lesen" ist keine Antwort. Sicher, wer bereits Lesen kann, kann sein Lesen verbessern, wenn er liest und liest und liest. Doch wie soll jemand lesen, der es noch nicht kann? Was kann ein kleines Kind, das auf einen Text blickt und dabei nichts vom Inhalt mitbekommt (so wie ich nichts aus einem Text in hebräischer oder russischer Schrift erfahre) unternehmen, damit es beim Auf-den-Text-Blicken weiß, was dieser Text besagt? Das ist die eigentliche Frage, um die es geht und auf die *Lesen durch Schreiben* eine neue Antwort gibt.

Wenn wir „phänomenologisch" vorgehen, dann stellen wir fest, dass kompetente LeserInnen auf einen Text blicken und ihn verstehen. Doch: Was sehen LeserInnen da eigentlich und was verstehen sie?

Als LeserIn sehen Sie auf dem Papier – wir kamen schon in den Vorüberlegungen (S. 11) darauf zu sprechen – eine Menge von Strichen, Kurven und Punkten. Natürlich sind diese in einer bestimmten Weise angeordnet –, doch ändert das nichts an der Tatsache, dass es sich letztlich um Striche, Kurven und Punkte handelt. Das Abbild dieser Striche, Kurven und Punkte wird nun mit Hilfe von Lichtwellen auf Ihre Netzhaut transportiert und von Ihrer Netzhaut gelangt es durch den Sehnerv ins Gehirn und wird verstanden.

Nun ist dieser Vorgang zwar ein unglaubliches Wunder, aber kein singuläres. In anderer Form, nämlich in akustischer, ist es ein tägliches Ereignis, mit dem wir nicht im Entferntesten so viel Probleme haben wie mit dem Lesen: mit unserer mündlichen Kommunikation, also mit dem Sprechen und Hören. Auch hier geht es um die Übermittlung von Information durch Zeichen, aber nicht optisch, sondern in Form von akustischen Lauten. Das heißt, wenn Sie einem anderen Menschen zuhören, dann passiert zunächst Folgendes: Der Sprecher erzeugt mit Kehlkopf und Mundwerkzeugen eine Reihe von Lauten. Diese Laute werden durch Schallwellen an Ihr Trommelfell transportiert, von Ihrem Trommelfell gelangt das Gehörte ins Gehirn und wird verstanden (sofern der Sprecher eine Ihnen geläufige Sprache benutzte).

Hält man sich dies vor Augen, dann gibt es nur eine Schlussfolgerung: Lesen muss ähnlich sein wie Hören (von Sprache, nicht sonstigen Geräuschen), d.h., es sind vergleichbare Vorgänge: In beiden Fällen geht es darum, dass Gedanken in sprachlicher Form von einem Menschen zu anderen Menschen gelangen können. Da wir aber nicht mittels Gedankenübertragung kommunizieren können, müssen unsere Gedanken, die etwas rein Geistiges sind, auf irgendeine Weise in eine materielle, physikalisch transportierbare Form gebracht werden. Das ist möglich. So können wir z.B. unsere Gedanken in „Kehlkopf-Mund-Geräusche verpacken“ und mit Schallwellen ans Ohr unseres Gegenübers transportieren, wobei wir das Ohr als Eingangspforte in seinen Geist benutzen. Diesen Vorgang nennen wir bekanntlich „sprechen“.

Wenn der Schall trotz lauter Stimme nicht weit genug trägt, können wir Gedanken auch anders „verpacken“, etwa indem wir sie in Form von Zeichen mit Tinte auf einem Stück Papier festhalten. Dieses kann dann z.B. von Hamburg nach Zürich transportiert werden und die Gedanken reisen mit. Es gibt weitere Möglichkeiten: So wurde etwa für Blinde ein Tastcode entwickelt, bei dem die Fingerkuppen die Anordnung von Erhöhungen und Vertiefungen abtasten – und dadurch werden Gedanken erfassbar. Man hat im 19. Jahrhundert einen Rhythmus benutzt, um Gedanken rasch über weite Strecken hinweg zu transportieren (das Kurz/Lang des Morsealphabets), während wir heute einen Digitalcode benutzen, bei dem wir Folgen von Null/Eins-Impulsen fast lichtgeschwind durch Glasfaserkabel nach den USA und wieder zurück transportieren. Und in diesen Folgen von Null/Eins-Impulsen stecken unsere Gedanken.

Beschränken wir uns auf Hören und Lesen, dann zeigt sich: In beiden Fällen geht es um den Transport von Gedanken in codierter Form; entweder werden Laute transportiert oder Zeichen; im einen Fall übernehmen Schallwellen den Transport, im anderen Lichtwellen; einmal ist das Ohr die Eingangspforte zum Geist des Empfängers oder es ist das Auge. Mithin besteht also zwischen Hören und Lesen in dieser Hinsicht gar kein grundsätzlicher Unterschied, es sind, wie schon erwähnt, völlig vergleichbare Vorgänge.

Nun hat man zwar immer schon Schreiben mit Sprechen und Lesen mit Hören verglichen, aber den Vergleich nicht konsequent zu Ende gedacht. Wir dürfen nämlich einen Fehler nicht machen, der häufig gemacht wird. Wir dürfen nicht meinen, dass das, was man hört, die Sprache sei. Das ist ein prinzipielles Missverständnis, das wir ausräumen müssen, ehe wir mit unseren Überlegungen fortfahren können. Also müssen wir zuerst noch einiges zum Thema „Sprache“ klären:

Was wir hören, wenn jemand mit uns spricht, ist nicht die Sprache. Das Eigentliche an der Sprache sind nicht die „Geräusche", mit deren Hilfe wir uns im Alltag unterhalten; der Kern der Sprache sind Begriffe und die Strukturen, mit denen begriffliche Zusammenhänge darstellbar werden. Begriffe sind etwas rein Geistiges. Man kann sie weder hören noch sehen, nicht riechen und schmecken und schon gar nicht anfassen.

Wenn ich z. B. an jenes Ding denke, das ich zwischen den Fingern halte und mit dessen Hilfe ich auf Papier schreiben und zeichnen kann, das ich wieder spitzen muss, wenn die Mine abbricht, dann kann ich dieses Ding zwar bezeichnen mit der Buchstabenreihe „Bleistift" oder mit einem entsprechenden Geräusch aus Mund und Kehlkopf, und ich kann mit Hilfe dieses Geräuschs oder der Buchstabenfolge über das Ding kommunizieren – das Geräusch bzw. die Buchstabenreihe sind aber offensichtlich nicht der Gegenstand, sondern, wenn man so will, der Name des Gegenstands. Sie sind auch nicht der Begriff. Der Begriff ist mehr als der Name, denn der Begriff gilt nicht nur für den Bleistift, den ich in der Hand halte, er gilt für alle Bleistifte, die es in der Welt gibt. Im Begriff ist zudem unser ganzes Wissen über das Ding enthalten: Wozu man es braucht, wie man damit umgeht, woraus es gemacht ist, wer seine Verwandten sind (Farbstifte, Kugelschreiber) usw.

Die Buchstabenreihe bzw. die Geräusche können schon deshalb nicht der Begriff sein, weil z.B. Russen, die ebenfalls Bleistifte benutzen und mithin über den gleichen Begriff verfügen, mit einer anderen Reihe von Zeichen (kyrillische Schrift) operieren, weil Franzosen das Kehlkopf-Mund Geräusch „crayon" bzw. die Engländer das Geräusch „pencil" benutzen usw. Der Begriff ist etwas rein Geistiges – und lässt sich trotzdem von einem Menschen zum anderen weitergeben, sogar dann, wenn das Ding selbst nicht anwesend ist. Mit Hilfe von Begriffen können wir uns hier und jetzt über räumlich-zeitlich nicht anwesende Dinge unterhalten. Zum Kommunizieren müssen wir den Begriff lediglich in ein hier und jetzt anwesendes physikalisches Medium „einpacken" und „transportabel" machen.

Dies kann vielfältig auf die erwähnten Arten geschehen: Mit Geräuschen (d.h. Worten, die wir hören) oder durch Graphitspuren auf Papier (d.h.

Buchstaben, die wir sehen), durch Rhythmen (wie man sie als Kombination von kurz/lang im Morse-Alphabet benutzt und die man hören oder sehen kann), durch taktile Signale (Blindenschrift), aber auch durch mathematische Varianten (Digital-Code im Computer, der sich als Magnetisierungsstruktur speichern lässt).

Wir Menschen verfügen über eine Begriffssprache, d.h. wir können Begriffe auf die verschiedensten Weisen durch eine entsprechend vereinbarte Codierung symbolisch darstellen. Bei der mündlichen Sprache geschieht dies durch Laute, bei der geschriebenen durch Buchstaben – das aber ist der einzige Unterschied, im Prinzip sind die Handhabung der Sprechsprache und die der Schreibsprache gleich. Hören und Lesen sind analoge Prozesse. Wenn ich über die sprachlichen Verständnisvoraussetzungen verfüge, um eine bestimmte Aussage zu verstehen, wenn ich also die Begriffe kenne und ein minimales Vorwissen über die abgehandelte Sache habe, dann ist Lesen als „sehendes Sprachverstehen“ etwas Vergleichbares wie Zuhören, also „hörendes Sprachverstehen“. Beim hörenden Sprachverstehen treffen hintereinander Laute aufs Trommelfell, die unser Geist versteht; beim sehenden Sprachverstehen treffen Zeichen auf die Netzhaut und werden verstanden.

Ich kann deshalb je länger je weniger einsehen, warum es einfacher sein soll, aus einer flüchtigen Lautfolge „Sinn“ zu entnehmen als aus einer stehenden Buchstabenkette: Eine Lautkette, welche eine Botschaft transportiert, ist nicht weniger abstrakt als eine Buchstabenkette. An sich gäbe es keinen Grund, das Hören im Vergleich zum Lesen als den einfacheren Vorgang zu betrachten, auch wenn Schule und Alltag dies tun.

Bei näherer Betrachtung zeigt sich eher das Gegenteil. Wer sowohl die Sprech- wie die Schriftsprache kompetent beherrscht, für den ist es in der Regel einfacher, Informationen lesend (aus einem Buch) als hörend (in einem Vortrag) aufzunehmen, jedenfalls dann, wenn es sich um größere und komplexe Informationsmengen handelt. (Dieser Hinweis gilt allerdings nicht für Gesprächssituationen. Das informative Gespräch, wo der Verarbeitungsprozess durch Rückfragen erleichtert wird, ist dem Lesen überlegen.)

Gegenüber einem reinen Zuhören ist das Lesen jedoch nachhaltiger. Sie wissen es selber: Lesen geht viel rascher als Zuhören. Wir können unser Sprechtempo nur wenig steigern, das Lesetempo jedoch enorm. Ich will hier nicht auf Hintergründe eingehen, ich erinnere Sie nur an ein Phänomen, das Sie selber kennen: Wenn wir still lesen, dann sind wir viel rascher, als wenn wir den gleichen Text durch lautes Vorlesen „sprechen". Natürlich hat das auch damit zu tun, dass wir beim lauten Vorlesen Zeit verlieren, weil wir atmen – beim Vorlesen muss man Luft holen –, doch lässt sich nachweisen, dass der Zeitgewinn beim stillen Lesen höchstens zu etwa 30% mit dem Wegfall der Atempausen zu erklären ist. Der Hauptgewinn ergibt sich dadurch, dass wir mit den Augen schneller sind als mit den Ohren.

Wenn die beiden Vorgänge Hören und Lesen für viele Leute trotzdem nicht vergleichbar sind, d.h. wenn vielen Leuten zwar nicht das Hören und Sprechen, wohl aber das Lesen und Schreiben Mühe bereitet, dann liegt das nicht an den Phänomenen selbst, sondern an der Art und Weise, wie der Umgang mit ihnen erlernt wurde.

Da bei uns alle Leute sprechen und hören können, gibt es diesbezüglich kaum Probleme. Weil andererseits nicht alle Leute mit Leichtigkeit schreiben und lesen können, gilt dies als etwas Anspruchsvolleres, als etwas, das nur mit schulischer Hilfe erlernt werden kann. Daher lernen die Kinder Sprechen und Hören ohne Schulunterricht in der natürlichen Alltagswelt; das Lesen und Schreiben hingegen müssen sie fremdgesteuert in der Kunstwelt Schule lernen. Sprechen und Hören lernen die Kinder problemlos, Lesen und Schreiben aber lernen sie in der Schule mühsam und teilweise gar nicht.

Dass wir den Sprechspracherwerb der Familie überlassen, für den Schriftspracherwerb aber Schulunterricht einsetzen, liegt denn auch nicht in der (vermeintlich unterschiedlichen) Natur der beiden Lernbereiche, sondern ist Folge der h i s t o r i s c h gewordenen Lernbedingungen.

Ich kann hier nicht ausführlich auf diesen Punkt eingehen, doch sei mir ein Hinweis gestattet. Wenn wir die bei uns gängigen Leselehrmethoden historisch zurückverfolgen, gelangen wir ins Hochmittelalter, in eine Zeit, in der Schreiben und Lesen ein eifersüchtig gehütetes Herrschaftswissen war. In jener Zeit galt es den Herrschenden als unerwünscht, dass jedermann lesen und schreiben könne. Mithin fällt der historische Ursprung des Fibelunterrichts in eine Zeit, in der es „bildungspolitisch" nicht erwünscht war, dass die Menschen lesen und schreiben konnten. Ich vermute daher, dass die Unzulänglichkeit des Fibelansatzes – den alle schlechten LeserInnen belegen – durchaus genehm war. Zum Glück scheint diese Zeit vorbei – und zum Glück gibt es inzwischen ja auch die überlegene Alternative zur Fibel: *Lesen durch Schreiben.*

4. Lernpsychologische Überlegung I: Der Grundgedanke von Lesen durch Schreiben

Nach den vorangegangenen Betrachtungen sind wir nun endlich an dem Punkt angelangt, wo ich Ihnen den eigentlichen Grund für die Überlegenheit von *Lesen durch Schreiben* aufzeigen kann, also den „Trick" erklären, den wir anwenden. Dazu halten wir nochmals fest:

Erstens: Sprache hörend verstehen und Sprache sehend verstehen (=lesen) sind vergleichbare Vorgänge.
Zweitens: Beide Fähigkeiten werden nicht von Geburt an beherrscht, sondern müssen „erlernt" werden. (Kleine Kinder verfügen nicht angeborenerweise über Hörverständnis, sie hören wohl Laute, verstehen sie zunächst aber nicht.)

Aus diesen zwei Feststellungen schließe ich, es müssten den beiden Fähigkeiten auch gleichartige „Lernprozesse" zugrunde liegen. Weil Hören und Lesen vergleichbare Vorgänge sind und beide Fähigkeiten „erlernt" werden, sind die entsprechenden Aneignungsprozesse auch vergleichbar. Wenn das so ist, heißt das: Lesen und Schreiben sollten Kinder so „lernen", wie sie einige Jahre zuvor Hören und Sprechen „lernten".

Diese Forderung ist mein Ausgangspunkt. Der Ansatz *Lesen durch Schreiben* ist eigentlich nichts anderes als der Versuch, den Schriftspracherwerb auszurichten am Vorbild des früheren Sprechspracherwerbs, d.h., mit den Kindern so Lesen und Schreiben zu „lernen", wie sie einige Jahre zuvor Hören und Sprechen „gelernt" haben.

5. *Lernpsychologische Überlegung II: Wie lernen die Kinder sprechen?*

Wenn man im „Leseunterricht" so vorgehen will, dass man sich am Vorbild des früheren Sprechspracherwerbs der Kinder orientiert, dann muss man natürlich wissen, wie der Sprechspracherwerb abläuft, weshalb wir nun einen Blick auf diesen werfen. Dabei sollten wir uns mit vier Aspekten der Sache näher befassen:

Aspekt 1: „Anthropologische Bedeutung" der Sprache
Es gäbe die Menschheit so, wie wir sie kennen, sicher nicht, wenn sie nicht über Sprache verfügen würde. Natürlich haben wir Menschen noch andere Fähigkeiten, die uns auszeichnen, aber Sprache zu haben, ist eines der entscheidenden Wesensmerkmale des Menschseins. Menschen können auch Klavier spielen, Pferde nicht. Deshalb gehört das Klavierspiel ebenfalls zum Menschsein, allerdings ist es dafür nicht entscheidend: Die alten Griechen hatten noch kein Klavierspiel, Menschen aber waren sie sehr wohl. Das wären sie vermutlich aber nicht gewesen, wenn sie keine Sprache gehabt hätten. Über Sprache zu verfügen, ist so entscheidend, dass die Anthropologen früher ja der Meinung waren, es sei die Sprache, die den Menschen überhaupt zum Menschen mache. Seit man weiß, dass es auch bei Tieren sprachähnliche Kommunikationsformen gibt – bei Menschenaffen sogar in Form von Begriffen – ist diese Sonderstellung des Menschen zwar etwas relativiert worden, gleichwohl bleibt die Sprache für ihn das absolut zentrale Merkmal.

Es stellt sich deshalb die Frage, wo die Sprache herkommt. Wie geht die Natur eigentlich vor, wenn sie bestimmte Lebewesen mit besonderen Fähigkeiten ausstatten will? Da zeigen sich zwei Wege: Bestimmte Fähigkeiten können angeborenerweise im Erbgut verankert sein oder sie können im Verlauf des Heranwachsens angeeignet werden. Ein Rehkitz kann von Geburt an, angeborenerweise, stehen und gehen, ein Menschenkind nicht. Wir müssen das Gehen lernen, was aber kein Nachteil, sondern ein Vorteil sein dürfte. Wäre das Gehen angeboren, würden wir wahrscheinlich noch immer auf allen Vieren umhergehen, denn erblich angeborene Fähigkeiten und Verhaltensweisen müssen zwar nicht (u.U. mühsam) gelernt werden, doch sind sie starr und unveränderbar.

Was die Sprache betrifft, so ist bei uns Menschen der Fall klar: Sie ist kein angeborenes Können, obwohl das denkbar wäre. Weil die Sprache für das Menschsein unabdingbar ist, weil man gleichsam kein Mensch ist, wenn man nicht über Sprache verfügt, könnte man sich auch vorstellen, dass die Natur dieses absolut notwendige Können dadurch sicherstellt, dass es im Erbgut verankert wird. Wir würden dann beispielsweise von Geburt an alle Japanisch können. Für jeden Menschen wäre dadurch Sprachkönnen garantiert, wir hätten auch keine Probleme mit Übersetzungen und wären verschont geblieben von der babylonischen Sprachverwirrung der Bibel. Doch wäre das kein Vorteil gewesen, jedenfalls nicht für die Menschheit im Ganzen. Für die Kulturanthropologie ist die weltweite Vielsprachigkeit nämlich keineswegs ein Verhängnis (oder gar eine Strafe Gottes, wie es der Mythos vom Turmbau zu Babel nahelegt), sondern ein Gewinn, ein Gewinn deshalb, weil die Vielzahl der Sprachen (Französisch, Italienisch, Russisch, Chinesisch usw.) auch ein Stück weit die Vielzahl der Kulturen begründet. Zwischen der Sprache einer Bevölkerungsgruppe und ihrem kulturellen Temperament, ihrer Mentalität, ihren Denkstilen, ihrer Lebensart bestehen Wechselwirkungen.

Viel wichtiger als dieser kulturanthropologische Aspekt der Vielsprachigkeit ist allerdings etwas Anderes. Wäre die Sprache im Erbgut verankert, also angeboren, dann wäre sie ein festes unabänderliches System, das mit der kulturellen Entwicklung nicht mithalten könnte. Die Tatsache, dass Sprache nicht angeboren ist, sondern angeeignet werden muss, ist nämlich die Voraussetzung dafür, dass Sprache ein offenes System ist, das sich verändern und mit kulturellen Entwicklungen mitwachsen kann. So passt sich der Wortschatz dauernd den gegebenen Situationen an: Ausdrücke, die überholte Dinge bezeichnen, verschwinden, während mit dem Aufkommen neuer Dinge neue Ausdrücke entstehen. Als ich ein Junge war, wusste niemand, was eine Diskette ist, heute ist das ein Alltagsausdruck.

Die anthropologische Wichtigkeit von Sprache einerseits und die kulturelle Wichtigkeit von Flexibilität der Sprache andererseits ergibt nun aber eine Art Widerspruch: Im Blick darauf, dass jeder Mensch, soll er Mensch sein, über Sprache verfügen muss, wäre es für den Einzelnen von

Vorteil, wenn Sprachkönnen angeboren vorhanden wäre – durch die Vererbung wäre Sprachkönnen jedem Menschen gleichsam garantiert. Für die Menschheit im Ganzen allerdings wäre dies ein Nachteil, denn die Sprache wäre dann unveränderlich fixiert und damit, wie gesagt, ein Entwicklungshindernis.

Diesen „Widerspruch" löst nun die Natur auf clevere Weise: Die Sprache wird zwar nicht im Erbgut mitgeliefert, sie bleibt ein offenes System, so dass sich jedes Kind seine „Muttersprache" aneignen muss; aber damit dieser Aneignungsprozess nicht verunglückt und das sprachabhängige Menschsein des Kindes nicht beeinträchtigt wird, hat die Natur Garantien vorgesehen: Im Erbgut ist nicht die Sprache verankert, aber die Art und Weise wie sie angeeignet wird. Der Spracherwerb folgt gleichsam einem angeborenen Lernweg, der genetisch determiniert ist[1]. Wie sieht dieser Lernweg aus?

Aspekt 2: „Lernprozesse" beim Spracherwerb

Zu allen Zeiten war es für die Menschen eine faszinierende Sache, wenn kleine Kinder die Sprache lernten. Auch wenig gebildete Menschen nehmen daran Anteil – überall wo Kinder im entsprechenden Alter sind, erregen sie Aufmerksamkeit. Daher verwundert es auch nicht, wenn man erfährt, dass schon die alten Griechen sich für den Spracherwerb interessierten und die ersten Theorien darüber aufstellten. Dieses Interesse hielt bis heute an – und nun wissen wir einigermaßen, wie es kommt, dass kleine Kinder zu sprechen anfangen und verstehen können, was andere ihnen sagen: Das „Lernen" der Sprache folgt einem angeborenen „Programm".

Dies lässt sich zunächst aus einer verblüffenden Tatsache schließen: Alle Kinder auf der Welt, unabhängig davon, ob ihre Eltern eine weiße, braune oder schwarze Hautfarbe haben, unabhängig davon, ob ihre Mütter Swahili oder Spanisch oder Arabisch sprechen, erwerben ihre Sprache auf die genau gleiche Art und Weise. Vielleicht scheint Ihnen das nicht

---

[1] Genetische Dispositionen bzw. „gerichtete Lerninstinkte" bestätigt die neuere Lernforschung übrigens auch für andere Lernbereiche. So konnte z.B. gezeigt werden, dass der Umgang mit ganzen Zahlen eine angeborene Verstehensgrundlage hat, was bei den Brüchen nicht der Fall ist.

weiter bemerkenswert. Vielleicht teilen Sie die Alltagsmeinung, es handle sich um Nachahmungslernen: Die Kinder hören ihre menschliche Umgebung sprechen, ahmen dieses Sprechen nach, zuerst nur unvollkommen, mit der Zeit aber immer besser, bis sie schließlich die Sprache können. Doch genau so verläuft der Spracherwerb n i c h t! Auf diese Weise lernen Papageien sprechen, nicht Kinder. Der kindliche Spracherwerb ist geradezu das Gegenteil eines Nachahmungsprozesses, es ist ein produktiver, ja in Teilen kreativer Prozess, den das Kind selber und aktiv vorantreibt. Der Spracherwerb ist geradezu das natürliche Musterbeispiel eines selbstgesteuerten Lernprozesses. Das bestätigt sich unmittelbar, wenn man den Prozess beobachtet.

Wenn ich wissen will, wie es eigentlich kommt, dass ein Kind zu sprechen anfängt und versteht, was andere ihm sagen, dann habe ich wahrscheinlich die größten Erkenntnischancen, wenn ich zunächst auf die allerersten eigenen Worte des Kindes achte. Bei den allerersten Worten kann ich wahrscheinlich am besten feststellen, was eigentlich abläuft. Jedenfalls ist die Forschung so vorgegangen und hat dabei festgestellt, dass die meisten Kinder als erstes „Mama“ oder „Papa“ äußern. Das hat zunächst niemanden groß erstaunt, denn irgendwie fand man das naheliegend, schließlich sind Mutter und Vater für das Kind die ersten und wichtigsten Bezugspersonen. Wäre das häufigste Erstwort z.B. „Frikadelle“ gewesen, hätte man sich sicher gewundert, aber wie gesagt: „Mama“ und „Papa“ fand man so natürlich, dass lange übersehen wurde, was dahinter verborgen war.

Später hat man dann gemerkt, dass diese beiden Ausdrücke „Mama“ und „Papa“ mehr oder weniger ähnlich in allen europäischen Sprachen vorkommen, ja dass sogar die Chinesen die „Mama“ kennen. Man vermutete daraufhin, „Mama“ und „Papa“ seien eine Art Urworte, weil natürlich Vater und Mutter für jedes Neugeborene ganz zentrale Figuren sind. Heute weiß man: Das hat nichts mit Urworten zu tun, sondern die beiden Ausdrücke „Mama“ und „Papa“ verdanken ihre herausragende Bedeutung der (psychologisch gesprochen) selbstverliebten Eitelkeit der Väter und der Mütter. Je eitler eine Mutter ist, desto größer ist die Wahrscheinlichkeit, dass das erste Wort des Kindes „Mama“ sein wird. (Man kann den Satz allerdings nicht umkehren. Ist das erste Wort des Kindes

„Mama", heißt das nicht, die Mutter sei besonders eitel, nur umgekehrt stimmt der Zusammenhang.)

Was sollen Spracherwerb und der Ausdruck „Mama" mit Eitelkeit zu tun haben? Das wird klar, wenn wir den ganzen Prozess näher ins Auge fassen:

Der Spracherwerb beginnt im Säuglingsalter mit einem angeborenen Instinktverhalten, jenem speziellen Lallen, Plappern, das alle Babys äußern. Man hat dieses Plappern untersucht und dabei ein paar interessante Feststellungen gemacht:

- Alle Kinder auf der Welt, unabhängig vom Sprachraum, in den sie hineingeboren wurden, plappern zunächst auf vergleichbare Art.

- Dieses Plappern hat, jedenfalls ganz am Anfang, keine kommunikative Funktion, es ist nicht sozial gerichtet, also nicht an andere Menschen adressiert. Die Kinder plappern auch, wenn sie ganz allein sind.

- Man hat sogar festgestellt, dass selbst Kinder, die von Geburt an gehörlos sind und ihr eigenes Plappern selbst nicht hören können, dieses Plappern äußern, wenigstens eine Zeit lang. Später stellen sie es allerdings ein, wobei man das leicht erklären kann, wenn man die Funktion dieses Plapperns kennt. Damit es seine Funktion – auf die ich nachher zu sprechen komme – erfüllen kann, muss das Kind das eigene Plappern selber auch hören.

- Dieses Plappern besteht nicht einfach aus zufälligen Lauten, sondern es lässt sich zeigen, dass bestimmte Laute und Lautverbindungen regelmäßig wiederkehrend produziert werden. Und eine dieser Lautverbindungen, die besonders häufig immer wieder mal angeborenerweise geäußert wird, ist ein „Geräusch", das sich ähnlich anhört wie „Mammomm".

Was passiert nun? Stellen Sie sich eine Mutter mit ihrem kleinen Kind vor. Diese Mutter, das wissen wir alle, redet die ganze Zeit mit ihrem Kind. Meistens hält sie einen erläuternden „Begleitvortrag" zu dem, was sie gerade macht: „Wir baden jetzt und ich lasse das Wasser ein. Wir müssen aber Acht geben, dass es nicht zu heiß wird. Wo ist denn das Thermometer? Nachher gibt es frische Windeln und dann gehen wir im Park spazieren ...“. Ich nehme an, Sie wissen, was ich meine. Die Mutter führt dieses „Gespräch“ natürlich nicht im Glauben, dass sie vom Kind verstanden werde und ihm auf diese Weise die Welt erklären könne. Sie handelt instinktiv, intuitiv, denn dadurch kann sie dem Kind auf eine weitere Art ihre Zuneigung dokumentieren, kann dem Kind signalisieren, dass sie da ist, dass sie dem Kind Aufmerksamkeit zollt und dass sie es liebt. Das Kind kommuniziert auf seine Art: Es plappert, und normalerweise verstehen die beiden sich, jenseits von Semantik und Grammatik, auf einer non-verbalen, empathischen, „emotionalen Hochebene“ ganz prächtig.

Nun weiß die Mutter aber auch, dass in diesem kindlichen Plappern die Anfänge seines Sprechens stecken, und deshalb hört sie immer mal wieder genauer hin, ob das Kind vielleicht schon etwas Richtiges sagt. Und dabei ist nun die Wahrscheinlichkeit statistisch gesehen deutlich erhöht, dass gerade dann, wenn die Mutter mal wieder genauer hinhört, der „angeborene Plapperautomat“ im Kind das vorher erwähnte „Mammomm“ produziert. Und diese Situation führt nun – und das passiert umso eher, je eitler die Mutter ist – zu einem folgenreichen produktiven Missverständnis, indem die Mutter meint, mit diesem „Mammomm“ hätte das Kind sie jetzt „Mama“ genannt. Und jetzt geht klarerweise Mutti das Herz auf und sie reagiert entsprechend: „Was, du hast jetzt Mama zu mir gesagt?“, und das Kind bekommt noch einen Extra-Kuss.

Wäre dies ein einmaliger Vorfall, es wäre nicht weiter berichtenswert. Doch er ist nicht einmalig, denn der Trick, den die Natur anwendet, besteht ja darin, dass bestimmte Lautverbindungen wie eben „Mammomm“ im angeborenen Plappern regelmäßig wiederkehrend produziert werden. Und dadurch merkt das Kind mit der Zeit, „wie hier der Hase läuft“. Es merkt: Wenn ich „Mammomm“ produziere, führt das zu erfreulichen Sozialreaktionen, und wenn ich „Plüllüpp“ sage, dann passiert überhaupt nichts. Also beginnt das Kind zunehmend „Mammomm“ zu produzieren und nicht „Plüllüpp“. Das ist übrigens der Grund dafür, warum wir uns so schwer tun, wenn wir eine Sprache wie Japanisch oder Chinesisch lernen möchten. Diese Sprachen enthalten (aus unserer Sicht) eigentümliche Konsonantenhäufungen, mit denen wir große Probleme haben. Dabei hatten wir früher einmal, als wir noch in den Windeln lagen, diese Konsonantenhäufungen „voll drauf". Wir produzierten sie als Babys, mussten dann aber erleben, dass niemand in unserer Sozialumgebung reagierte, wenn wir diese Lautverbindungen produzierten. Wir erlebten also, dass man in dem Sprachraum, in den wir hineingeboren wurden, so nicht kommunizieren kann, weshalb wir damit aufhörten.

Analysieren wir die geschilderten Vorgänge, dann zeigt sich: Es handelt sich in der Tat nicht um Nachahmung, sondern um das bare Gegenteil. Im Kind ist offenbar ein ganz starker Antrieb vorhanden, Kommunikation aufzunehmen. Deshalb produziert es aufs Geratewohl Laute und hofft, dass irgendjemand auf diese Laute reagiert. Denn wenn jemand reagiert, so beweist dies, eben weil jemand reagiert, dass es sich dabei um Laute handelt, die im jeweiligen Sprachraum kommunikativ verwendbar sind. Das Kind ahmt also die Sprache nicht nach, sondern erfindet sie gleichsam neu. Es produziert sie sozusagen aus dem Nichts und korrigiert sie höchstens an den Reaktionen der Umwelt.

Wir haben dies in unserer Familie am Sohn Lukas gleichsam in Reinkultur erlebt. Lukas begann erst spät zu reden. Die ganze Verwandtschaft befand sich darob schon in Aufregung und wir machten uns Sorgen. Und weil wir so sehnlichst auf das erste Wort warteten, bekamen wir auch mit, wie es dazu kam. Ich wusste damals noch nichts über den Spracherwerb und sorgte mich ebenfalls: Heute weiß ich, was sich ereignete. Eigentlich war es nicht so, dass Lukas spät reden lernte, er plapperte so viel und häufig wie andere Babys auch, aber wir, seine Sozialumgebung, haben seine Lautproduktionen erst sehr spät „interpretatorisch" unterlegt. Ich denke inzwischen, wir hatten zu hohe Ansprüche. Die Kinder sagen eben nicht eindeutig „Mama", Erwachsene müssen etwas Phantasie entwickeln, um „Mammomm" als „Mama" zu verstehen.

Glücklicherweise kam es aber dann doch zur „interpretatorischen Fehlinterpretation kindlicher Plappergeräusche", also zum Beginn eines bedeutungsorientierten Kommunikationsaustauschs. Es war ein Dienstagnachmittag, als Lukas mit seiner Mutter am Fenster den Betrieb auf der Straße verfolgte. Dabei plapperte er unaufhörlich – nur machte dieses Plappern für die Mutter keinen Sinn. Wie nun die beiden auf die Straße blickten, ergab sich zufällig, dass eine Katze über die Straße lief. Nun ist Basel zwar keine Millionenstadt, trotzdem ist die Wahrscheinlichkeit, dass eine Katze eine verkehrsreiche Straße überquert und sich zwischen anderen Verkehrsteilnehmern einen Weg bahnt, statistisch gesehen ein eher seltenes Ereignis, und darum haben wohl die Mutter wie auch der Sohn, unabhängig voneinander, ihre Aufmerksamkeit dieser Katze gewidmet.

Und nun passierte Folgendes: Eben als die Katze über die Straße ging, hat der plappernde Lukas ein Lautgebilde produziert, das sich ähnlich anhörte wie „ung". Und dieses „ung" führte nun bei meiner Frau zum notwendigen „produktiven Missverständnis". Sie meinte nämlich, der Kleine habe endlich „gesprochen", glaubte, er habe „Hund" sagen wollen und „Hund" mit „Katze" verwechselt. Und aufgrund dieser Fehlinterpretation reagierte sie, was das Entscheidende war, und meinte zum Jungen: „Nein, Lukas, das ist kein Hund, das ist eine Katze." Dieser schlichte Satz „Nein, Lukas, das ist kein Hund, das ist eine Katze" hatte auf den Jungen eine unerwartete Wirkung. Allerdings keine Wirkung, wie es sich die Didaktik erhofft – und bevor ich Ihnen mitteile, wie Lukas nicht reagierte, möchte ich zuvor klarstellen, dass er stets ein richtig braver und folgsamer Junge war. Trotzdem aber hat er keineswegs die Belehrung seiner Mutter entgegengenommen und danach „Katze" gesagt. Gerade das tat er nicht, sondern er hörte praktisch auf einen Schlag mit Plappern auf und produzierte nur noch „ung", „ung", „ung" – mit der Folge, dass die Mutter den restlichen Nachmittag damit zubrachte, dem Sohn zu erklären: „Nein, das ist kein Hund, das ist ein Auto", „Nein, das ist kein Hund, das ist ein Fahrrad."

Es kam zwischen den beiden zu einem eskalierenden Auseinandertriften, indem der Junge mit wachsender Begeisterung „ung" äusserte und die Mutter mit wachsender Verärgerung dagegenzuhalten versuchte. Als ich nach Hause kam und von Lukas mit „ung" begrüsst wurde, war es dann um die Nervenruhe meiner Frau endgültig geschehen und sie beschwerte sich heftig über diesen „sturen Kerl“, wie sie sich ausdrückte, der einfach nicht begreifen wollte, dass Autos, Passanten, der Papa usw. keine Hunde sind.

Heute wissen wir, dass wir unserem Sohn damals Unrecht taten. Nie hat er seinen Vater mit einem Hund verwechselt und später merkte ich auch, dass „ung“ für Lukas ein Allgemeinbegriff war: Er benutzte „ung“ für alles, was sich bewegte. Für ihn war jener Nachmittag in ganz anderer Weise bedeutsam. Zum erstenmal in seinem jungen Leben durfte er erfahren, dass seine Mutter sich seinem „Lautdiktat“ unterwarf. Zum ersten Mal wurde ein Lautgebilde, das er seiner Mutter angeboten hatte, von ihr kommunikativ aufgegriffen und im „Gespräch“ zurückgegeben – und zwar verlässlich! Er konnte jederzeit den Test machen: Er musste nur „ung“ sagen und die Mutter sagte seiner Meinung nach ebenfalls „ung“ (bzw. Hund). Dass da noch weitere Geräusche von der Mutter produziert wurden, interessierte ihn nicht weiter, für ihn war wichtig, dass das „Kommunikations-Pingpong“, wie ich das nenne, endlich eröffnet wurde.

Ich wiederhole: Im Kind wirkt ein ganz starker Antrieb, Kommunikation aufzunehmen, gleichsam der „kommunikativen Einsamkeit“ zu entgehen. Dieser Antrieb führt dazu, dass die Kinder aufs Geratewohl irgendwelche Lautgebilde plappern, wie Versuchsballons, und darauf warten, ob etwas von dem, was sie plapperten, von der Sozialumgebung aufgegriffen und zurückgespiegelt wird. Denn was da gleichsam wie ein Echo zurückkommt, erweist sich für das Kind als zur Sprache des Sprachraums, in dem es lebt, zugehörig. Das ist eine verwendbare, gängige „Kommunikationsmünze“. Und das ist eben gerade nicht Nachahmung! In späteren Jahren – der Spracherwerb zieht sich ja über eine längere Zeit hin – können dann allerdings auch Nachahmungseffekte auftreten, doch am Anfang des Prozesses spielt das Nachahmen keine Rolle. Das lässt sich übrigens auch noch anderen Phänomenen entnehmen: Alle kleinen Kinder, deren Sprachverhalten dokumentiert ist – sei es, dass man früher stenografierte, was sie äußerten oder es neuerdings auf Tonband festhält – alle kleinen Kinder verwenden regelmäßig Ausdrücke und Wendungen, die sie gar nicht nachgeahmt haben können, weil nämlich die soziale Umgebung nicht so spricht.

Die sprachlichen „Neuschöpfungen“, die dabei entstehen, sind Folgen ihrer erst unvollkommenen Sprachkenntnisse. Weil der Erwerb des Wortschatzes mit der Erlebnisfülle und dem Äußerungsbedürfnis der Kinder nicht Schritt hält, machen sie aus der Not eine Tugend und formen spontan aus ihrem kargen Wortschatz neues Sprachgut: für Zigarre „die Rauche“, für Zange „die Zwicke“, für Trompeter „Blaserich“, für die Tätigkeit des Pianisten „Klavieren“ usw. Es kommt sogar vor, dass Kinder Verursacher spezifischer „Familienbegriffe“ sind, etwa der Ausdruck „Lelle“, der in der Familie von Klein-Astrid für „Honig“ steht.

Das kam so: Als Oma einmal zu Besuch kam, brachte sie Honig mit, und zum Frühstück gab es Honigbrote. Das mundete Klein-Astrid. Das Kind wollte ein zweites Honigbrot und da es noch nicht wohlformuliert sprechen konnte, zeigte es auf den Honig und plapperte „Lelle“. Astrids Mutter wusste, was ihr Töchterlein wollte, und gab dem Kind nochmals ein Honigbrot – mit der Folge, dass Astrid seither „Lelle“ sagte, wenn sie Honig wollte. Alle Hinweise, dass man „Honig“ sagt, nicht „Lelle“, blieben wirkungslos. Warum auch sollte Astrid umlernen? Wenn sie „Lelle“ wollte, bekam sie „Lelle“. (Das änderte sich übrigens erst, als Astrid später einmal bei Tante Bea in den Ferien war und die Tante auf den Wunsch nach „Lelle“ nicht einging. Da hatte Astrid keine andere Wahl mehr, sie musste jetzt „Honig“ verlangen.)

Die wissenschaftliche Literatur bietet eine Fülle entsprechender Fallstudien, die alle dasselbe belegen: Alle Forschungsergebnisse der letzten Jahrzehnte verweisen auf die Fähigkeit des Kindes, sich die Sprache grundsätzlich selbst anzueignen. Kinder erwerben ihre Sprache nicht durch papageienartiges Nachplappern und nicht durch gezielte Übungen zum Nachsprechen von Wörtern oder Sätzen, die ihnen Erwachsene vorsagen. Ihr Spracherwerb ist grundsätzlich aktiv und kreativ, indem sie eigene Begriffe bilden oder sich durch sprachliche Eigenkonstruktionen ausdrücken. Sie ahmen Sprache nicht einfach nach, sondern probieren sie aus und korrigieren sie höchstens an der Erwachsenensprache. Im Unterschied zum schulischen Lernen der traditionellen Schule, welche fast ausschließlich Nachahmungslernen betreibt, ja die Kinder geradezu zur Nachahmung zwingt, handelt es sich beim Spracherwerb der kleinen Kinder nicht um Nachahmungslernen, schon gar nicht um aufgezwungenes Nachahmungslernen – eine Feststellung, die bei meiner Begründung für *Lesen durch Schreiben* und meiner Ablehnung des Fibelunterrichts eine wesentliche Rolle spielt. Wir kommen auf diesen Sachverhalt zurück, befassen uns aber vorerst noch mit einer besonderen Frage, die in der Regel nicht gestellt wird.

Aspekt 3: Verhältnis von Sprechen und Hören

Der Alltag und die Wissenschaft haben zwar immer schon mit großem Interesse den Spracherwerb kleiner Kinder verfolgt, haben die entsprechenden Vorgänge jedoch immer nur unter der Hauptfrage erforscht: „Wie lernt das Kind sprechen? Wie kommt es zum Sprechen?" Die andere Frage aber „Wie kommt es eigentlich, dass das Kind versteht, was andere sprechen?" wird nicht ausdrücklich problematisiert. Wenn Tante Lotte auf Besuch kommt, dann fragt sie nicht, was Klein-Robin schon alles sprachlich versteht, sondern sie will wissen, was und wie der Junge spricht.

Nun kann ich schon nachvollziehen, wieso die Frage „Wie kommt es beim Kind zum Hör-Verstehen?" nicht gestellt wird. Der Alltag hat mit dem Verstehen der Kinder keine Probleme. Hat der Mensch aber keine Probleme, dann hat er auch keine Fragen. Allgemein meint man ja, dass die Kinder uns praktisch von Anfang an verstehen, und fragt dann nicht mehr, warum. Analysiert man dieses Verstehen allerdings genauer, dann zeigt sich, dass dieses am Anfang keineswegs ein verbales, semantisches Verstehen ist, sondern ein non-verbales, emotionales, empathisches Verstehen. Etwas einfacher ausgedrückt: Die kleinen Kinder verstehen uns zwar, aber mehr auf der Ebene wie Hunde oder Katzen uns auch verstehen.

Wer zu Hause eine Katze oder einen Hund hat, der weiß, dass diese Tiere uns verstehen. Vor allem bei Hunden ist das eineindeutig und entsprechend spricht man ja in diesem Zusammenhang vom Rapport. Dabei kommt aber niemand auf die Idee, dass ein Hund, der in Florenz seinem Meister gehorcht, Italienisch verstehe und ein anderer Hund, der in Nizza auch gehorcht, Französisch. Bei Hunden ist es klar: Ihr Verstehen ist ein nicht-verbales, nicht-semantisches Verstehen. Der Pudel meines Lektors, Rena, folgt dem Befehl „Rena sitz!" aufs Wort. Allerdings tut die

Hündin das auch, wenn man sagt „Fritz“ oder „spitz“ oder „schwitz“. Bei kleinen Kindern ist das ähnlich. Sie verstehen zwar, aber non-verbal, emotional, empathisch, während das eigentlich verbale, semantisch-begriffliche Hörverständnis ein Folgeprodukt ihres eigenen Sprechens ist: Die Kinder lernen (verstehendes) Hören durch (verstehbares) Sprechen, kurz: Hören durch Sprechen!

Ich nehme an, Sie können sich vorstellen, warum ausgerechnet der „Erfinder“ von *Lesen durch Schreiben* das so formuliert. An dieser Stelle muss ich denn auch ehrlich zugeben, dass ich nicht weiß, ob die Fachleute, die auf diesem Gebiet wirklich kompetent sind, diese Formulierung so akzeptieren würden. Wahrscheinlich haben wir es meistens mit Wechselwirkungsprozessen zu tun, wo Sprechen und Hören sich gleichsam im „Reißverschluss-Verfahren“ gegenseitig vielfach stützen.

Unabhängig von Details bleibt aber die Tatsache entscheidend, dass bei den kleinen Kindern jener Teil des Prozesses im Mittelpunkt steht, bei dem sie selber aktiv sind, also das eigene Sprechen. Kinder, die täglich stundenlang vor dem Fernseher sitzen und fremdsprachige Programme ansehen, lernen die Fremdsprache dadurch nicht – und auch wenn sie Programme in ihrer Muttersprache verfolgen, steigert das ihre Sprachkompetenz nicht: Die Sprachkompetenz der kindlichen Vielseher ist in aller Regel reduziert. Dass ein Kind passiv einer Sprache ausgesetzt ist, reicht eben nicht aus. Wichtig, ja entscheidend ist, dass es selber Sprache anwendet. Eine Sprache lernt nur, wer sie selber produziert! Es gilt ein Grundsatz, den WYGOTSKI in „Denken und Sprechen“ formulierte: Man lernt eine Sprache insofern und insoweit, als man sie braucht. Dabei ist das vorrangige Bedürfnis des Kindes nicht, verstehen zu wollen, was andere ihm sagen, etwa um zu erfahren, was die Mutter von ihm will, sondern das Kind will sprechen: Es will sich mitteilen, will seinem Wollen Ausdruck geben und seine Wünsche kund tun. Und deshalb möchte ich bei meiner (zugegeben zugespitzten) Formulierung bleiben: Die Kinder lernen Hören durch Sprechen!

Damit kommen wir zur letzten Überlegung hinsichtlich des Spracherwerbs, bei der es darum geht, aufmerksam zu werden auf eine „offensichtliche Offensichtlichkeit“, die so offensichtlich ist, dass wir alle blind dafür sind: Wir sollten „auf den Wald blicken“ und diesen nicht vor lauter Bäumen übersehen. D.h.: Wir sollten im Hinblick auf den schulischen Leseunterricht den folgenden Hinweis künftig stets präsent haben und allen unseren Überlegungen zu Grunde legen!

Aspekt 4: Konsequenzen für den Schulunterricht

Wenn kleine Kinder die Sprache lernen, dann heißt das in unserem Kulturkreis mit etwa 50.000 Grundbegriffen umgehen, samt der Verweisungszusammenhänge, die ihre Struktur ausmachen. Nach meinem Dafürhalten ist das der größte Einzellernprozess, den man im Verlauf seines Lebens hinter sich bringt. Dabei ist für mich entscheidend, dass kleine Kinder diese gewaltige Aufgabe überall auf der Welt und seit je bewältigen, ohne dass sie in diesem Prozess von didaktisch ausgebildetem Fachpersonal unterstützt und begleitet werden! Niemand fordert, Kinder in einem der anthropologisch wichtigsten Lernprozesse ihres Lebens, der u.a. ihr Menschsein begründet und strukturiert, durch didaktisch geschultes Fachpersonal zu unterstützen und zu begleiten. Im Gegenteil, es ist zu befürchten, dass didaktische Maßnahmen kontraproduktiv wären.

Niemand kommt auf den Gedanken, man müsse kleinen Kindern den Zugang zu rund 50.000 Begriffen der deutschen Sprache didaktisch erleichtern; etwa, indem man mit ihnen zuerst die 10 wichtigsten Wörter der Welt lernt und danach die 20, 30 nächstwichtigen Wörter. Niemand verlangt vom Kind, es solle sich zuerst einmal korrekt in Form von Hauptsätzen ausdrücken, ehe es beginnt, Nebensätze zu bilden. Niemand zwingt das Kind, zuerst die Gegenwartsform zu beherrschen, ehe es die Vergangenheitsform benutzt usw. Alles, was schulisches, didaktisch „durchdachtes“ Lernen auszeichnet, fehlt hier: Es gibt keine Lehrmittel, keine Lehrziele, keine Sprachlernstunden, keine Übungen, keine Prüfungen, keine Dauerkorrekturen und keine Zensuren.

Niemand lehrt das Kind, wie der Begriff „Bleistift“ in eine Folge von Lauten einzubringen ist, es macht auch niemand Lautübungen mit ihm – das schon gar nicht(!) – und niemand tut dieses oder ähnliches, weil solche Maßnahmen ganz offensichtlich unnötig sind.

In der Psychologie ist inzwischen unstrittig: Gerade weil kein didaktisch geschultes Fachpersonal die Kinder anleitet, lernen alle Kinder die Sprache – natürlich mit individuellen Unterschieden, auch unterschiedlich je nach sozialem Milieu, in dem sie aufwachsen, aber im Prinzip lernen es alle. Würde man ihnen „helfen“, wie das in der Didaktik genannt wird, mit ihnen üben, damit sie es können usw., dann bekämen wir sicherlich über kurz oder lang zu den Legasthenikern und den Dyskalkulikern noch als dritte Problemgruppe: die Dysphatiker, also Kinder, die ein Sprachdurcheinander anstellen.

Da Sie ja selber einmal zur Schule gegangen sind, wissen Sie: Alles das, und übrigens genau das, was für schulisches Lernen kennzeichnend ist, genau das fehlt beim familiären Spracherwerb kleiner Kinder. Sind Sie Eltern, so waren Sie ja dabei, als Ihr Kind „zur Sprache kam“ und wissen: Dieses Lernen erfolgte durch die Teilhabe des Kindes am Familienleben. Ich möchte noch einmal ausdrücklich darauf hinweisen, dieses Lernen war nicht auf bestimmte Stunden beschränkt, es gab keinen Lehrplan, keine Richtlinien, Sie setzten keine Lehrmittel ein, erteilten keine Zensuren und zwangen Ihr Kind nicht zu Dauerübungen – das schon gar nicht! Alles, was die Schule ausmacht, gab und gibt es nicht. Trotzdem eignete sich Ihr Kind die Sprache an – und so funktioniert der Sprechspracherwerb auf der ganzen Welt, ohne dass es dazu besondere didaktische Maßnahmen bräuchte. Es funktioniert, weil Sprache zum Wesen des Menschen gehört und der individuelle Spracherwerb durch „Selbststeuerungsprozesse“ in Gang gebracht und gehalten wird.

Der Spracherwerb vollzieht sich (wie Fachleute es nennen) „incidentell“, das bedeutet „beiläufig begleitend“, also scheinbar von selbst, quasi nebenbei, ohne ausdrückliche Bemühung. Das einzige Mittel, ihn zu verhindern, wäre völlige Isolierung. Er lässt sich auch nicht beschleunigen und ist so gut wie immun gegen gezielte Fördermaßnahmen. Im Gegenteil: Großer pädagogischer Eifer scheint der Sprachentwicklung eher schlecht zu bekommen. CAZDEN untersuchte schon 1965, wie sich verschiedene pädagogische Stile auf den Spracherwerb auswirken. Sie verglich drei Gruppen von Kindern, alle drei Jahre alt. In der einen blieben die Kinder sprachlich sich selber überlassen. In der zweiten wurden sie niemals korrigiert, aber möglichst viel in Gespräche verwickelt, so dass sie viel Sprache hörten und selber ausprobierten. In der dritten wurden die meisten ihrer Äußerungen didaktisch überlegt aufgegriffen, berichtigt und erweitert. Entgegen der Erwartung, dass diese letzte Gruppe nach einigen Monaten die größten Fortschritte gemacht hätte, war ihr Fortschritt in Wirklichkeit der geringste. Die größten Fortschritte machte die mittlere Gruppe. Entscheidend für den Spracherwerb scheint also zu sein, dass das Kind viel Sprache hört und vor allem selber spricht. Belehrungen helfen ihm nicht; sie halten es sogar eher auf.

Gestatten Sie mir an dieser Stelle noch einmal auf unseren Sohn zurückzukommen. Ich erwähnte, dass Lukas zwar ein braver und folgsamer Junge war, aber die Belehrung seiner Mutter – es heiße nicht „ung" sondern „Katze" – in den Wind schlug. Nun, ein solches Verhalten ist allgemein feststellbar, alle kleinen Kinder reagieren nicht auf sprachnormative Belehrungen. Sie ignorieren uns, wenn wir sie auf Sprechfehler aufmerksam machen. Früher hat man sich das so erklärt, dass die Kinder aufgrund ihrer noch geringen Sprachkompetenz solche Belehrungen noch nicht verstehen können. Ich habe inzwischen eine andere Vermutung.

Wenn ich mir nochmals die anthropologische Bedeutung der Sprache vergegenwärtige – Sprache muss kulturell mitwachsen können, muss daher ein offenes System sein, kann daher nicht im Erbgut verankert werden, muss aber andererseits jedem Menschen zur Verfügung stehen, damit er Mensch wird –, dann wird klar, dass der Spracherwerb ungleich wichtiger ist, als etwa das Erlernen von Buchhaltung, die Kenntnis von Geschichte oder Geografie usw. Die Aneignung von Sprache ist derart bedeutsam, dass die Natur Vorsichtsmaßnahmen ergriffen hat: Zum einen sichert sie diesen Lernprozess, indem sie ihn genetisch bestimmt, zum andern – und davon war bislang nicht die Rede – schirmt sie ihn gleichsam durch einen „Schutzmantel" ab, damit er nicht gestört werden kann. Dieser „Schutzmantel" ist die Ignoranz der Kinder gegenüber unseren Belehrungen. Ich vermute nämlich, dass die Natur kleinen Kindern eine Art „Belehrungs-Immunität" verleiht, damit der zentral wichtige Spracherwerbsprozess nicht durch didaktische Besserwisserei gestört werden kann, damit er ungestört durch das Selbst des Kindes gesteuert werden kann.

Allerdings behaupte ich damit nicht – und das ist jetzt enorm wichtig(!) – dass der Spracherwerb unter keinen äußeren Bedingungen stehe. Es ist ja ganz offensichtlich, dass die Art und Weise, wie die Erwachsenen mit kleinen Kindern umgehen und zusammenleben, die Sprachentwicklung der Kinder positiv begünstigen oder negativ beeinträchtigen kann. Entsprechend kann die Forschung ja hinsichtlich der Sprachentwicklung Milieueinflüsse aufzeigen. Lassen Sie mich einen Vergleich anstellen: Eine Pflanze wächst zwar „von selbst", aber nicht „allein". Sie braucht trotz „Selbststeuerung" Licht, Wärme, Wasser, Nährstoffe. Vergleichbar ist dies auch beim Kind, es lernt zwar die Sprache „von selbst", aber nur wenn bestimmte Bedingungen erfüllt sind. Wir kennen einen Teil dieser Bedingungen, wobei für mich entscheidend ist, dass es sich bei diesen Bedingungen nicht um didaktische Bedingungen handelt, sondern um pädagogische und psychologische Faktoren.

Sie kennen diese Bedingungen auch:

- Zuerst kommt es entscheidend darauf an, dass die Kinder geliebt werden, und zwar um ihrer selbst willen und nicht nur dann, wenn sie artig sind. Sie sollen willkommen sein und sich angenommen fühlen von den Familien, denen sie durch das Leben zugewiesen wurden.
- Zum Zweiten müssen die Kinder vielfältige Möglichkeiten haben, die Welt – in der Ausprägung ihrer Umwelt – eigenaktiv kennen zu lernen, indem man ihnen beispielsweise gestattet, mit Sand und Wasser zu spielen, auch wenn da mal die Hose schmutzig wird; entscheidend ist eine „anregungsreiche Umgebung", wie die Vorschulpädagogik ihren wichtigsten Begriff formuliert.
- Schließlich kommt es wesentlich darauf an, dass man auf die Kommunikationsbedürfnisse der Kinder in einer freundlichen, toleranten, geduldigen Art eingeht, dass man versucht, ihnen zuzuhören und sie zu verstehen, wenn sie erzählen oder fragen, und sie nicht dauernd mit diesem ungeduldigen, hartherzigen „Sei jetzt still!" als Störfaktor vor die Glotze abschiebt.

Diese drei Bedingungen sind entscheidend. Wenn sie erfüllt sind, dann lernen die Kinder die Sprache, ohne dass man mit ihnen irgendwelche didaktischen Übungen durchführt. Didaktik ist unnötig, ja nicht nur unnötig, sondern kontraproduktiv, weshalb Kinder dagegen offensichtlich irgendwie immun sind. Setzte man trotzdem didaktische Übungen mit Kindern an, würde man bloß ihre Sprachentwicklung stören.

Ich kannte vor Jahren den Fall eines Jungen, der in seiner Sprachentwicklung didaktisch geschädigt wurde. Beide Eltern waren Lehrer und wussten genau, dass für jeglichen Schulerfolg Sprachkompetenz die entscheidende Grundqualifikation ist. Daher wollten sie, dass ihr Junge eine möglichst hohe Sprachkompetenz entwickele, um ihm dadurch Schulerfolg und eine spätere Karriere zu erleichtern. Ihnen verlief die selbstgesteuerte Sprachaneignung des Jungen zu langsam, sie wollten ihn zusätzlich fördern und machten didaktische Übungen mit ihm. Sie zeigten dem Kind z.B. eine Gabel, erklärten dazu „Das ist eine Gabel" und zwangen das Kind anschließend, diesen Satz dreimal nachzusprechen. Ich nehme an, Sie wissen, dass so etwas hirnrissig ist – und der „Erfolg" dieser didaktischen Bemühungen war auch schlagend: Der Junge landete als schwer gestörter Fall in der Sprachheilschule.

Nun war das natürlich ein Extremfall, vernünftige Eltern lassen Solches bleiben. Beim Sprechspracherwerb verzichten wir auf Unterricht in didaktischer Form – doch beim Schriftspracherwerb soll dann plötzlich anders vorgegangen werden, da scheinen didaktische Maßnahmen zwingend erforderlich, weshalb man ja im 19. Jahrhundert die allgemeine Volksschule und die Schulpflicht einführte.

Nun ist natürlich gegen die allgemeine Volksschule nichts einzuwenden, im Gegenteil; trotzdem darf die Frage, ob „Lesenlernen" eines didaktisch durchorganisierten Unterrichts bedarf, gestellt werden. Ich stelle die Frage hier erneut und verneine sie, wie Sie ja wissen. Aufgrund der Vergleichbarkeit von Sprechen/Hören und Schreiben/Lesen empfehle ich, den Schriftspracherwerb im Prinzip ähnlich zu organisieren wie den Sprechspracherwerb, und nachdem wir diesen in den Grundzügen kennengelernt haben, können wir nun Folgerungen für den schulischen „Leseunterricht" ziehen.

Vergleicht man die wesentlichen Merkmale des alltäglichen Sprech-Spracherwerbs kleiner Kinder mit denjenigen des schulischen Schrift-

Spracherwerbs in der Grundschule, dann zeigt sich, dass die Schule alles Entscheidende gerade in entgegengesetzter Weise macht und wahrscheinlich gerade deshalb falsch.

Der Sprechspracherwerb	Der Schriftspracherwerb
kommt ohne didaktisch geschultes Fachpersonal aus	braucht didaktisch geschultes Personal
geschieht freiwillig und eigenaktiv	geschieht unfreiwillig und aufgezwungen
ist lernmäßig selbstgesteuert und kreativ	ist lernmäßig fremdgesteuert und nachahmend
hat zur Grundlage das eigene aktive Sprechen; das verstehende Hören ist sekundär, d.h. das Kind lernt Hören durch Sprechen	hat zur Grundlage passiv aufzunehmende, vorgegebene Texte; eigenes Schreiben ist sekundär, d.h. das Kind lernt Schreiben durch Lesen
ist an bedeutungsvollen Begriffen orientiert, d.h.: kategorial, weiß nichts von Lauten und übt keine Laute	ist an Teilleistungen orientiert, d.h. elementenhaft, vermittelt Buchstabenkenntnisse und übt Buchstaben
macht überhaupt keine Übungen	macht hauptsächlich Übungen
ist nicht „systematisch“, hat keinen lehrplanartigen Aufbau, sondern ist individuell	ist „systematisch“, hat einen lehrplangerechten Aufbau und ist an der Klasse ausgerichtet

Diese Unterschiede können uns die Augen öffnen. Nachdem der alltägliche Sprechspracherwerb kleiner Kinder glänzend funktioniert, der schulische Schriftspracherwerb der SchülerInnen hingegen zunehmend schlechtere Resultate erbringt, liefern diese Unterschiede Hinweise, inwiefern der traditionelle Erstleseunterricht falsch konzipiert sein könnte. Was vorstehend für den Sprechspracherwerb dargestellt wurde, gilt nämlich interessanterweise auch für den Schriftspracherwerb, und damit kommen wir nun wieder auf *Lesen durch Schreiben* zurück.

LehrerInnen, die wirklich das Konzept von *Lesen durch Schreiben* umsetzen, machen die Erfahrung, dass didaktische Maßnahmen zum „Lesenlernen" im engeren Sinne (Buchstabentraining, übendes Lesen usw.) unnötig sind. Die Unterrichtsmaterialien, die von mir zu *Lesen durch Schreiben* angeboten werden, dienen denn auch nicht der Vermittlung von lesetechnischen Teilfertigkeiten, sondern der grundsätzlichen Förderung der kognitiven und sprachlichen Fähigkeiten der Kinder. Es werden ganz allgemein die Stützfunktionen des Lernens gestärkt – und es werden optimale Lernbedingungen angebahnt. Entscheidend ist:

- Die Kinder müssen in der Schule Zuwendung und Anerkennung bekommen. D.h.: Die LehrerInnen müssen dafür sorgen, dass die Kinder sich in der Schule wohl fühlen und angenommen sind.
- Des weiteren müssen die Kinder vielfältige Möglichkeiten haben, ihre bisherige (Um-)Welterkundung eigenaktiv weiterzuführen, indem ihnen die Schule eine „anregungsreiche Umgebung" anbietet.
- Schließlich müssen die LehrerInnen auf die schriftsprachlichen Kommunikationsbemühungen der Kinder in einer verständnisvollen und toleranten Art und Weise eingehen. Sie dürfen die kindlichen Schreibprodukte nicht vorzeitig (und damit kontraproduktiv) durch überhöhte Ansprüche an die Qualität der Handschrift sowie orthografische Überforderung in die Demotivation treiben.

Wenn diese drei Bedingungen erfüllt werden, dann vollzieht sich auch der Schriftspracherwerb „von selbst".

Nun ist mir durchaus bewusst, dass diese Behauptung für viele „schwer verdaulich" ist. Auch wenn man akzeptiert, dass die Kinder ohne spezielle „didaktische Trainings“, ohne Unterricht in schulischer Art sprechen und hören lernen, so fragt sich gleichwohl, ob das auch beim Lesen und Schreiben so ist. Man kann zu Recht fragen: Wenn sich der Schriftspracherwerb „von selbst“ vollzieht, wieso gibt es dann Kinder, die nicht oder nur ganz unzureichend lesen können? Die Frage ist berechtigt. Sie lässt sich aber nur beantworten, wenn näher geklärt ist, was das bedeutet: „von selbst“. Diese Klärung soll jetzt versucht werden.

6. *Lernpsychologische Überlegung III: Selbststeuerung – das A und O*

Im programmatischen Begriff „selbstgesteuert“ ist das eigentlich Entscheidende und gegenüber dem herkömmlichen Unterricht Andere im Konzept *Lesen durch Schreiben* enthalten. „Selbstgesteuert“ ist ein Fachbegriff und muss auch als Fachbegriff verstanden werden. Andernfalls steht man in der Gefahr, Missverständnissen zu erliegen, was leider häufig passiert. Zum einen sind mit „selbstgesteuerten“ Prozessen k e i n e Reifungsprozesse gemeint, sondern durchaus Prozesse eines Zusammenspielens von Umweltherausforderungen und Reaktionen des Individuums. Zum andern darf „selbstgesteuert“ nicht mit „selbständig“ verwechselt werden. Ich habe zwar Verständnis für diesen Irrtum, nicht zuletzt, weil unter erzieherischem Aspekt die Förderung der Selbständigkeit ein Hauptanliegen des Konzepts *Lesen durch Schreiben* bzw. des „Werkstattunterrichts“ ist. Aber im Hinblick auf die Prozesse, die das Kind zum Leser machen, führt diese Interpretation in die Irre. Ein selbständiges Handeln ist immer ein Handeln, das willentlich ist und bewusst gesteuert wird, doch gerade dies ist bei „Selbststeuerung“ nicht der Fall.

„Selbstgesteuert“ ist ein Begriff, den man wohl eher in der richtigen Weise begreift, wenn man ihn anlehnt an Ausdrücke wie „automatisch“, „unterbewusst“, „intuitiv“, „instinktiv“, „incidentell“, „zufällig“. Statt „von mir selbst gesteuert“ muss man also übersetzen „von meinem Selbst gesteuert“ – nicht von meinem Ich.

„Selbstgesteuert“ lesen „lernen“ heißt also: nicht bewusst steuernd und ohne willentliches Zutun ein Leser zu werden. Wenn das LehrerInnen und Eltern zum ersten Mal hören, sind sie in der Regel befremdet. Zwar wissen wir, dass bei uns Menschen auch unbewusste Reaktionen vorkommen, trotzdem haben wir alle ein Selbstbild, wonach wir bewusst und vernünftig handelnde Wesen sind. Und auch bei Lernvorgängen (vor allem im kognitiven Bereich) denken wir, Lernen sei etwas, das mit Bewusstsein zu tun habe. Deshalb werden den Kindern ja auch Zusammenhänge erklärt, Regeln vermittelt, sie sollen sich etwas merken und einprägen, sie sollen üben und sich – vor allem wenn sie Schwierigkeiten haben – mehr anstrengen. Soll man jetzt aber glauben, dass das beim Lesen„lernen" nicht so vonstatten geht, dann ist man in der Regel zuerst einmal irritiert.

Bei LehrerInnen ist diese Irritation meist noch größer als bei der Elternschaft, denn sie haben ja ein Studium mit Schwerpunkt Didaktik absolviert und das systematische „Unterrichten" ausdrücklich erlernt, meistens auf der Studiengrundlage des „rationalen Unterrichtskonzepts", welches davon ausgeht, dass Lernprozesse im Voraus geplant und direkt gesteuert werden können. Diese Annahme in Frage zu stellen, und sei es auch nur im Bereich Schriftspracherwerb, wird von vielen als Zumutung zurückgewiesen.

So nachvollziehbar diese Einstellung aber auch ist, berechtigt ist sie nicht. Wir müssen eigentlich nur kurz über uns selber nachdenken, um zu entdecken, dass unser Selbstbild vom „bewusst und vernünftig handelnden Wesen" eher einem Wunschbild als einer Tatsache entspricht.

Wenn ich z.B. an unsere Körperlichkeit denke, dann ist es doch offensichtlich, dass fast alles in diesem Bereich „von selbst" abläuft. Nur der Bewegungsapparat ist dem Willen unterstellt: Ich kann mit meiner Hand zugreifen, wo ich will, kann meinen Kopf drehen, wie ich will usw. Aber alles andere, wie Atmung, Kreislauf, Verdauung, Herzschlag usw. funktioniert außerbewusst und nicht willentlich beeinflussbar – „von selbst". Wenn wir z.B. die Verdauung betrachten: Das ist ein Prozess, der über Stunden hinweg abläuft, ohne dass wir in der Regel überhaupt etwas davon bemerken – es geht „von selbst". Nur im Falle von Verdauungsstörungen merken wir etwas, aber gegen Bauchweh können wir höchstens Tee trinken oder Pillen schlucken, mit bewussten Willensakten jedoch brächten wir den Schmerz nicht zum Verschwinden.

Im psychischen Bereich ist das kaum anders. Da ist es im Wesentlichen das Denken, das sich dem Willen unterwirft. Meine Gedanken kann ich willentlich steuern, kann an Dinge denken, wie ich will. Doch alles andere Psychische wie Stimmungen, Gefühle, Erinnerungen und vor allem Assoziationen sind allesamt Phänomene, die mehr oder weniger autonom, „von selbst" geschehen, ohne dass wir eingreifen könnten. Denken Sie an die Gefühle. Wer ist schon Herrin oder Herr seiner Gefühle? Gefühle bauen sich irgendwie „von selbst" auf, bestehen „von selbst", erlöschen zuweilen – auch „von selbst". Mit bewussten Willensanstrengungen lassen sich Gefühle kaum beeinflussen.

Jede genauere Betrachtung zeigt: Der weitaus größte Teil allen Verhaltens und Tuns von Tieren und Menschen ist nicht bewusst willentlich. Ob Tiere, abgesehen von höheren Arten, überhaupt ein Bewusstsein haben, ist ja fraglich, trotzdem handeln sie irgendwie „vernünftig", d.h. sie verhalten sich situationsadäquat. Und auch wir Menschen handeln in den allermeisten Fällen nicht bewusst willentlich.

Stellen Sie sich einmal vor, Sie sitzen am Steuer Ihres Autos und suchen in einer fremden Großstadt den Hauptbahnhof. Sie fahren auf einer der städtischen Hauptachsen, mehrspurig, es ist viel Verkehr, Sie müssen also aufpassen. Gleichzeitig achten Sie auf Wegweiser und müssen darauf bedacht sein, rechtzeitig die richtige Spur zu nehmen. Im Wagen sind Mitreisende, mit denen Sie sich unterhalten, und auch das Radio ist eingeschaltet. Alles in allem ist also Ihre Aufmerksamkeit gleichzeitig auf mehrere Dinge gerichtet. Aber Ihr Geist schafft das. Sie haben alles im Griff. Wie Sie nun so fahren, sehen Sie beim Wagen, der vor Ihnen fährt, hinten links und rechts unvermittelt zwei rote Lichter aufleuchten. Sie können sich nun überlegen, was das bedeutet und sich dann aufgrund Ihres Vorwissens daran erinnern, dass es sich bei diesen Lichtern um die Bremsleuchten handelt; ihr Aufleuchten zeigt an, dass der Fahrer vor Ihnen auf die Bremse tritt. Sie können sich nun weiter überlegen, ob das für Sie von Belang ist und falls ja, inwiefern. Und schließlich können Sie, logisch völlig korrekt, Konsequenzen ableiten: Wenn der vordere Wagen bremst, reduziert er seine Geschwindigkeit, was zur Folge hat, dass der Abstand zwischen Ihrem und dem vorderen Wagen sich verringert, falls Sie Ihr Tempo beibehalten. Logisch völlig korrekt können Sie daraus folgern, dass Sie auch bremsen müssen, wenn Sie nicht auf den Vorderwagen auffahren wollen. Sie können sich nun wieder überlegen, wie das Bremsen geht, dann den Willensentschluss fassen, dass Sie bremsen wollen und danach das entsprechende Manöver einleiten: Den Fuß vom Gaspedal nehmen und das Bremspedal drücken.

Alle genannten Überlegungen sind vollständig richtig – trotzdem hätte es längst einen Auffahrunfall gegeben, wenn Sie auf die geschilderte Weise fahren würden. In der realen Situation hätten Sie wahrscheinlich „automatisch" reagiert – wie es im Alltag genannt wird – d.h. Ihr Fuß würde die Pedale „von selbst" wechseln, und sehr wahrscheinlich würde Ihnen die ganze Situation gar nicht ins Bewusstsein kommen. Ohne bewusste Überlegungen, ohne ausdrückliche Willensentscheidungen reagieren Sie „von selbst" bzw. „instinktiv", „intuitiv", „automatisch". Im Alltag geschieht Ähnliches dauernd und obwohl wir dabei unser Tun nicht bewusst willentlich steuern, handeln wir gleichwohl „vernünftig". Bewusst und willentlich zu handeln, ist statistisch gesehen die absolute Ausnahme!

Wir alle verfügen über eine Form von Perfektion, die uns von klein auf gegeben zu sein scheint: Das außerbewusste Handhaben von Wissen und Können. Genauso wie wir alle nicht „bewusst" gehen, schwimmen, Auto oder Rad fahren, genauso „unbewusst" (im weitesten Sinne) können Kinder lesen, schreiben, rechnen – wenn man sie lässt.

Von dieser Tatsache her kann man gar nicht oft genug darauf hinweisen, dass auch das „lernende Kind" in der Regel nicht bewusst und willensgesteuert agiert. Das meiste Lernen erfolgt „selbstgesteuert" und ist „incidentell", d.h. beiläufig-begleitend, wie wir es besonders ausgeprägt beim Vorschulkind antreffen. Ich wiederhole eine schon mehrfach gemachte Aussage: Kinder lernen umso mehr, je weniger sie belehrt werden! Das aber heißt: Bewusstmachende Erklärungen, durch die man Kindern „zeigt", „beibringt" wie z.B. „das Lesen geht", unterstützen den Lernprozess nicht positiv, sondern stören ihn.

Genauso wie die Tänzerin aus dem Takt kommt, wenn sie bewusst auf die richtige Schrittfolge achten soll; genauso wie der Golfer mit Sicherheit den Schlag vergeigt, wenn man ihn fragt, worauf beim Schlagen zu achten ist; genauso kommen die kindlichen LeserInnen, RechtschreiberInnen und MathematikerInnen aus dem inneren Takt, wenn man versucht, ihnen ihre Fähigkeiten bewusst zu machen.

Vermittelt man dem Kind im Fibelunterricht bewusst Buchstabenkenntnisse und betreibt durch „variantenreiches" Kombinieren, Gruppieren und Umgruppieren einiger (nicht aller!) Buchstaben eine Art Vorstufe des Lesens, dann scheint es zwar, als ob aus dieser Vorstufe im Verlauf der Zeit durch häufiges Üben und immer wieder Üben die „Automatisierung" erfolgt, also ein Lesen, das nun „von selbst" funktioniert.

Ich muss zugeben, dass es so scheint, denn sonst hätte ja der traditionelle Unterricht wohl nicht so lange dominieren können. Aber der Schein kann bekanntlich auch trügen. Wenn Kinder trotz Fibelunterricht Leser werden, dann deshalb, weil sie einerseits mental stark genug waren, sich dem Störpotential des Fibelunterrichts zu widersetzen und zu entziehen und andererseits, weil auf der Grundlage des auch beim Fibelunterrichts später einsetzenden Schreibens das Lesenkönnen ausgelöst wurde.

Wer nicht ganz genau hinschaut, hat zwar den Eindruck, dass Erstklässler die Buchstaben anscheinend bewusst-denkend (explizit) handhaben, wobei ich nochmals darauf hinweise, dass die Kinder hierzu aber angeleitet und aufgefordert werden. Bei phänomenologisch subtilerer Beobachtung drängt sich jedoch der Eindruck auf, dass das „bewusste" Umgehen der Kinder mit Buchstaben nicht eines auf der Ebene des vollen Bewusstseins ist. Wir müssen beachten, dass in der Psychologie die Grenzen zwischen „unbewusst", „halbbewusst", „bewusst", „sich seiner selbst bewusst" fließend sind. Diese zu beachten, scheint mir bedeutsam – und was den Schriftspracherwerb anlangt, denke ich, wir sollten nicht im Zentrum des Bewusstseins operieren, sondern an seinem äußeren Rand, also so wenig bewusst, wie es nur geht. Viele Erfahrungen belegen nämlich, dass Unterricht keine d i r e k t e Wirkung hat. Wirkungsvoller als Instruktionen sind Eigenaktivität der Kinder bzw. die Selbstorganisation ihrer Erfahrungen. Das heißt nicht, dass Instruktion überflüssig sei, sondern nur, dass sie nicht kurzfristig und direkt zur Kompetenz führt.

Dies gilt übrigens für alles Lernen. Der Schulunterricht geht zwar immer noch von expliziten Lernprozessen aus und betrachtet das Lernen als eine bewusste (Willens-)Tätigkeit, doch neuere Befunde weisen darauf hin, dass das meiste Lernen eher incidentell abläuft. D.h.: Langfristig ist für den Lernerfolg gar nicht so sehr der „offizielle" Unterricht wichtig, sondern das, was das Kind eher „zwischen den Zeilen" lernt und damit unabhängig vom dargebotenen Stoff bzw. von der didaktischen Absicht an Wissen und Fähigkeiten erwirbt. Wenn wir „ein Gefühl" für komplexe Prozesse und Strukturen haben, dann verdanken wir dies meistens incidentellem Lernen, denn die aktive, bewusste Auseinandersetzung mit Gesetzmäßigkeiten ist fast immer hinderlich. Wir alle kennen Kinder, die als „geborene Rechtschreiber" plötzlich anfangen, unzählige Fehler zu machen, nachdem Rechtschreibung auf einmal geübt oder bewusst an Regeln gebunden wird.

Damit stellt das incidentelle Lernen die Grundlagen des bisherigen, expliziten Lernens in der Schule in Frage. Über die didaktischen Konsequenzen, die aus diesem Tatbestand zu ziehen wären, sind sich die Fachleute uneinig. Gefragt wäre eine „indirekte" Didaktik des „incidentellen Lernens", über die wir aber erst in Ansätzen verfügen. Der Werkstattunterricht mit dem Prinzip des Lernangebots zur Auswahl bietet hierzu Möglichkeiten, ebenso das von mir empfohlene und praktizierte „Prinzip der minimalen Hilfe" – doch führen uns diese Überlegungen im Moment vom Thema ab.

Der herkömmliche Fibelunterricht scheint uns ja nur überzeugend, weil er uns vertraut ist. Wahrscheinlich nehmen Sie ganz selbstverständlich an, dass Sie lesen können, weil Sie es im Fibelunterricht damals lernten. Das Vertrackte an dieser Annahme ist aber, dass sie nicht beweisbar ist. Zwar ist es eine Tatsache, dass Sie lesen können, und es ist auch eine Tatsache, dass Sie als Kind an einem Fibelunterricht teilnahmen, doch lassen sich diese beiden Tatsachen nicht zwingend in das Muster „Ursache-Wirkung" bringen. Ein solcher Wirkungszusammenhang ist prinzipiell unbeweisbar. Vielleicht können Sie nicht deshalb lesen, *weil* Sie einen Fibelunterricht hatten, sondern Sie können lesen, *obwohl* Sie einen Fibelunterricht hatten!

Würde nämlich der Fibelunterricht funktional zum Lesen führen, dann dürfte es zwei Situationen nicht geben, die es aber trotzdem gibt:

Erstens dürfte es keine Kinder geben, die zwar einen Fibelunterricht besuchten, aber nicht (oder nur unzureichend) lesen können.

Zweitens dürfte es keine Kinder geben, die zwar keinen Fibelunterricht besuchten, aber trotzdem sehr gut lesen können.

Übrigens: Diese Überlegung gilt selbstverständlich auch für *Lesen durch Schreiben*. Dass eine Lehrerin mit ihren Kindern *Lesen durch Schreiben* durchführt und die Kinder danach lesen können, ist kein Beweis dafür, dass *Lesen durch Schreiben* der Auslöser war. Ich wiederhole: Ein solcher Wirkungszusammenhang ist prinzipiell unbeweisbar. Deshalb plädiere ich ja letztlich auch nicht mit funktionalen Argumenten zu Gunsten von *Lesen durch Schreiben*, sondern mit pädagogischen. Ein Unterricht nach *Lesen durch Schreiben* ist für die Kinder interessanter und stressfreier, er ist für die LehrerInnen interessanter und stressfreier und er ist es auch für die Eltern. (Jene bekannten, „spannenden" Hausaufgaben, bei denen das Kind eine Fibelseite fünfmal (!) laut vorlesen soll, entfallen leider.)

Die allgemeine Meinung, wer lesen könne, habe es in der Schule gelernt, ist vielleicht ein Irrtum. Die Behauptung, dass bewusst geübte Verhaltensweisen sich „automatisieren", ist jedenfalls nicht bewiesen – genausogut könnte es umgekehrt sein, dass nämlich intuitiv Gekonntes im Verlauf der Zeit bewusst wird. Blicken wir auf die Kindheit im Ganzen, dann läuft im Allgemeinen eher ein Prozess der Bewusstwerdung ab und nicht das Umgekehrte: Beginnend beim Säuglingsalter werden uns durchs Leben hindurch immer mehr Dinge und Sachverhalte bewusst.

Zusammenfassung

Seit Jahrhunderten gibt es Bemühungen um das Lesenlernen. Kein anderer Bereich der Grundschulpädagogik hat eine vergleichbare Zahl von Untersuchungen, Schriften usw. aufzuweisen – und trotzdem kommen wir irgendwie nicht vom Fleck. Deshalb plädiere ich für einen Paradigmenwechsel. Nachdem dieser Wust von Leseforschung, -didaktik, -methodik auf den gleichen Grundannahmen beruhte, denke ich, es müsse legitim sein, diese Grundannahmen jetzt einmal prinzipiell in Frage zu stellen.

Zu diesen Annahmen gehören:

- Lesenkönnen wird gelernt (und kann mithin auch gelehrt werden).
- Entscheidende Voraussetzungen sind Buchstabenkenntnisse.
- Dabei ist systematisches Üben nützlich.
- Lesen und Schreiben sind so aufeinander bezogen, dass jeweils das Eine das „Umgekehrte" des Anderen ist.
- Lesen- und Schreibenkönnen sind dem Sprechen- und Hörenkönnen sowohl zeitlich als auch funktional nachgeordnet.
- Vollentfaltetes Lesen („Blitzlesen") ist ein außerbewusstes Können, das durch „Einschleifen" „automatisiert" wurde, d.h. als ursprünglich willentlich-bewusst gehandhabtes Können ins Unterbewusste „absank".

Ich teile alle diese Annahmen nicht, halte sie für nicht stimmig, ja sogar eindeutig falsch, und verweise auf die Tatsachen und Unterrichtserfahrungen, die meine Auffassungen belegen.

Ausgangspunkt meiner Überlegungen ist die These, dass „vollwertiges" Lesen ein Vorgang ist, welcher

- implizit (d.h. außerbewusst) abläuft,
- ganzheitlich-gleichzeitig Wörter erfasst und nicht in einem linearen Hintereinander Buchstaben aneinander hängt,
- ein rezeptiver (d.h. „entgegennehmender") Akt ist und in der Sinnentnahme direkt auf die begriffliche Ebene zielen kann, also kein „inneres Sprechen" erfordert.

Zentral ist die These, dass Lesenkönnen nicht das Ergebnis eines Lernprozesses im engeren Sinne ist, also eines Prozesses, der vom Kind willentlich und bewusst gesteuert und/oder begleitet wird, sondern wie der Sprechspracherwerb genetisch mitbedingt ist und weitgehend implizit, d.h. „von selbst" verläuft. Die Prozesse, die dazu führen, dass ein Kind lesen kann, verlaufen selbstgesteuert, und wenn sie von außen nicht gestört werden, kann das Kind eines Tages gleichsam „plötzlich" lesen.

Das bedeutet keineswegs, dass die „Selbststeuerung" nicht unter Bedingungen steht. Weil normalerweise nur jene Menschen lesen können, die eine Schule besuchten, scheint in der Schule etwas zu geschehen, was für den Prozess notwendig ist. Um das zu verstehen, müssen wir den Begriff „von selbst" schärfer fassen und vom Ausdruck „von allein" abheben. D.h.: Ein Kind lernt zwar „von selbst", aber nicht „von allein". Es lernt zwar eigenaktiv, aber nur, wenn es dazu entsprechende Anregungen bekommt. Es sind offenbar spezifische Lernangebote erforderlich und solche werden bei *Lesen durch Schreiben* ja durchaus zur Verfügung gestellt. Weil Lesen„lernen" kein Reifungsprozess ist, braucht es einen Auslöser und dieser ist das Schreiben.

Dabei ist entscheidend, dass die „Verwandtschaft" von Lesen und Schreiben nicht so beschaffen ist, wie es herkömmlich gesehen wird. Allgemein meint man ja, dass Lesen und Schreiben so aufeinander bezogen sind, dass jeweils das Eine das „Umgekehrte" des Anderen sei. Dies ist aber nur in kommunikativer Hinsicht so, also im Verhältnis von Sender/ Empfänger. Der Sender schreibt, der Empfänger liest, und weil es für beide um den gleichen Text geht, leisten beide im Bereich des Verstehens Vergleichbares. Analysiert man aber das Lesen und das Schreiben in psychologischer Hinsicht, dann zeigen sich grundsätzliche Differenzen:

Schreiben ist nichts, das mir „von selbst" geschieht. Es ist ein aktiver, bewusster, willentlicher, mit Motorik verknüpfter Akt, bei dem Wörter nicht als Ganzes produziert werden können, sondern einzelne Buchstaben in zeitlichem Hintereinander gemalt, geschrieben, gesetzt oder getippt werden müssen. Schreiben hat äußere Anteile und daher ist es „zu sehen". Ich kann dem Kind zeigen und vormachen, wie es geht. Didaktische Maßnahmen sind möglich und förderlich.

Lesen hingegen „geschieht mir", wenn mich „Wörter anspringen". Es ist ein rezeptives, nicht willentliches, nicht bewusst gesteuertes, rein geistiges Geschehen, bei dem im erkennenden Wahrnehmen gleichzeitig begriffliche Bedeutungen erfasst werden. Äußerlich ist hier nichts zu sehen. Lesen ist ein rein geistiger Vorgang, den ich nicht „zeigen" kann, den ich nicht erklären kann und den ich daher auch nicht „lehren" kann. Didaktische Maßnahmen verursachen lediglich Störeinflüsse.

Soll ein Kind „Blitzleser“ werden, dann muss es schreiben lernen – und sonst nichts. Schreiben lässt sich erklären und vormachen. Da es mit motorischem Tun verbunden ist, kann es aktiv, willentlich, bewusst und im Rahmen eines zeitlichen Hintereinanders „gemacht“ werden. Dabei müssen weder Buchstabenkenntnisse speziell trainiert werden (das Kind kann ja auf der Buchstabentabelle jederzeit nachsehen), noch sind irgendwelche „Leseübungen“ erforderlich. Schreiben genügt, denn solches Schreiben legt die Grundlagen und ist der Auslöser für das Lesenkönnen.

V Der eigentliche „Knackpunkt“ – mit Anmerkungen zum Fibelunterricht

Viele LehrerInnen und Eltern, die bei *Lesen durch Schreiben* durchaus gewichtige Vorteile erkennen, können eine tiefsitzende Skepsis gleichwohl nicht überwinden. Nachdem seit Jahrhunderten in aller Welt mit Fibeln alphabetisiert wurde und wird, scheint es doch, als ob sich der Fibel-Ansatz bewährt habe. Es fragt sich also, was es denn prinzipiell gegen die Fibel einzuwenden gäbe. Dass *Lesen durch Schreiben* ausgerechnet in den beiden Kernbereichen des „Lesenlernens“ – der Buchstabenvermittlung und dem Lesetraining – dem Fibel-Ansatz diametral entgegensteht, nährt diese Skepsis stets von Neuem. Warum darf man mit Kindern kein Lesen üben, wenn es doch genau um Lesenkönnen geht? Und wieso soll es schaden, mit Kindern Buchstaben zu trainieren, wenn doch gerade die Buchstaben das Fundament der Schrift sind?

Es ist nicht meine Absicht, hier eine umfassende Fibel-Kritik vorzulegen. Das haben andere schon längst und sehr viel besser gemacht, als ich es könnte. Meine Aufgabe sehe ich darin, Ihnen nochmals tiefergehend zu erläutern, warum Lesetrainings und die Einführung einzelner Buchstaben kontraproduktiv und daher bei *Lesen durch Schreiben* „verboten“ sind. Wenn Sie diese Überlegung verstanden haben, liebe Leserin, lieber Leser, dann haben Sie mich verstanden, durchaus.

Ehe wir mit unseren Überlegungen einsetzen, sollten wir uns darüber klar werden, dass die meisten jener LehrerInnen, die eine Fibel einsetzen, keine Ahnung davon haben, welche Lerntheorien hier eigentlich zugrunde liegen. Fast alle Kommentare zu Fibel-Werken schweigen sich über die lernpsychologischen Theorien aus, an denen sich die Fibel didaktisch orientiert – womöglich weil die Autoren oder Autorinnen das selber nicht wissen. Jedenfalls wird meistens so formuliert, als ob dies alles klar und selbstverständlich sei. Entsprechend liegt der Schwerpunkt auf rezepthaften Handlungsanweisungen, in denen eine Garantie des Gelingens suggeriert wird. Werden die Rezepte der Fibel brav umgesetzt, dann kann angeblich nichts schief gehen. Fibeln werden dadurch "didaktische Krücken" und in dieser Funktion allein werden sie heute von der Wissenschaft noch akzeptiert. Wenig kompetenten LehrerInnen geben sie einen „roten Faden" an die Hand, was angeblich Sicherheit schafft und vermeintlich den pädagogischen Verantwortungsdruck mindert. So werden die Fibeln zu einer Art „didaktischer Versicherung", die außerhalb der kommerziellen Interessen, die mit ihnen verbunden sind, in erster Linie dazu dienen, wenig qualifizierten LehrerInnen einen Schutzschild zu bieten, hinter dem sie ihre professionelle Unsicherheit verbergen können. (Und in der Lehrerausbildung, dies nur zur Ergänzung, dient die Fibel dazu, die künftigen Lehrerinnen zu nivellieren, um damit Qualifikationsunterschiede zu verwischen. Ich habe damit keine Probleme. Realistischerweise muss man sehen, dass es nicht so viel qualifiziertes Lehrpersonal gibt, wie man bräuchte. Die Behörden müssen mit denen arbeiten, die da sind. Und damit es in der Elternschaft nicht zu Unruhe kommt, müssen die Behörden natürlich den Eindruck erwecken, als sei die Lehrerschaft insgesamt hochqualifiziert, denn nicht wahr, würde bekannt, dass LehrerIn XY eigentlich unqualifiziert ist, wer wollte dann noch sein Kind in deren Klasse geben?)

Da unsere Schrift, im Gegensatz etwa zur chinesischen, eine Lautschrift ist, bei der, von ein paar Ausnahmen abgesehen, einzelne Schriftzeichen einzelnen Lauten zugeordnet sind, glaubte man früher, Lesen sei ein Übersetzungsprozess von Schriftzeichen in Lautsprache, indem einem Buchstaben nach dem anderen der entsprechende Laut zuzuordnen wäre. Entsprechend sah man beim Lesen Assoziationsprozesse zwischen Buchstaben und Lauten vorliegen, wobei die geschriebenen Buchstaben im Sinne der Reiz-Reaktions-Theorie als Reize, die Laute als Reaktionen aufgefasst wurden. Beide sah man willkürlich durch einen Gedächtnisprozess verbunden, der durch häufiges Üben unter regelmäßiger Kontrolle (richtig/falsch) zu festigen war. Explizit Erlerntes sollte also durch fortwährende Übung im Gedächtnis verlässlich verankert und mit der Zeit „automatisiert“ werden, damit es zum impliziten Können sich wandle.

Daher wird im herkömmlichen Leseunterricht der Text nicht primär lesend verstanden, sondern laut vorgelesen: Der geschriebene Text wird in Sprechsprache übersetzt, als Sprechsprach-Botschaft angehört und dann evtl. verstanden. Beim Lesenlernen muss sich das Kind die Form aller Buchstaben einprägen und diese mit einem Lautwert verbinden. Beim Lesen hat es dann jedes Zeichen in den zugehörigen Laut umzusetzen, soll daraufhin die Laute aneinanderhängen (zusammenschleifen) und der so entstandenen Lautgestalt einen Sinn entnehmen.

Dieses Lernmodell liegt auch heutigen Fibeln noch zugrunde. Da wird dann z.B. im Lehrerteil einer weitverbreiteten Fibel[1] behauptet: „Auch beim schnellsten überfliegenden Lesen findet die Sinnerfassung nie unmittelbar, sondern stets in der von den Schriftzeichen vorgegebenen Sprache statt, die nur in ständigem inneren Mitsprechen ihren Sinn preisgibt.“ Denn: „Unsere Schrift weist mit Hilfe von Buchstabenfolgen auf die Klanggestalt der Wörter unserer Sprache hin.“ Dabei wird die Beziehung zwischen Buchstaben und Sprachlauten „hör- und sichtbar in Übungen, in denen das Auge die Buchstabenfolge eines Wortes abtastet, während gleichzeitig die Lautfolge des Wortes – langsam und gedehnt gesprochen – abgehört wird.“ Solche Übungen verstärken eine Lesehaltung, „die in den Buchstabenfolgen nach sinntragenden Sprachlautfolgen sucht.“ Und das führt dann zum „Lesen“: „Häufig wiederkehrende Buchstabenfolgen werden durch wiederholtes Erlesen immer vertrauter und sicherer erlesbar. Immer sicherer lassen sich bekannte Wörter, die ein ausdrückliches Lautieren nicht mehr erfordern, von unbekannten unterscheiden, die erst mit Hilfe des Lautierens in ihren Sinnrahmen eingeordnet werden können.“

[1] Dassau, P. und U. / Walther, K.W.: Der ABC-Fuchs, Ernst Klett Grundschulverlag, Leipzig, Stuttgart, Düsseldorf 1997

Liest man diese Sätze genau, dann zeigt sich, dass in ebenso gediegenen wie verschleiernden Formulierungen ein simpler Sachverhalt aufgemöbelt wird, der seine Fragwürdigkeit klar erkennen lässt, sobald man Klartext spricht: Ein begrenzter Miniwortschatz wird endlos variiert wieder und wieder laut vorgelesen, so lange, bis das Kind diesen Wortschatz auswendig kann (das sind dann die „bekannten" Wörter) und entsprechend „flüssig" zu „lesen" vermag, so dass nur noch neue Begriffe durch lautes Vorlesen „erlesen", d.h. entziffert werden müssen.

Mit diesem Modell des Reiz-Reaktions-Lernens wissen Fibelautoren angeblich ganz genau, wie Lesen funktioniert:

Man erklärt dem Kind das U, zeigt wie es aussieht und wie es tönt; dann „lernt" das Kind das U, indem es dieses U in möglichst verschiedenen Anwendungszusammenhängen übt – in extremen Fällen eine Woche lang „mit allen Sinnen": Das U wird „gelesen" und abgeschrieben, es wird geknetet und gesungen, es wird gebacken und verzehrt (der Handel bietet sogar „Buchstabenkekse" an), turnerisch-pantomimisch durch Körperverrenkungen nachgebildet, als Lautgebärde und Element der Tastschachtel eingesetzt, es bekommt eine Farbe und wird als Duft erschnüffelt, als Kies-U barfüßig abgeschritten und zuletzt in einem Buchstabenfest „gefeiert". Dann erklärt man dem Kind, was ein F ist, wie es aussieht und tönt usw. usw. und behauptet zu guter Letzt, dass ein F und ein U hintereinandergesetzt FU ergäben.

Legitimiert wird dieses Verfahren mit der Behauptung, auf diesem Wege würden die Buchstabenkenntnisse gefestigt und die Lernergebnisse gesichert. Mich erinnert das Ganze allerdings eher an eine Art „Vodoo-Zauber", bei dem Buchstaben eine Bedeutung bekommen, die sie effektiv nicht haben. Überlegen wir uns doch einmal, was wohl in einem Kind vorgehen wird, das eine Woche lang in einem „Mitmach-Theater" mitspielen muss, wo das aufgeführte Stück aus nichts anderem besteht als der schlichten Information, dass ein U ein U ist. Ein normales Kind wird entweder gelangweilt oder insgeheim verunsichert, indem es befürchtet, dass es irgendetwas ganz Wesentliches nicht mitbekommen, nicht begriffen hat. Denn wie anders wäre zu verstehen, warum eine Einfachinformation „U=U" derart breitgetreten wird?

Mit *Lesen durch Schreiben* kann man eindeutig belegen, dass man solche Trainings nicht braucht. Mit der Buchstabentabelle hat das Kind eine Hilfe, die es ihm erspart, Buchstaben auswendig zu lernen. So kommt es incidentell, d.h. beiläufig begleitend zur notwendigen Buchstabenkenntnis. Mit Buchstabentrainings wird teure Unterrichtszeit für Unnötiges vergeudet, die man anders sinnvoller nutzen könnte. Zudem ist das Buchstabentraining kontraproduktiv und schädlich. Nun ist diese These zwar noch nie in einer wissenschaftlich seriösen Untersuchung sauber nachgewiesen worden – im Bereich des Schriftspracherwerbs gibt es ohnehin kaum empirisch saubere Befunde –, aber es gibt unzählige Indizien, die dafür sprechen.

Zunächst sind Wörter keine Reihe aneinandergehängter Buchstaben. Nicht einmal ARISTOTELES, auf dessen Erkenntnistheorie der Fibelunterricht letztlich zurückgeht, glaubte das. So banal wie seine heutigen Adepten war jener Grieche nicht, sein Geist war weiter, und er war es ja auch, der das entscheidende Gegenargument schon lieferte: Das Ganze ist mehr als die Summe seiner Teile.

Das einfache Lernmodell, dem Fibelunterricht folgt, wurde doch stets schon – und wird nach wie vor – von der Wirklichkeit widerlegt. Immer schon musste man die Erfahrung machen, dass bloß aneinandergereihte Sprachlaute noch kein Wort ergeben: Buchstabieren ist nicht Lesen. Das zeigt sich drastisch bei erwachsenen funktionalen Analphabeten und Legasthenikern, bei denen das Verfahren klar versagt. Diese „Opfer der Fibel“ waren zwar als kleine Kinder alle im Stande, sich eigenaktiv die Sprechsprache anzueignen, und sie kennen alle Buchstaben und deren Lautentsprechung, sie können Buchstaben auch aneinander hängen – aber sie können nicht lesen, denn sie verstehen den Sinn des Geschriebenen nicht.

Um dieses Phänomen zu „erklären“, postulierte man in der theoretischen Begründung des Fibelansatzes einen zum Lautsprechen der Buchstabenreihe hinzukommenden Akt des „Zusammenschleifens“, welcher durch Sinngebung aus Sprachlauten Wörter „macht“ – ohne dass man aber diesen Akt des Zusammenschleifens hätte erklären können. Die Praxis wird an diesem Punkt denn auch ziemlich allein gelassen. Zwar bieten die Verlage neuerdings die Fibeln in ganzen Materialpaketen an, doch wie die Kinder zum „Zusammenschleifen" befähigt werden, bleibt der Intuition der LehrerInnen anheimgestellt. Der einzige, ziemlich hilflose Hinweis, den man bekommen kann, heißt: Die Kinder sollen die Lautwerte der Buchstaben „schneller" aneinanderhängen. Damit ist letztlich das Zusammenschleifen bloß ein Trick, mit dem man das nicht-stimmige Lernmodell aufrechterhält, statt von hier aus weiter zu fragen.

Ist Lesen nur dann Lesen, wenn das Gelesene verstanden wird, dann bildet das Zuordnen von Buchstaben zu Lauten hierzu bloß eine instrumentelle Teilvoraussetzung. Da das Schreibsystem die Laute nicht durchgehend so abbildet, dass einzelne Buchstaben einzelne Lautbildungen repräsentieren, kann man nicht davon ausgehen, dass sich das sprachliche System „Schrift" und das sprachliche System „Lautsprache" Stück für Stück gegenseitig abbilden, sondern man muss annehmen, dass die gegenseitige Entsprechung durch komplexe Zuordnungsregeln zustande kommt. Damit steht aber fest, dass eine komponententechnische Erklärung des Leseprozesses unmöglich ist und jeder Erklärungsversuch davon ausgehen muss, dass Lesen kein bloßes Reagieren auf grafische Signale ist – vielmehr sind komplexe kognitive und linguistische Fähigkeiten daran beteiligt.

Wenn sich die traditionelle Lesetechnik trotzdem an der sog. Graphem-Phonem-Korrespondenz orientiert (das bedeutet: Zeichen-Laut-Zuordnung) und die Kinder zwingt, sich in endlosen Übungsreihen Buchstaben-Laut-Verbindungen einzuprägen, dann ist gerade dies unnötig, ja schädlich. Nicht umsonst lässt sich feststellen: Je mehr Buchstabentraining Kinder absolvieren müssen, umso schlechter können sie lesen. Am meisten Buchstabentraining haben in ihrem Leben jene absolviert, die trotz Schulbesuchs gar nicht lesen können: Die erwachsenen Analphabeten.

Die Phonem-Graphem-Korrespondenz ist ein Konstrukt unseres analysierenden Verstandes; mit den geistigen Prozessen des Lesens und Verstehens hat sie nichts zu tun. Der Prozess des verstehenden Lesens ist ein geistiger Wahrnehmungsakt, die Wahrnehmungspsychologie aber weiß seit Jahrzehnten, dass unsere Wahrnehmung „kategorial“ ist. D.h.: Wahrnehmen ist viel mehr als nur abbilden.

Zwar ist unser Wahrnehmen an Sinneseindrücke gebunden; aber was wir erleben, sind nicht diese Sinneseindrücke als solche. Wir nehmen nicht Farben, Formen, Kontraste, Helligkeiten, Laute, Rhythmen, Düfte, Temperaturwerte usw. wahr, sondern Dinge und Ereignisse. Wir bemerken nicht variierte Schallwellen, sondern hören eine Melodie. Wir erleben nicht die Anwesenheit bestimmter Aerosole, sondern den Duft frischer Rosen. Wir sehen keine elektromagnetische Strahlung mit einer Wellenlänge von 500 bis 550 Nanometer, sondern eine grüne Wiese. Ich höre kein vages Rattern, sondern das Vorbeifahren der Eisenbahn. Ich sehe nicht unzählige Farbpunkte, die sich irgendwie gruppieren, wie die Elementenpsychologie meinte und der Impressionismus bzw. Pointillismus malte, sondern ich sehe einen Baum, einen Tisch.

Es ist gleichsam so, als ob unser Geist aufgrund eines allgemeinen und übergreifenden Weltwissens die Sinneseindrücke zwar benutzt, dann aber zugunsten der Realität kreativ modifiziert und wirklichkeitsgemäß, ganzheitlich wahrnimmt. Entsprechend hören wir im Gespräch auch keine Laute, sondern stets eine Botschaft – und der kompetente Leser nimmt nicht Buchstaben wahr, sondern Begriffe.

Weil das Ganze mehr ist – und etwas anderes – als die Summe seiner Teile, ist der Sinn einer Buchstabenreihe (so sie überhaupt einen „hat“) mehr und etwas anderes als die Summe von Buchstaben (bzw. die Summe von waagrechten, senkrechten, schrägen und gekrümmten Strichen, welche die Buchstaben bilden). Lesen ist zunächst ein Wahrnehmungsakt, ein Akt des *erkennenden Sehens*. Ich sehe ein Wort und verstehe, was es bezeichnet; so wie ich einen Baum sehe, ein Haus, ein Auto – und im Sehen ineins weiß, was es ist. Ich wiederhole zum x-ten Mal: Ich muss keine Buchstaben „zusammenschleifen“, sowenig wie ich Leib, Beine, Schwanz, Euter, Kopf, Hörner usw. „zusammenschleifen“ muss, um zu erkennen, dass ich eine Kuh sehe. Diese Ganzheitlichkeit des Wahrnehmens ist überlebenswichtig und darum höchst bedeutsam – und macht einen wahrnehmungspsychologischen Grundsatz plausibel: Wir denken die Dinge mehr, als dass wir sie sehen.

Wenn ich davon ausgehe, dass Lesen eine Sache der Augen ist, ein Akt verstehenden Sehens, dann muss ich die wahrnehmungspsychologischen Gesetze des Sehens zur Kenntnis nehmen. Das aber heißt akzeptieren, dass unser erkennendes Wahrnehmen von Sinn und Bedeutung zwar gebunden ist an sinnliche Substrate, diese aber phänomenal überspringt und zwar ganzheitlich. Um zu verstehen, was das für das Lesen heißt, müssen wir uns prinzipiell (1) mit dem sogenannten „Leib-Seele-Problem" beschäftigen, (2) das Verhältnis von „hintereinander" und „gleichzeitig" bzw. von „Ganzheit" und „Teil" klären und (3) das Lesen vom Schreiben präziser absetzen.

* * * * *

1) Das Leib-Seele-Problem

Das sogenannte „Leib-Seele-Problem" ist derzeit als Wissenschaftsdebatte zur Frage nach dem Verhältnis von Geist/Bewusstsein und Gehirn sehr aktuell und entzündet sich an der Annahme, dass alle psychischen Phänomene – Gedanken, Stimmungen, Gefühle, Erinnerungen – in irgendeiner Weise eine leibliche Entsprechung finden, ein neurophysiologisches Korrelat haben. Wenn wir denken, spielen sich elektrophysiologische Vorgänge ab, die man mit dem EEG als Intensitätskurven sichtbar machen kann. Nur fragt sich, was wir aus diesen Kurven im Hinblick auf das Denken an Erkenntnissen gewinnen können? Ich gehöre in das Lager jener, welche die These vertreten, dass man Psychisches bzw. Geistiges genuin psychisch bzw. geistig betrachten sollte, zwar durchaus in Anerkennung, dass es dafür wohl eine leiblich-materielle Grundlage gibt, die man aber auf der psychischen Ebene vernachlässigen darf.

Wenn wir sprechen, denken wir normalerweise nicht an Laute und sind uns auch nicht bewusst, dass in unserem Kehlkopf bestimmte Lautbildungsvorgänge ablaufen. Wenn wir anderen Menschen zuhören, hören wir normalerweise ebenfalls keine Laute, sondern was sie zu uns sagen. Wenn wir schreiben, schreiben wir keine Buchstaben, sondern einen Brief oder eine Abhandlung; und wenn wir lesen, lesen wir keine Buchstaben, sondern einen Text – auch wenn er natürlich aus Buchstaben besteht.

Der kompetente Redner, Zuhörer, Schreiber, Leser ist während des Redens, Zuhörens, Schreibens, Lesens nicht auf Laute oder Buchstaben ausgerichtet; die bleiben außerbewusst. Auf der leiblich-materiellen Ebene sind zwar Laute und Buchstaben vorhanden, doch kann ich diese im Vollzug des Redens, Zuhörens, Schreibens, Lesens ignorieren; für mein Bewusstsein sind sie irrelevant: Sie existieren lediglich fürs Trommelfell, die Netzhaut, die Fingermotorik und den Kehlkopf. Mein Gehirn koordiniert das Ganze „von selbst".

Laute gehören gleichsam zur Leib-Ebene. Daher hängt das, was wir hören, weniger von den Lauten und mehr von der Erwartung ab. Bei der Analyse von Sprache wird nicht zuerst der akustische Input analysiert und dieser dann zusammengesetzt, es erfolgt vielmehr eine gleichzeitige Analyse und Synthese mit Hilfe des Input. Akustische Inputs werden erst durch Sinnzuweisung zu dem, was sie zu sein scheinen. Man muss sich vergegenwärtigen, dass es keineswegs eine klare Zuordnung von Tonfrequenzen zu Phonemen gibt und dass den gehörten einzelnen Wörtern und Silben keineswegs ebenso einzelne akustische Signale entsprechen.

Das lässt sich experimentell belegen. Werden z.B. in einem akustischen Signal bestimmte Stellen durch ein ganz kurzes „sch" ersetzt, dann wird dieses „Rauschen" je nach Kontext nicht als „sch", sondern passend gehört. In gehörten Sätzen wie „er nahm den Löffel und aß die (sch)uppe", „an der Angel hing ein kleiner (sch)isch", „der Schornsteinfeger kletterte auf das (sch)ach" und „komm' her und setz' dich an den (sch)isch" wird dieses „sch", das akustisch stets identisch ist, je nach Kontext als s, f, d oder t gehört. Dabei – das sei nochmals betont – wird n i c h t zuerst „sch" gehört und d a n a c h in den passenden Laut uminterpretiert: Vielmehr ist der Vorgang des Hörens identisch mit der Leistung der Interpretation der Inputmuster.

Auch Buchstaben gehören lediglich zur Leib-Ebene und sind für das Bewusstsein phänomenal irrelevant. Sie sind erlebnismäßig unwichtig und sollten nicht durch aufgeblähte Buchstabentrainings Wichtigkeit bekommen. Wenn ich daran denke, dass es didaktische Empfehlungen gibt, „Buchstabenfeste" oder „Buchstabengeburtstage" zu „feiern", dann kann ich nur noch resignieren. Verstehen Sie mich nicht falsch, ich habe nichts gegen Feste und Kindergeburtstage, wir feiern sie in meiner Klasse auch – aber dass Buchstaben „Geburtstag“ haben, ist mir neu, und was es an Buchstaben zu „feiern“ gibt, ist mir schleierhaft.

Für den Leser sind Sinn und Bedeutung von Texten entscheidend, das beschäftigt ihn im Bewusstsein, das erlebt er – und alle die vielen und komplexen Verarbeitungsprozesse, die ihm Sinn und Bedeutung vermitteln, kann er getrost ignorieren, das erledigt sein „Selbst“ „von selbst“. Ob Buchstaben groß oder klein sind, rot oder schwarz, regelmäßig gegliedert oder nicht, auf waagrechter Zeile laufen oder schräg abfallen usw. – ihr grafisches Bild ist ziemlich beliebig. Das Spektrum von Schriften, insbesondere Handschriften, ist enorm, trotzdem besteht Lesbarkeit. Betrachtet man im Sinne der Reiz-Reaktions-Theorie, auf der die Fibel-Theorie letztlich fußt, ein Wort als Reiz, dann kann man aufgrund der schier unendlichen Variabilität der grafischen Gestaltbarkeit dieses Wortes von praktisch beliebig vielen Reizen sprechen, die aber immer nur die eine Reaktion auslösen, z.B. „Brot“. Noch wesentlicher ist, dass auch falsche Rechtschreibung, Buchstabenverdrehungen, fehlende oder überflüssige Buchstaben, in Handschriften auch verdrehte oder falsch auf der Linie platzierte (z.B. ein „g“, das mit seiner Unterlänge auf der Hauptzeile sitzt) das semantische Erkennen nicht beeinträchtigen. Wir lesen normalerweise über den „Druckfehler“ hinweg, ignorieren ihn geistig – auch wenn unsere Augen ihn möglicherweise registrieren. Buchstaben bleiben unerheblich.

2) „Einzelheitliches Hintereinander“ und „ganzheitliche Gleichzeitigkeit“
Unsere (Sprech-)Sprache hat eine Struktur des Hintereinanders von Wörtern als Satz-Teilen, während unser Sehen im Wesentlichen als gleichzeitiges und ganzheitliches Erfassen funktioniert. Ereignen sich in meiner Umgebung mehrere Ereignisse gleichzeitig (was ja laufend vorkommt), so kann ich diese Gleichzeitigkeit sprachlich nicht ausdrücken. Ich muss die verschiedenen Ereignisse nacheinander erzählen. Sehen kann ich aber alles zugleich: Bei einem Verkehrsunfall das abgedrehte, verbeulte Auto – den verletzt am Boden liegenden Radfahrer – die Frau, die erste Hilfe leistet – die heranfahrende Sanität – die Zuschauer usw. usw.

Da es nun beim Lesen um Sprache geht, scheint auch beim Lesen ein „Hintereinander" angesagt, so wie beim Sprechen oder Hören eines Wortes eine lineare Abfolge von Lauten auszumachen ist. Doch beim Sehen trifft dies nicht zu: Die Buchstaben eines geschriebenen Wortes werden nicht hintereinander, sondern ganzheitlich-gleichzeitig erfasst (jedenfalls wenn das Wort nicht ellenlang ist und dadurch das Ultrakurzzeit-Gedächtnis überfordert).

Alles Wahrnehmen hat prinzipiell eine ganzheitliche Tendenz. Wir nehmen jede Situation, in die wir geraten, zunächst einmal ganzheitlich wahr. Wenn ich z. B. einen Privatgarten betrete, dann sehe ich zunächst einen Garten. Ich sehe nicht Bäume und Sträucher, einen Rasen, zwei Stühle, einen Tisch mit Decke, Tassen und Tellern und Kuchen, einen Sonnenschirm usw. Das ist zwar alles da und ich kann meine Aufmerksamkeit auf jedes einzelne Ding richten, aber zunächst sehe ich den Garten. Betrachte ich den Rasen, dann sehe ich den Rasen und nicht Grashalm neben Grashalm. Zwar gibt es „einen Rasen" eigentlich gar nicht, es gibt nur diese Tausende von Grashalmen – doch gerade diese nehme ich nicht additiv hintereinander wahr: Ich sehe den Rasen. In diesem Rasen sehe ich Blumen, obwohl es das genau genommen auch nicht gibt: Es gibt diese gelbe Tulpe hier und die rote Tulpe daneben und Krokusse und Hyazinthen – Blumen gibt es nicht, doch gerade die sehe ich.

Natürlich kann ich, wenn ich will, jeden einzelnen Grashalm des Rasens für sich ins Auge fassen, doch braucht dies eine bewusste Konzentration der Wahrnehmung – und an der Tatsache, dass ich gemeinhin einen Rasen und nicht Tausende von additiv zusammengefassten Grashalmen sehe, ändert sich nichts; mit dem Perspektivenwechsel wird nicht die ganzheitliche Tendenz der Wahrnehmung ausgehebelt, sondern lediglich das Verhältnis des Ganzen zum Teil variiert. Wenn das Haus das Ganze ist, dann ist das Zimmer ein Teil. Wenn das Zimmer das Ganze ist, dann ist die Sitzgruppe ein Teil; ist die Sitzgruppe das Ganze, dann ist der Stuhl ein Teil; ist der Stuhl das Ganze, dann ist das Sitzkissen ein Teil; ist das Sitzkissen das Ganze, dann ist der Knopf das Teil usw.

Diese fortlaufende Gliederung bei ganzheitlicher Tendenz könnte man „Ganzheit mit Teilen" oder besser: „gegliederte Ganzheit" nennen: Wir nehmen durchwegs, immer und überall, gegliederte Ganzheiten wahr, d.h. die Ganzheit „Pferd", aber gegliedert in Kopf, Leib, Beinen, Mähne, Schweif usw. Nur – was heißt das nun in puncto Lesen? Was ist hier die Ganzheit? Das Buch? Das Kapitel? Der Abschnitt? Der Satz? Das Wort? Die Silbe? Der Buchstabe?

Im Fibelunterricht scheint es der Buchstabe zu sein – Buchstaben werden eingeführt, geübt, sind manchmal wochenweise Unterrichtsthema, und weil man „ganzheitlich" unterrichten möchte, geschieht es, wie vorher beschrieben, „mit allen Sinnen", kurz: Die Vermittlung von Buchstabenkenntnissen steht im Mittelpunkt des Fibelunterrichts. Für mich jedoch ist der Buchstabe recht unwichtig, das Wort ist entscheidend! Beim Lesen sehen wir zwar, irgendwie beiläufig, auch Buchstaben, aber der kompetente Leser nimmt in der Regel immer ganze Wörter wahr; sie sind schließlich auch die kleinste Einheit, die noch Bedeutung enthält. Wörter sind normalerweise aber Begriffe und als solche sind sie ungeteilte, unteilbare Ganzheiten. Zwar kann man Wörter als Buchstabenreihen abbilden und dabei auch aus einzelnen Buchstaben aufbauen, aber als Begriffe sind sie nicht aus Teilen aufgebaut. Sie stehen zwar in einem Gefüge von Ober- und Unterbegriffen, aber als sie selber sind sie ganz und unteilbar.

Diese These, wahrnehmungspsychologisch schon immer belegt, wird neuerdings auch von der modernen Gehirnforschung gestützt. Zwar existieren auch hier zwei Modelle, ein altes „neurologisches", das WERNICKE ca. 1874 formulierte, und ein „kognitives", das 100 Jahre später zuerst von LaBERGE & SAMUELS (1974) entwickelt wurde; doch in der Frage, wie das Gehirn die semantische Bedeutung einer gesehenen Buchstabenfolge, also die Bedeutung eines gelesenen Wortes, erfasst, häufen sich die Befunde zugunsten der moderneren Theorien:

Die neurologischen Modelle basieren im Wesentlichen auf hintereinander (seriell) und reflexartig ablaufenden Vorgängen, während die kognitiven Modelle eine streng parallele Arbeitsweise des Gehirns postulieren, die durch Gleichzeitigkeit und hohe Flexibilität der Verarbeitungsvorgänge geprägt ist.

Nach WERNICKE und seinen Nachfolgern haben visuelle Wortformen nur über phonologische Recodierung zu semantischen Codes Zugriff, d.h. gelesene (also gesehene) Wörter müssen zuerst laut oder innergedanklich gesprochen werden, bevor ihre Bedeutung erfasst werden kann. An diesem älteren Modell orientiert sich der Fibelunterricht, und tatsächlich kann man in der Großhirnrinde beim lauten Vorlesen passende Verarbeitungswege nachweisen: Verarbeitungswege, welche anatomischen Modellen der Sprachorganisation anscheinend eine Grundlage bieten.

Diese anatomischen Modelle haben den Vorzug, dass sie mit den Defiziten von Patienten mit Gehirnschäden im Einklang stehen – aber die Sprachverarbeitung gesunder Versuchspersonen können sie nicht erklären, denn das gesunde Gehirn arbeitet flexibel und simultan. Wäre das Modell von WERNICKE zutreffend, dann wäre es für Taubgeborene unmöglich, lesen und schreiben zu können. Gehörlose können aber sehr wohl lesen und schreiben. Beim Lesen z.B. erkennt das Gehirn mehrere Buchstaben gleichzeitig und es gibt Experimente, die nahelegen, dass man die Wörter sogar vor den Buchstaben, aus denen sie bestehen, erkennt. Demgemäß spricht man in der Forschung vom Wortüberlegenheits-Effekt (word superiority effect) und sieht eine direkte Verbindung von den visuellen Codes zu den semantischen, d.h. die inhaltliche Bedeutung eines gesehenen (gelesenen) Wortes wird unmittelbar und ohne den Umweg über eine phonologische Codierung direkt verstanden.

Diese Befunde sind nur scheinbar uneinheitlich. Die einen betreffen das gesunde Hirn, die anderen das verletzte. Da scheint es, als brauche das Gehirn, wenn es verletzt ist, eine „Krücke". Wenn ein Bein verletzt ist, ist eine Krücke sehr hilfreich. Eine Krücke erlaubt, auch mit einem verletzten Bein voranzukommen – wenngleich nur schlecht. Dass eine solche Krücke helfen kann, hat aber nicht zur Folge, dass Gesunde eine Krücke benutzen. Es fällt auch niemandem ein, einem kleinen Kind, das Gehen lernt, eine Krücke oder einen Rollator aufzuzwingen, um ihm das Gehenlernen zu erleichtern und es vor Stürzen zu bewahren. Ohne Hilfsmittel, „von selbst" lernt das Kind besser, schneller und sicherer gehen.

Vergleichbar steht es mit dem Lesen. Buchstabenfolgen laut vorzulesen, um danach von der gehörten Wortgestalt auf den Sinn zu schließen, ist ein „Krückenverfahren“ für Gehirnverletzte. Gesunde brauchen es nicht. Natürlich können auch Gesunde auf diese Weise „lesen“, doch optimal ist das nicht. Deshalb kommt mir der Fibelunterricht so vor, als würde man einem kleinen Kind, das gehen lernt, eine Krücke aufzwingen, und wenn es „krückig“ humpeln kann, wird ihm dann gestattet, die Krücken wegzulegen.

Sie können sich denken, dass ich eine Menge gegen die Fibeln habe (sogar kommerzieller Neid spielt eine Rolle). Wenn Sie im Anhang den Abschnitt über die „Entstehung der Methode“ lesen, werden Sie erfahren, dass ich selber mit der Fibel nicht lesen lernte und nur durch einen Glücksfall nicht zum „Legastheniker“ wurde. Wäre ich als Lehrer gezwungen, eine Fibel einzusetzen, würde ich den Schuldienst quittieren. Das Fibelkonzept ist mir zu banal, zu mechanistisch; didaktisch ist es mir fragwürdig und der fremdgesteuerte Unterricht, der notwendig damit verknüpft ist, wäre mir zu langweilig – für die Kinder wie für mich als Lehrer. Mich würde auch deprimieren, dass die Kinder nicht lesen, sondern nur „entziffern“ können. Was ich jedoch als das eigentlich Schlimme betrachte, ist, dass der Fibelunterricht den Kindern das eigene Lernen vorenthält! Nachdem die Kinder selbstgesteuert in den Familien und nicht in einem didaktischen Zirkus mit erst noch schlechtem Programm die Sprechsprache lernten, ist jetzt Schluss mit dem eigenen Lernen. Jetzt wird über das Kind die schulische Fremdherrschaft errichtet und die Kinder müssen sich fortan nicht nur der Familie, sondern auch der Gesellschaft und dem Staat unterwerfen. Dabei richtet sich mein Zorn in erster Linie gegen den Belehrungszwang, den die Fibel über die Kinder errichtet, gegen die manchmal unglaubliche didaktische Penetranz der Fibel, die als didaktische Zu- und Aufdringlichkeit das Kind bedrängt und geistig falsch vereinnahmt, laufend gegen die Ganzheitlichkeit der Funktionsweise unseres Geistes verstößt – und dann das Ganze als „kindgemäß“ verbrämt.

In der Lehrerschaft wird die „Methodenfreiheit“ hochgehalten. Auch ich trete dafür ein – habe ich doch mein ganzes Berufsleben hindurch davon Gebrauch gemacht. Nun bedeutet „Methodenfreiheit“ aber nicht, dass alle Methoden gleichwertig sind, wie uns interessierte Kreise glauben machen wollen. Auch wenn ihre positive Wirkung meistens überschätzt wird – so wie umgekehrt ihre negativen Wirkungen häufig unterschätzt bleiben –, müssen wir uns kritisch mit Methoden auseinandersetzen. Und dabei ist dann für mich in puncto Fibel der Fall klar: Kinder lernen nicht im Sinne der Fibel, sondern höchstens anhand der Fibel.

* * * * *

Als Leserin, als Leser dieser Überlegungen, hätte ich nun eine Frage. An der Ganzheitlichkeit unseres Wahrnehmens würde ich nicht zweifeln. Auch den Hinweis, dass beim sinnorientierten Lesen die Buchstaben irgendwie irrelevant sind, würde ich akzeptieren. Denn im bewussten Leseerlebnis – und nur um dieses Leseerlebnis geht es ja schließlich beim Lesen – spielen Buchstaben tatsächlich keine Rolle. Andererseits sind aber Buchstaben da und haben für Leser offenkundig eine Funktion, die sie für Nicht-Leser nicht haben. Wenn ein Nicht-Leser auf einen Text blickt, dann sieht dieser Nicht-Leser zwar auch etwas, vielleicht sogar ganzheitlich-gleichzeitig, doch bleibt dieses für ihn ohne Sinn und Bedeutung. Irgendwie muss also für ein Kind, das Leser werden möchte, die Funktion von Buchstaben ins Spiel kommen. Und das geschieht ja bei *Lesen durch Schreiben*, ich kann sogar gut nachvollziehen, wie das geschieht. Mich irritiert bloß, dass all das, was bei der Fibel falsch sein soll, bei *Lesen durch Schreiben* gemacht wird – wenngleich umgekehrt.

Ein Wort als Lautgebilde wird nicht ganzheitlich „verarbeitet", sondern in Einzellaute zerlegt, Wörter werden nicht ganzheitlich geschrieben, sondern buchstabenweise – und alles geschieht ganz klar in einem zeitlichen Hintereinander. Zwar vermittelt *Lesen durch Schreiben* keine Lese„technik", aber eine Schreib„technik" wird angeleitet; zwar müssen die Kinder keine einzelnen Buchstaben trainieren, aber geschrieben bzw. hingemalt werden durchaus einzelne Buchstaben. Bei *Lesen durch Schreiben* scheint doch ebenfalls das ganze Vorgehen – mit einem Wort – komponententechnisch!

Ich will das nicht abstreiten. Ich möchte aber nochmals zu bedenken geben, was am Ende von Kapitel IV erörtert wurde. Lesen und Schreiben sind nicht so aufeinander bezogen, dass jeweils das Eine das „Umgekehrte“ des anderen ist. Vergleicht man die psychologischen Akte der beiden Tätigkeiten, dann zeigen sich wesentliche Unterschiede. Und deshalb ist beim Schreiben „erlaubt“, was beim Lesen „verboten“ ist:

Lesen „geschieht mir, wenn mich Wörter anspringen“. Es ist ein rezeptiver, nicht-willentlicher, nicht-bewusst gesteuerter Akt, bei dem zeitlich gleichzeitig im erkennenden Wahrnehmen begriffliche Bedeutungen erfasst werden. Äußerlich ist hier nichts zu sehen. Lesen ist ein rein geistiger Akt, den ich nicht „zeigen“ kann, den ich nicht erklären kann und den ich daher auch nicht „lehren“ kann. Didaktische Maßnahmen, welche dem Kind trotzdem bewusste, willentlich gesteuerte, laut zu dokumentierende „Entzifferungsrezepte“ aufzwingen, führen lediglich zu Störeinflüssen.

Schreiben hingegen ist nichts, das mir „von selbst“ geschieht. Ich muss es tun. Es ist ein aktiver, bewusster, willentlicher, mit Motorik verknüpfter Akt, bei dem Wörter nicht als ganze produziert werden können, sondern einzelne Buchstaben in zeitlichem Hintereinander gemalt, geschrieben, gesetzt oder getippt werden müssen. Schreiben hat äußere Anteile und daher ist das Schreiben „zu sehen“, ich kann dem Kind zeigen, wie es geht. Didaktische Maßnahmen sind möglich und förderlich.

Ich hoffe, Sie sind nachhaltig irritiert. Vielleicht denken Sie: Moment mal, irgendwo muss doch in REICHEN's Argumentation ein Fehler stecken. Seit Jahrhunderten funktioniert doch der Fibelansatz – zwar nicht perfekt, aber leidlich. Zudem kann man doch in den Medien immer wieder erfahren, dass die Lesefähigkeiten früher besser waren. Und früher wurde doch ausschließlich nach Fibel unterrichtet. Wahrscheinlich werden Sie nicht so weit gehen und den Rückgang an Lesefähigkeit nun gerade *Lesen durch Schreiben* anlasten. Nein, *Lesen durch Schreiben* ist mit Sicherheit nicht die Ursache, denn diesen Rückgang an Lesefähigkeiten gibt es international, nicht aber *Lesen durch Schreiben* (leider!).

Trotzdem bleibt hier eine Frage. Weil die Leute früher besser lesen konnten, ließe sich vermuten, der Leseunterricht sei früher besser gewesen. Das war er natürlich nicht. Bei aller Kritik, die man auch der heutigen

Grundschule nicht ersparen darf, steht sie gegenüber früher glänzend da. Der menschliche Umgang mit den Kindern und die Sorgfalt der didaktischen Arbeit sind mit der früheren Drill- und Paukschule nicht zu vergleichen. Der Grund muss woanders liegen und die gängige Meinung lautet denn auch, das Fernsehen sei schuld. Weil die Menschen vor der Glotze sitzen, statt Romane zu lesen, verkümmern ihre Lesefähigkeiten. Nun denke auch ich, dass vor der Glotze sehr viel verkümmert, und in der Schule leide auch ich mit fast allen KollegInnen unter den Folgen eines übermäßigen Fernsehkonsums vieler Kinder. Dem Fernsehen verdanken wir eine allgemeine kulturelle Verwahrlosung und Verrohung der Sitten, die uns vermutlich noch teuer zu stehen kommt. Ich kämpfe nicht zuletzt so verbissen für das Lesen, weil das Lesen die einzige wirkliche und überlegene Alternative zum Fernsehen ist, sowohl was Qualität der Information als auch Güte des Unterhaltungswertes betrifft. Dass Hannah kein Fernsehen mehr braucht, weil sie jetzt „Kino im Kopf" hat, ist mir eine große Genugtuung und wiegt sehr viel auf von dem, was ich an Deprimierendem in der Schule in den letzten Jahren erleiden musste.

Meine Haltung gegenüber dem Fernsehen ist, wie Sie sehen, sehr skeptisch. Trotzdem glaube ich, dass wir es uns zu einfach machen, wenn wir den Rückgang der Lesefähigkeiten dem Fernsehen anlasten wollen. Ich habe eine andere Erklärung. Schuld ist der schlechte Fibelunterricht. Früher wirkte sich das nicht so sehr aus, weil der Alltag ein Korrektiv bereithielt, das heute nicht mehr greift. Meine These heißt nicht: Seit wir fernsehen, statt Romane zu lesen, gehen die Lesefähigkeiten zurück. Meine These heißt: Seit wir uns telefonieren, statt Briefe zu schreiben, haben wir diese Entwicklung. Für mich ist das Schreiben die Grundlage des Lesens. Früher war der Fibelunterricht nicht besser, aber weil es kein Telefon gab, mussten die Leute Briefe schreiben – und auf der Grundlage dieser Schreibkompetenz wurde auch Lesekompetenz freigesetzt. Ich erinnere mich an meine Großmutter. Die hatte viel Verwandtschaft und mindestens einmal pro Woche schrieb sie einen Brief und erhielt einen. Ich denke auch an meine Mutter. Ehe unsere Familie um 1950 herum ein Telefon bekam, schrieb sie noch Briefe. Seither hat sie nie mehr einen Brief geschrieben – sie telefoniert. Höchstens eine Beileidskarte verschickt sie gelegentlich. Aber sie liest und mit Lesen hat sie auch nicht aufgehört, als das Fernsehen kam. Fortan tat sie beides: Sah fern und las.

Weil es früher kein Fernsehen und kein Telefon gab, waren die Leute eher auf Lesen und Schreiben angewiesen. Der Alltag machte Lesen und Schreiben erforderlich und war so eine Ergänzung und ein Korrektiv zum Schulunterricht. Die in der Schule nur schwach entwickelten Lese- und Schreibfähigkeiten wurden durch den Alltagsgebrauch gestärkt. Heute jedoch fehlt im Alltag vieler Menschen das Lesen und Schreiben. Entsprechend ist auch vielen Kindern nicht bewusst, dass Lesen und Schreiben einen außerschulischen Gebrauchswert haben. Auf die Frage nach dem Sinn des Lesens und Schreibens antworten Erstklässler z.B. mit Aussagen wie:

- „Damit ich nicht dumm bleibe."
- „Wenn tüchtig üben, zweite Klasse kommen."
- „Für die Schule, fürs erste Schuljahr kann man das gebrauchen."

Solche Antworten belegen, dass Lese- und Schreibmotivationen nicht mehr ausgeprägt sind und die Einsicht in die Bedeutung der Schriftsprache weitgehend fehlt. Allerdings glaube ich nicht, dass der Großteil derer, die als Erwachsene nichts lesen, wegen Verfallenseins an das Fernsehen nicht lesen. Ich glaube, dieser Bevölkerungsteil liest nicht, weil er eigentlich nicht lesen kann. Die Leute können bloß entziffern. Wer aber nur dieses Entziffern beherrscht, muss sich zu sehr anstrengen, um zum Sinn vorzustoßen, als dass das noch Gewinn oder gar Spaß bringen könnte. Daher ist unbestritten, dass neue Anstrengungen zur Leseförderung notwendig sind. Der erste Schritt dazu wäre für mich, den bisherigen Leseunterricht prinzipiell in Frage zu stellen und noch einmal grundsätzlich zu überlegen: Was heißt Lesen? Wie wird es eigentlich erlernt?

Von der Lehrerschaft kann dies nicht erwartet werden. Lehrerinnen und Lehrer sind oft befangen in vorgefassten Lehr-Meinungen und methodischen Schematismen, halten am sogenannt Bewährten fest, sind häufig „betriebsblind" gegenüber der Alltagsroutine und nennen den vorschnellen und gedankenlosen Rückgriff auf didaktische Rezepte „Erfahrung".

Leider wird das Unzulängliche unseres herkömmlichen Leseunterrichts aber auch von der Öffentlichkeit nicht wahrgenommen. Weil der schleichende Zerfall unserer Lesekultur aber ein Prozess ist, der unsere Gesellschaft zentral berührt, stellt sich die Frage, woher dieses Desinteresse, diese Blindheit rührt.

Ich kann es mir nur so vorstellen: Der maßgebende Teil dieser Öffentlichkeit (Kulturschaffende, Journalisten, Führungskräfte in Politik, Verwaltung und Wirtschaft) kann gut lesen und schreiben und glaubt, er habe es in der Schule gelernt. Ein Anlass zur Kritik am schulischen Leseunterricht besteht für diesen Personenkreis nicht. Dabei wissen Sie, liebe Leserin, lieber Leser, ja inzwischen, dass diejenigen, die problemlos lesen und schreiben, dieses nicht wegen, sondern trotz des schulischen Leseunterrichts können.

Zwar verlangt die Schule das Lesen, aber – unwissentlich – lehrt sie es ungenügend bzw. sogar falsch. Und weil die frühere Unterstützung durch den Alltag zugunsten des Schriftgebrauchs zusehends schwindet, bleibt der Umgang mit der Schriftsprache rudimentär, die Lese- und Schreibfähigkeit verkümmert. Wenn aber das Fundament brüchig oder schief ist, kann darauf kein Haus errichtet werden.

* * * * *

Zusammenfassung

Insoweit als *Lesen durch Schreiben* eine allgemeine, umfassende Förderung der Sprachkompetenz und eine aufgabenbezogene Arbeitshaltung ins Zentrum des Unterrichts rückt, gibt es keine Einwände gegen das Konzept. Starke Einwände gibt es hingegen im Hinblick auf die didaktische Geringschätzung der Buchstabenkenntnisse, widerspricht dies doch völlig den Erfahrungen des bisherigen Erstleseunterrichts, welche zu bestätigen scheinen, den Erstklässlern fehlten zum Lesenkönnen vorab die Buchstaben-Laut-Kenntnisse. Da Lesen ohne diese Kenntnisse nicht möglich sei, müsse die Schule sie vermitteln. Lernpsychologisch ist aber gerade die Buchstaben-Laut-Zuordnung sekundär. Nach heutigem Verständnis sind zum Lesenlernen mannigfache syntaktische und semantische Fähigkeiten die viel wichtigeren Voraussetzungen. Da jedoch Schulanfänger einen Teil dieser Voraussetzungen bereits mitbringen, wird weniger offenkundig, dass diese Faktoren die entscheidende Rolle spielen. Dies führt wiederum zum Glauben, Kinder würden lesen können, wenn sie die Buchstaben kennen und wissen, wie sie „aneinandergehängt" werden. Dabei ist unmittelbar einsichtig, dass solche Buchstabenfolgen noch keine Wörter, also ohne Information sind. Damit aus „aneinandergehängten Buchstaben" ein Wort wird, ist ein sinnstiftender Akt erforderlich, d. h. irgendwoher muss das Kind das Verständnis entwickeln, was das Wort „bedeutet". Dieses Verständnis aber wurzelt – das haben neuere Untersuchungen gezeigt – im semantischen und syntaktischen Grundwissen des Kindes, nicht in der Buchstabenkenntnis.

Buchstabenkenntnisse sind nachrangig und Buchstabentrainings kontraproduktiv. Ich will hier nochmals auf den Sprechspracherwerb der kleinen Kinder hinweisen: Niemand „übt" mit Kleinkindern Laute. Zwar besteht die Sprechsprache aus einzelnen Lauten, so wie die Schriftsprache aus Buchstaben besteht, aber niemand misst diesen Lauten eine Einzelbedeutung zu, niemand lehrt kleine Kinder Laute und macht Lautübungen mit ihnen. In der Regel ist sich auch niemand dieser Laute bewusst (und es dürfte nicht viele Leute geben, die auf Anhieb zu sagen wüssten, aus welchen und wie vielen Lauten ihre Sprache besteht, die sie praktisch ununterbrochen benutzen). Das Kind kommt „von selbst" zu den erforderlichen Lauten – und gibt man ihm eine Buchstabentabelle, wo es jederzeit bei Bedarf nachschauen kann, dann kommt es auch „von selbst" zu den Buchstaben.

Daher bleibe ich dabei: Alles, was man im traditionellen Leseunterricht betreibt, alle Buchstabentrainings, alles Kombinieren und Zusammenhängen von Buchstaben, alles Vorlesen auswendig gelernter Wörter ist falsch und prozessstörend. Es lehrt die Kinder „entziffern", nicht lesen. Die Fibelautoren vernebeln das natürlich, sie reden von „erlesen". „Erlesen" ist aber nichts anderes als „entziffern". Wer aber im Unterricht „entziffert" und Kinder für „Entzifferungsleistungen" lobt, muss damit rechnen, dass einzelne Kinder im „Entziffern" – oder „Erlesen" – blockiert stecken bleiben. Sagen Sie jetzt nicht, das geschieht nicht. Es geschieht, nach meiner Einschätzung, bei einem Viertel oder gar einem Drittel der Kinder. Der Fibelunterricht führt sie in eine Sackgasse, aus der sie nicht mehr herausfinden.

VI „VUGS“ und „EDWI“ – und was *Lesen durch Schreiben* sonst noch bietet

Von *Lesen durch Schreiben* war in diesem Text bisher nur als Leselehrgang die Rede. Es ging um die Frage, wie Kinder damit das Lesen „lernen“. Nun „lernen“ die Kinder mit diesem Konzept aber nicht nur lesen, sie lernen auch selbständig schreiben und gewinnen dadurch einen elementaren Zugang zur Schrift. Dabei ist dieser Zugang ein anderer, als wenn Kinder mit einer Fibel unterrichtet (eigentlich möchte ich schreiben „traktiert“) werden. Im Fibelunterricht ist die Erstbegegnung mit der Schrift reduziert auf so „spannende“ Geschichten wie

Tut, tut – ein 

Tom im 

Tim im 

Und weil im bisherigen Fibelunterricht das Schreiben normalerweise auf Abschreiben dieser „spannenden“ Geschichten eingeschränkt bleibt, vermittelt dieser „Fibel-Dadaismus“ (der Ausdruck stammt nicht von mir) den Kindern zunächst nur den Eindruck, dass Lesen und Schreiben zutiefst langweilige Dinge seien.

Ob sich das später korrigieren lässt, weiß ich nicht. Ich stelle nur fest, dass in den späteren Schuljahren beim Großteil der Kinder eine tiefsitzende Aversion gegen Schreiben und Lesen besteht. Diese Aversion belastet mich und viele LehrerInnen außerordentlich, weil wir im Rückfall in eine Art Analphabetismus keinen Fortschritt sehen.

Lesen durch Schreiben vermittelt dem Kind ein psychologisch ganz anderes Verhältnis zur Schrift. Damit will ich nicht an die methodischen Vorteile erinnern, die schon erwähnt wurden, sondern ich möchte darauf hinweisen, dass der aktive, produktive, selbstbestimmte Umgang mit Schrift dem Kind deren „Gebrauchswert“ nahebringt. Bei *Lesen durch*

Schreiben erfahren die Kinder von Anfang an, dass Schrift ein Werkzeug ist, mit dem sich etwas anfangen lässt – und dieses Werkzeug nutzen sie dann auch. Weil sich dabei eine Art von Regelmäßigkeit feststellen lässt, die mir für die generelle Sprachentwicklung von Kindern bedeutsam scheint, möchte ich nachfolgend an ausgewählten Beispielen zeigen, „wie Kinder Schrift verwenden".

Mit dem Erwerb der Sprechsprache wird das kleine Kind zunächst „Vollmitglied" der familiären und nachbarschaftlichen Gemeinschaft. Es kann jetzt seine Wünsche und Bedürfnisse äußern, es kann am Gespräch teilnehmen und – entscheidend für seine Entwicklung – es kann Fragen stellen und Antworten verstehen (sofern es Antworten bekommt). Weil es darüberhinaus nun auch Teile des Fernsehprogramms versteht, erhält es zusätzlich Zugang zu einem größeren Kultursegment und lernt, medial vermittelte „Wirklichkeit aus zweiter Hand" kennen.

Später, mit dem Erwerb der Schriftsprache und dem Verstehen von Schrift, wird das Kind dann gleichsam „Vollmitglied" der Weltgemeinschaft. Literatur, Wissenschaft, Geschichte, Religion, Recht, Wirtschaft usw. sind ja zum größten Teil in Büchern festgehalten und dokumentiert. In Büchern ist Poesie, Wahrheit und Wissen enthalten und das Schriftverständnis eröffnet den Zugang dazu. Gleichzeitig gibt das Schreibenkönnen dem Kind höhere Ausdrucksformen in die Hand.

Wenn Kinder Schrift benutzen, haben sie zunächst mit dem Schreiben Mühe, teilweise auch feinmotorisch. Trotzdem sind sie normalerweise davon fasziniert und benutzen Schrift auf geradezu selbstverständliche Art. Werden sie regelmäßig zum Schriftgebrauch angeregt, dann schreiben sie mit großer Freude.

Schreiben wird zu einem neuen Ausdrucksmittel, das die Kinder – selbstredend individuell verschieden – ganz natürlich und unbefangen anwenden. Sie beschriften und erläutern Zeichnungen, sie benutzen Schrift, um ihre Zuneigung (evtl. auch Abneigung) zu zeigen, sie schreiben Mitteilungen und Briefchen, dichten kleine Geschichten, gestalten ein „Album" oder führen gar ein „Tagebuch", stellen „Scherz-Zettel" her, die sie ihren Kameraden heimlich an den Rücken heften usw.

Dabei zeigt sich eine interessante Entwicklung der schriftlichen Ausdrucksformen, die in gewisser Weise parallel verläuft mit dem Anwachsen der Schreibkompetenz und die in einer vorläufigen Folge von „Funktionsstufen" charakterisiert werden kann. Im Rahmen dieser Stufenfolge hat Schreiben für die Kinder zunächst eine bloße Funktion des Benennens, wird dann benutzt zu Zwecken der Erläuterung, bildet sich aus zur Ausdrucksform und kulminiert später in Versuchen, Sprache für Beeinflussungen zu verwenden.

Am Anfang, wenn das Kind mit großem Einsatz erste Wörter schreiben kann, dient das Schreiben lediglich einer nochmaligen **Benennung**: Gegenstände, Abbildungen werden explizit schriftlich benannt. Neben der Abbildung eines Elefanten steht dann „ELEvAnt", auf dem Etui des Schülers klebt ein Zettel mit der Anschrift „EDWI".

Auf der nächsthöheren Stufe hat das Schreiben eine Art **Erläuterungsfunktion**, d. h. die Schrift findet Verwendung für zusätzliche Informationen. Mit Hilfe der neuerworbenen Schreibkompetenz erläutert das Kind Sachverhalte, die ohne diese Erläuterung nicht selbstverständlich wären. Dass ein in einem Tierbuch abgebildeter Elefant ein Elefant ist, erkennen wir im allgemeinen auch, wenn nicht das Wort „ELEvAnt" daneben steht. Hingegen erkennen wir in manchen Kinderzeichnungen aufgrund einer wenig realistischen Darstellungsweise nicht unbedingt, dass ein gemaltes Tier ein Panther sein soll – hier hilft die schriftliche Erläuterung. Ein treffendes Beispiel hierzu lieferte Erstklässler Pascal bereits in der zweiten Schulwoche, als er mir eine Zeichnung von einem Wald brachte: Bäume, Blumen, Pilze, ein großes Spinnennetz und unten rechts, sehr unbeholfen ein Tier, das ich nicht identifizieren konnte. Daneben stand: „VUGS". „Weißt du", erklärte mir Pascal entschuldigend, „ich kann nicht so gut Füchse zeichnen, und damit du siehst, dass das der Fuchs ist, habe ich es dazugeschrieben."

Vielleicht sollte man an dieser Stelle einem möglichen Missverständnis vorbeugen. Kinder schreiben am Anfang nicht deshalb nur einzelne Wörter, weil sie nicht mehr schreiben können, sondern weil sie für mehr Text keine Zeit haben. Grundsätzlich können sie alles schreiben, was sie wollen, aber ihr Schreiben ist enorm zeitaufwändig. Ich schätze, dass

Pascal für seinen „VUGS“ etwa 20 Minuten benötigte. Es ist mithin nicht verwunderlich, dass der Schriftgebrauch erst dann eine abgerundete **Ausdrucksform** bekommt, wenn das Kind eine erste Stufe der Schreibgeläufigkeit erreicht hat. Sobald das der Fall ist, benutzen Kinder Schrift häufig zu Ausdruckszwecken.

Das erste, was meistens ausgedrückt wird, sind Bekundungen von Zuneigung. Dabei entstehen häufig kleine Liebesbriefchen: „MAMI ich lipe tich“ steht zusammen mit einem gemalten Herz auf dem Zettel unter einem Magnetknopf am Kühlschrank, oder „SchLAF gud Mami“ wird heimlich aufs Kopfkissen gelegt. Aber auch die Lehrerin, der Lehrer erhalten Bekundungen der Zuneigung. In der achten Schulwoche fand der Lehrer Franz B. den folgenden Brief von Roland auf seinem Pult:

Lider Franz. ich findes schön
in der schulo ich finde bei dir
istes tol. du hazt gute idehen
Roland.
Ich mache gern Rechnet.
Schreiben. Malen.

Das Beispiel von Roland ist in einem weiteren Punkt typisch für die vorherrschende Schriftverwendung von Erstklässlern: Im Zentrum ihres spontanen, nicht durch die Lehrerin angeordneten Schreib-Tuns steht die Kombination von Zeichnungen mit Texten. Dabei zeigt sich im Verlauf der Zeit eine deutliche Schwerpunktverlagerung: Zu Beginn der Entwicklung findet man Zeichnungen mit erläuterndem Text, am Schluss Texte mit erläuternden Zeichnungen:

Die letzte Stufe von Schriftverwendung ist die Stufe von **Beeinflussungsversuchen**. Mit Hilfe von Schrift und der „Mächtigkeit“ von Sprache versuchen schon Erstklässler, sich nicht nur auszudrücken, sondern Einfluss zu nehmen. Kinder realisieren sehr rasch, auch ohne dass man sie eigens darauf hinweist, dass schriftlich Festgehaltenes präziser ist, mithin einen verbindlicheren Stellenwert hat und mehr gilt als das bloße Wort, das nur flüchtig existiert und mit seinem Ausgesprochenwerden im Raum verhallt und „vorbei“ ist. Dass in der Schule schriftliche Prüfungen wesentlicher sind als mündliche, wissen sie häufig von älteren Schülern, und dass in der Welt der Erwachsenen schriftlich fixierte Verträge größere Geltung haben (obwohl rechtlich gesehen auch mündliche Vereinbarungen gelten), leuchtet ihnen ein; sie begreifen, warum eine schriftliche Beleidigung zivilrechtlich einklagbar ist, während das mit einem mündlich ausgesprochenen Schimpfwort weniger gut geht:

Als Yvonne von ihrem älteren Bruder Marc wieder einmal schikaniert und geschlagen wurde, zog sich Yvonne zornentbrannt in die Küche zurück und begann zu schreiben. Anschließend stellte sie sich herausfordernd vor Marc hin und hielt ihm einen Zettel unter die Nase: „PLÖDER AF" stand da groß und deutlich. – Damit hatte sie's ihrem Bruder „gegeben", schriftlich, schwarz auf weiß.

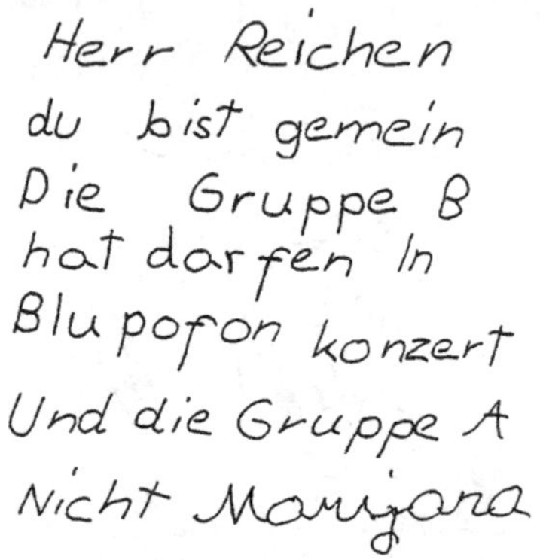
Herr Reichen
du bist gemein
Die Gruppe B
hat darfen In
Blupofon konzert
Und die Gruppe A
Nicht Marijana

Als ich einmal vergessen hatte, die Halbklasse A über eine Stundenplanänderung zu orientieren und die Halbklasse A deshalb nicht am „Blupofon"-Konzert teilnehmen konnte (Konzert einer umherziehenden Artistengruppe mit ausgedienten Ofenrohren), legte Marijana schriftlich – und daher besonders nachdrücklich – Protest ein.

Ich habe auch Formen „stillen" Protestes angetroffen. Als ich einmal – psychologisch sehr ungeschickt, wie ich inzwischen begriffen habe – Rechenaufgaben der Kinder nach der Kontrolle in den Papierkorb warf (weil ich mit diesen Übungsaufgaben kein Museum einrichten wollte und die Blätter früher oder später ohnehin auf dem Müll gelandet wären), reagierte Daiana betroffen. Sie widmete die Seite 31 ihres „Albums" diesem Vorfall:

Die skizzierte Stufenfolge in der Schriftverwendung ist keine zeitliche Folge und auch nur bedingt eine der Schreibkompetenz. Entscheidend sind die geistige Reife des Kindes und die Situation. Entsprechend können sich die Stufen. bzw. Funktionen im Schreibverhalten der Kinder vermischen. So zeigt das nachstehende Beispiel, dass Schriftgebrauch zu Beeinflussungszwecken unter besonderen Umständen schon bei Kindern mit erst wenig Schreibkompetenz auftreten kann; ein Kind kann nur schon über das Verschriften eines einzigen – oder sogar seines ersten – Wortes versuchen, von der Macht der Sprache Gebrauch zu machen.

Man zählt die dritte Schulwoche, Ende August. Thomas teilt mit: „Ich zeichne einen Schlumpf." Nach einiger Zeit, da das entstehende Werk kaum einem Schlumpf ähnelt, interpretiert er die Zeichnung um: „Nein, ich zeichne ein Haus – das Haus von Sankt Nikolaus." Dass Thomas im Sommer den Nikolaus erwähnt, überrascht die Lehrerin, und sie verfolgt die Szene aufmerksam. Sandra fragt ganz arglos: „Kommt Nikolaus auch zu dir auf Besuch?" – „Nein nein", wehrt Thomas erschrocken ab – wobei deutlich wird, dass er ausweicht und Angst hat. (Später stellt sich heraus, dass die Mutter disziplinarische Schwierigkeiten mit Thomas hat, weshalb sie versucht, sich mit massiven Nikolaus-Drohungen bei ihrem Sohn Respekt zu verschaffen.) Die Lehrerin ahnt, dass der Junge ein Problem hat und schaltet sich ein: „Das ist aber ein schönes Haus, so mitten im Wald. Und das da? Ist das der Stall für den Esel? Vielleicht sollte man das Haus anschreiben, damit man weiß, dass hier der Nikolaus wohnt. Aber das wirst du wohl noch nicht können, denn Nikolaus ist ja kein einfaches Wort." – „Doch, ich kann schreiben", widerspricht Thomas und lässt sich herausfordern. Und tatsächlich gelingt es ihm, „Nikolaus" zu schreiben. Lange und offensichtlich befriedigt blickt er auf das selbstgeschriebene Wort, dann geht er durch die Klasse und berichtet allen Kameraden: „Das heißt Nikolaus." Wer möchte hier am Phänomen der Wortmagie zweifeln? Thomas hat sich mit dem Aufschreiben ganz offensichtlich seiner Angst vor dem Nikolaus gestellt und diese „schreibmächtig" verringert.

Sogar die für mich höchste Form des Schreibens, die schreibende Vergewisserung im Denken, findet sich. Was Marco in seinem „Meinungsbuch“ eingetragen hat, imponiert mir, und das naiv-metaphysische Lebensgefühl, das Matthias mit seiner unbeholfenen Zeichnung einer Rollbrettbahn – als Teil der Schöpfung – zum Ausdruck bringt, erfüllt mich mit Freude.

Das finde ich gut.	Das finde ich nicht gut.
Leben Lesen Schreiben und Rechnen	Sterben Blind-Sein Krig

Ich habe das Glück, dass ich im Verlauf der letzten Jahre viele kindliche Schreibprodukte kennen lernen durfte. Dabei machte und mache ich immer wieder ähnliche Beobachtungen: Wie Kinder mit Schrift umgehen ist alles in allem zutiefst erstaunlich und manchmal sogar beglückend. Was Felix über Sternschnuppen schreibt, ist für mich Poesie. Ich kann jene Menschen (die es gibt und von denen ich einzelne sogar kennenlernen „musste“), nur bedauern, welche nicht zur Poesie dieses Textes vorstoßen können, weil sie sich „wegen der Rechtschreibung“ sorgen.

Diese Sorgen sind jedoch unbegründet, wie Sie im nächsten Kapitel erfahren werden. Ich jedenfalls freue mich immer wieder über kindliche „Geschichten", die in ihrer Unbekümmertheit völlig unbelastet gegenüber hochsprachlichen Standards bzw. Normen bleiben und vielleicht gerade deshalb einen eigenen Reiz aufweisen.

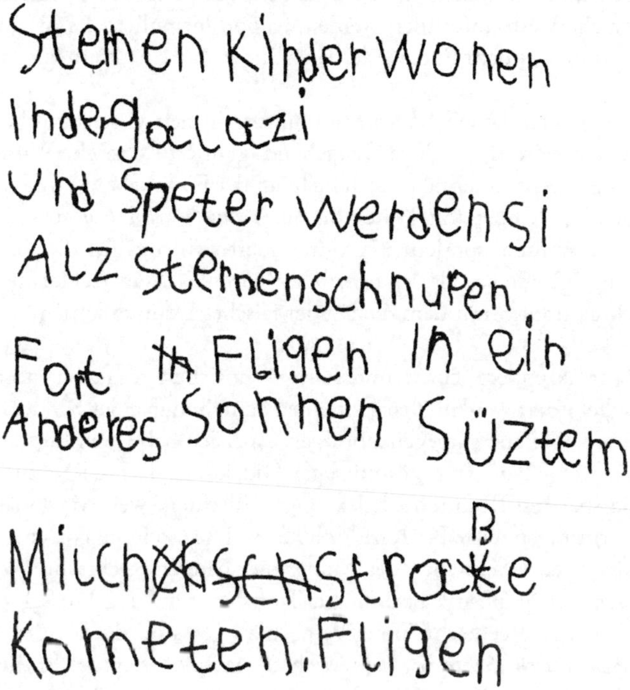

So gibt es eigentlich nur einen Wermutstropfen. Bei den vielfältigen individuellen Unterschieden zwischen Kindern finden wir leider auch solche, die, in sogenannt „schriftfernen Milieus" aufwachsend, letztlich keine tiefere Beziehung zur Schrift, zum Lesen und Schreiben entwickeln. Diese Kinder erwerben sich zwar eine gewisse Schreib- und Lesefertigkeit, aber es fehlt ihnen jegliche Motivation – sie tun es nicht von sich aus. Was ihnen dadurch an Lebenschancen und -qualität entgeht, lässt sich kaum ermessen. Ihnen den Zugang zur Schrift gleichwohl zu öffnen, ist eines der Ziele von *Lesen durch Schreiben*.

VII Zwei spezielle Themenbereiche

A. Das Ärgernis Rechtschreibung

Lesen durch Schreiben ist – verkürzt gesagt – ein Leselehrgang. Es ist ein didaktisches Konzept mit Unterrichtsmaterialien, Computerprogrammen und Hinweisen für LehrerInnen, damit Kinder in ihrem Schriftspracherwerb unterstützt werden. Salopp formuliert: Es ist eine Veranstaltung mit dem Endzweck, dass Kinder l e s e n können.

In der öffentlichen Wahrnehmung und in der wissenschaftlichen Diskussion wird dies jedoch weitgehend ignoriert. Kritische Würdigungen des Konzepts orientieren sich nicht an der Frage, ob, wie und in welcher Qualität Kinder mit Hilfe von *Lesen durch Schreiben* zu L e s e r I n n e n werden, sondern man interessiert sich stets für die Rechtschreibung, gerade so, als sei *Lesen durch Schreiben* ein (schlechter) Rechtschreibtrainer, mit dem die Kinder falsches Deutsch lernen.

Zwar akzeptiere ich, wenn Eltern verunsichert reagieren, nachdem sie aufgefordert werden, den spontanen Schreibungen der Kinder orthografische Toleranz entgegenzubringen. Aber ich habe kein Verständnis dafür, wenn LehrerInnen und sogar Didaktiker nachteilige Einflüsse auf die späteren Rechtschreibeleistungen fürchten, weil wir zunächst Verschriftungen wie z.B. „Kaze“ tolerieren. Die moderne Forschung belegt, dass eigenes Schreiben der Kinder die späteren Rechtschreibleistungen nachweisbar positiv beeinflusst. Trotzdem wird regelmäßig verbreitet, ich würde Rechtschreibung vernachlässigen und die Kinder, die nach *Lesen durch Schreiben* unterrichtet werden, zeigten Rechtschreibeschwächen.

Diesen Vorwurf möchte ich hier klären, auch wenn ich zugeben muss, dass mich das Thema Rechtschreibung didaktisch zutiefst langweilt. Persönlich ist mir die Rechtschreibung ziemlich unwichtig und die gesellschaftliche Wertschätzung, die sie erfährt, kann ich rational nicht nachvollziehen: Der Stellenwert, den die Rechtschreibung in Schule, Berufsleben und Gesellschaft besitzt, scheint völlig überzogen. Zwar unterliegt der Gebrauch der Sprache, mündlich wie schriftlich, bestimmten Normen, welche die Kommunikation überhaupt erst ermöglichen und daher im Interesse aller liegen. Selbstverständlich ist auch, dass für die geschriebene Sprache strengere Maßstäbe gelten als für die gesprochene, denn Geschriebenes soll sprachliche Äußerungen über längere Zeiträume und über größere räumliche Distanzen hinweg bewahren. Unter diesem Gesichtspunkt hat Rechtschreibung durchaus eine Funktion. Sie erleichtert in hohem Maße die Lesbarkeit, denn „Dekste mid felern lasen sisch nuhr schlescht läsn". Sicherheit in der Rechtschreibung jedoch höher zu schätzen als etwa logische Konsequenz oder stilistische Qualitäten, wie es in den Schulen meist der Fall ist, ist absurd.

Nachdem bereits heute jedes bessere Textverarbeitungsprogramm mit einer Rechtschreibüberprüfung ausgestattet ist und inzwischen Spracherkennungs-Software in der Art von „Voice type" oder „Dragon dictate" weitgehend marktreif und allgemein erschwinglich ist, wird man künftig selbst im Bürobereich keine Stelle mehr bekommen, nur weil man die Rechtschreibung beherrscht: Es können dann Briefe, Berichte, Protokolle u. dgl. ins Mikrofon diktiert werden und kommen danach orthografiegerecht geschrieben aus dem Drucker. In so einer Situation noch einen großen Aufwand zu betreiben und unzählige Frustrationen, ja sogar seelische Qualen bei Kindern in Kauf zu nehmen, damit diese abschließend doch nicht können, was Computer inzwischen mit Leichtigkeit bewältigen, kommt einer sinnlosen Vergeudung von Ressourcen gleich.

Das wäre allenfalls noch hinnehmbar, wenn Rechtschreibung ein wichtiges, wirklich nützliches, die kulturelle, soziale, politische und wirtschaftliche Weiterentwicklung beflügelndes Können wäre – aber das ist ja keineswegs der Fall, im Gegenteil: Rechtschreibung ist ein unproduktives, totes Buchstabenwissen, das der Bürokratenmentalität Vorschub leistet. In der Zeit, in der sich ein Kind mit Rechtschreibung abgibt, ist ihm verwehrt, sich mit wirklich wichtigen Dingen auseinanderzusetzen – und in (allzu) vielen Fällen führt der Rechtschreibdruck sogar dazu, dass Kinder den Glauben an sich selbst verlieren und vor lauter Fehlerpanik aufhören, ihre kreativen Möglichkeiten, auch in nichtsprachlichen Bereichen, wahrzunehmen.

Wenn Sie dem Text bis hierher folgten, haben Sie vielleicht den Eindruck, er sei etwas polemisch. Das mag zutreffen. Dieses Kapitel wurde nicht mit der abgehobenen Gleichgültigkeit des unbeteiligten Beobachters – wertfrei und neutral – geschrieben, sondern in der engagierten Parteinahme für eine wirklich bildende Schule ohne selbstwertgeschädigte, frustrierte oder mindestens demotivierte Kinder, für eine Schule, welche das ganze Potenzial der Kinder entwickelt und nicht auf Formalismen reduziert, die geradezu einer Kastration ihrer Entwicklung gleichkommt. Ich übertreibe nicht, denn ich kenne viele Kinder, die wegen Rechtschreibung richtiggehend leiden, wie z.B. Thomas, ein Junge, den ich vor Jahren an meiner Schule kennenlernte.

Thomas war ein Viertklässler, den Schule und Elternhaus sinn- und vor allem erfolglos mit Rechtschreib„übungen“ quälten, den man sogar in eine „Therapie“ schickte und ihm damit indirekt zu verstehen gab, dass man seinem Lernen in der Schule wenig zutraute. Dabei erschütterte diese sogenannte Therapie sein Selbstbewusstsein dermaßen, dass er wechselweise in Resignation verfiel und/oder in maßlosem Trotz gegen die Schule aufbegehrte.

Thomas war ein Junge, der die Welt und das Leben unglaublich spannend fand und daran regen Anteil nahm, der auf Mitmenschen offen und herzlich zuging und über die Tierwelt in allen fünf Kontinenten mehr wusste als seine Lehrerin und sein Lehrer, der liebevoll sein eigenes Tierlexikon zeichnete und schrieb – nur war halt leider fast alles falsch geschrieben.

Obwohl jedermann verstand, was er meinte, wurde gemeinhin nicht das wirklich eindrückliche „Lexikon“ gewürdigt, sondern es wurden die Rechtschreibfehler beklagt. Thomas hasste die Schule, das hatte er mir damals gestanden, und manchmal mochte er gar nicht mehr leben. Angeblich konnte er sich nicht konzentrieren, dabei vermochte er ohne weiteres, zwei Stunden lang einige Raben im Schulhof zu beobachten, und konnte mir überzeugend belegen, dass er die Tiere, die für mich ununterscheidbar gleich aussahen, individuell kannte. Er hatte ihnen Namen gegeben und wusste, dass der eine Rabe, den er „Pius“ nannte, schon letzten Winter in unserem Schulhof Revier bezogen hatte. Ich glaubte ihm. Ich glaubte auch, er spürte, dass die Behauptung, Rechtschreibung sei wichtig, nicht stimmt, dass man ihn „belog“. Er wollte von mir wissen, warum denn Rechtschreibung wichtig sei – und ich konnte ihm damals nicht antworten, könnte es auch heute nicht.

Ich möchte die Frage an Sie weitergeben. Wieso ist die Rechtschreibung wichtig? War es denn nicht immer schon so, dass man keine Rechtschreibung brauchte, um eine gute Mahlzeit zu bereiten, um ein Kleid zu nähen, ein Auto zu reparieren, einen Acker zu bestellen, Wein zu keltern, ein Haus zu bauen, ein Flugzeug zu konstruieren, einen Film zu drehen usw. Wozu braucht man die Rechtschreibung? In der Schweiz, genauer in Zürich, haben die Behörden den Gymnasien schon vor einigen Jahren per Erlass ausdrücklich verboten (!), bei den Aufnahmeprüfungen ins Gymnasium Rechtschreibung als Selektionskriterium zu berücksichtigen. Rechtschreibung wurde ersetzt durch „sinnverstehendes Lesen". Angesichts des weltweit wachsenden wirtschaftlichen Wettbewerbsdrucks können es sich die Schweizer nämlich schlicht nicht mehr leisten, in den Schulen aufgrund von Qualifikationsmerkmalen zu selektionieren, die im internationalen Wettbewerb irrelevant bzw. geradezu hinderlich sind.

Womöglich wäre es endlich an der Zeit, zu fragen, ob Rechtschreibung wirklich noch Bestandteil von Allgemeinbildung sein soll? Ist Orthografie nicht einfach nur Spezialwissen für „Mitglieder der schreibenden Zunft" und daher bloß Bestandteil einer speziellen Qualifikation? Weil es keinen anderen Lernbereich gibt, der die tägliche Arbeit in den Grundschulen dermaßen belastet und beeinträchtigt wie die Rechtschreibung, müsste jede rationale Überlegung uns eigentlich sagen, dass sie abschließend sooo wichtig wirklich nicht sein kann, genauer gesagt, dass sie in der Wirklichkeit eines lebendigen Lebens völlig unwichtig ist! Leider haben es rationale Überlegungen schwer – und so ist noch immer, all den Aufklärungsbemühungen in der Erziehungswissenschaft zum Trotz, Rechtschreibung das heimliche Hauptfach – absurd.

Zu dieser Absurdität passt, dass seit über 100 Jahren regelmäßig von Gymnasien oder Handelskammern geklagt wird, das orthografische Können sei ständig im Sinken begriffen. Solchen Behauptungen fehlt zwar in der Regel eine solide Grundlage, aber sie schaffen es immer wieder, LehrerInnen und Eltern zu verunsichern. Offenbar gehört Rechtschreibung – im Unterschied zu den meisten anderen Lerngegenständen der Schule – zu jenen, die man lebenslang einfach können muss. Während wir ziemlich nachsichtig sind, wenn jemand seine in der Schule erworbenen Geografie- und Geschichtskenntnisse wieder verliert oder sich nur noch mit Hilfe des Taschenrechners an zweistellige Zahlen wagt, gewähren wir bei der Rechtschreibung keine Toleranz: „Amtlich korrekt" muss sie schon sein. Weil Rechtschreibung zudem leicht quantifiziert werden kann, eignet sie sich anscheinend besonders als „objektives" Kriterium für Prüfverfahren, und indem sie solcherart zum Selektionsmittel wurde, hebt das wiederum ihre gesellschaftliche Bedeutung – ein echter Teufelskreis, dem anscheinend niemand entkommt.

Unsere Rechtschreibung ist eine soziale Norm, kein Naturgesetz. Bis anhin war die „Duden"-Redaktion die Hüterin dieser Norm, wobei sie aber nie wirklich die abschließende Macht hatte, uns das Geltende vorzuschreiben, – „amtliche Rechtschreibung" hin oder her. Meistens hat eher der Duden jeweils im nachhinein sanktioniert, was in der Gesellschaft gang und gäbe war, auch wenn es dem Wörterbuch zunächst widersprach. In meiner Generation beispielsweise war zu verfolgen, wie das „ph" in der Lautung „f" verschwand. Mit Tele(ph)fon und (Ph)Foto hat sich der Alltag großzügig über den Duden hinweggesetzt. Gleiches gilt für das „ß": die Schweizer schafften es ab, indem sie es einfach nicht benutzten (und dabei übrigens merkten, dass man es wirklich nicht braucht). Als da die Dudenredaktion vor die Wahl gestellt wurde, entweder die reine Rechtschreibung hochzuhalten oder Kompromisse zu machen, damit man den Duden auch in der Schweiz verkaufen konnte, wurde der Kompromiss gemacht und die Schweizer bekamen Sonderrecht zugestanden. Warum solche „Rechte" den Deutschen vorenthalten werden, bleibt mir als Schweizer unerfindlich – und bringt mich erneut vor die Frage: Warum bloß hat die Rechtschreibung in Schule und Gesellschaft ein derart überhöhtes Bedeutungsgewicht?

Dieser Frage wenden wir uns jetzt zu, wobei ich in Betracht ziehe: (1) die sprachliche Bedeutung der Rechtschreibung und (2) ihre gesellschaftliche Funktion, (3) die Entwicklung der Rechtschreibkompetenz und (4) Überlegungen zu einer angemessenen und kindgemäßen Didaktik des Rechtschreibunterrichts.

1) Zur sprachlichen Bedeutung der Rechtschreibung

Rechtschreibung ist eine Norm. Menschliches, gesellschaftliches Zusammenleben ist nicht möglich ohne Normen. Normen dienen uns. Obwohl ich Linkshänder bin und vermutlich den Straßenverkehr mit Linksfahren normiert hätte, wenn ich die entsprechende Entscheidung hätte fällen sollen, habe ich keine Probleme, rechts zu fahren. Ich sehe unmittelbar ein, dass es für alle von Vorteil ist, wenn sie sich im Verkehr an Normen halten. Normen sind nützlich, jedenfalls so lange, als sie unserem Zusammenleben dienen. Nun haben aber Normen leider die Tendenz, beherrschenden Charakter anzunehmen. Es besteht eine klare Beziehung zwischen Norm und Macht, manifestiert sich doch Macht u.a. darin, dass sie Normen setzen kann. Die höchste Souveränität in unseren modernen Staaten liegt in der Gesetzgebungsmacht der Parlamente bzw. des Volkes. Sie können per Mehrheit Normen festlegen, die dann auch durchgesetzt werden. Dagegen ist nichts einzuwenden. Probleme gibt es hingegen in psychologischer Hinsicht: Machtbedürfnisse sind, wie alle menschlichen Bedürfnisse, letztlich unstillbar, sie sind grundsätzlich maßlos und so kennt auch Machtbefugnis keine Selbstbescheidung, sondern ist durchgehend dem Immer-Mehr verfallen – mit der Folge einer überbordenden Regelungswut auf allen Ebenen, wo jährlich tausende neuer Gesetze, Vorschriften, Verordnungen usw. erlassen werden, die insgesamt das Leben nicht immer einfacher, sondern häufig komplizierter machen. Deutschland ist mit seinen Überreglementierungen und bürokratischen Auswüchsen ja ein international bekanntes Beispiel für diesen Trend. Und dazu gehört auch die Normierung der Rechtschreibung.

Auch Rechtschreibung hat etwas mit Macht zu tun. Als man zu Beginn des 20. Jahrhunderts schon einmal eine Rechtschreibreform durchführte und „Thür“ zu „Tür“ vereinfachte, da verwahrte sich bekanntlich Kaiser Wilhelm II. gegen die Schreibweise „Tron“. „Thron“ musste bleiben, denn „an meinem Thron wird nicht gerüttelt“ – und das ist eben deutlich anders als nur tiefenpsychologisch zu verstehen. Darum muss die dienende Funktion von Normen immer wieder neu eingefordert werden – auch bei der Rechtschreibung, denn mit Verlaub: Das Reförmchen, das man uns letzthin bescherte, ist doch gewiss nur wenig dienlich. Also frage ich: Inwieweit dient uns die Rechtschreibung?

Sprachliche Verständigung ist nicht möglich, wenn Sprache nicht normiert wird; im ganzen Normgefüge des Sprachlichen ist die Rechtschreibung jedoch nur viertrangig.

Mir scheint unbestritten, dass Sprachkompetenz die wichtigste Kompetenz ist, die ein Kind sich aneignen soll. Wer über eine hohe Sprachkompetenz verfügt, kann das Leben viel besser bewältigen; wer hingegen spracharm oder gar sprachlos ist, bekommt vielfältige Probleme. Nun setzt sich aber Sprachkompetenz aus verschiedenen Faktoren zusammen, wobei es im Wesentlichen vier sind, die die zentrale Rolle spielen: Semantik, Wortschatz, Grammatik, Rechtschreibung.

Die Norm soll die Verständigung erleichtern. Wenn jemand wie in einer Kindergeschichte von BICHSEL alle Wörter anders benutzt und beispielsweise Bett statt Tisch, Tisch statt Schrank, Schrank statt Stuhl usw. sagt, kann ihn seine Umwelt nicht mehr verstehen. Sprache ist nur verständlich, sofern es gelingt, das Gemeinte so in Sprache zu fassen, dass Mitmenschen es „verstehen" können. Hierbei ist aber nicht Rechtschreibung das Entscheidende, der wichtigste Faktor ist die Semantik.

Die **Semantik** bemüht sich, die „Sache" und die Wörter, die diese Sache erläutern, möglichst nahe und genau zusammenzubringen. Damit ist Semantik die präzise Passung von Wort zu Sache. Das ist keineswegs von vorneherein gegeben – und bildet den Kern der Sprachkompetenz. Wenn die künstlerische Leistung großer Dichter bewundert wird, dann nicht zuletzt deshalb, weil ihnen trefflich gelingt, die passendsten Worte für eine Sache zu finden, sich optimal auszudrücken. Das geht leichter, wenn man über einen großen **Wortschatz** verfügt, weshalb der lexikalische Aspekt der Sprache der nächstwichtige ist. Allerdings verhält es sich mit dem Wortschatz nicht so, dass ein großer Wortschatz an sich schon den semantisch präzisen Ausdruck garantiert. Immer wieder stoße ich bei Dichtern auf Formulierungen, die ich selber nie so hätte formulieren können, obwohl der dazu erforderliche Wortschatz mir durchaus bekannt ist.

Der drittwichtigste Faktor ist die **Grammatik**. Wenn ich kompetent mit grammatikalischen Strukturen umgehe, kann ich präziser und / oder stringenter formulieren, die Verständlichkeit meiner Aussage kann gewinnen – muss es aber nicht. Denn im Unterschied zu semantischen und lexikalischen Fehlern, welche sprachliche Aussagen unverständlich machen, wird die Verständlichkeit durch grammatische „Fehler" nicht inkommensurabel verletzt, sondern lediglich erschwert.

Liest man: „Er holte ein Auto", wo es hätte heißen müssen „Er kaufte ein Fahrrad" ist diese Normverletzung gravierender als die grammatische „Ein kleines Teufel sitzte neben das Misthauf."

Solch reduziertes Normgewicht gilt auch für die **Rechtschreibung**. Wie bei der Grammatik zerstören „Fehler" nicht die Verständlichkeit, sie erschweren sie höchstens. Und weil die Rechtschreibung im Unterschied zur Grammatik, die sowohl in der mündlichen wie in der schriftlichen Sprache eine Rolle spielt, nur im Schriftbereich zum Zuge kommt, ist sie das Unwichtigste. Rechtschreibfehler verringern, wie gesagt, nicht einmal die Verständlichkeit, sie erschweren bloß die Lesbarkeit: „Ain klainer Töifl sas neben dem misthauffen." Ja, sie erschweren die Lesbarkeit – nur: Ist das wirklich soooo schlimm?

Immer wieder komme ich zu dieser Frage. Und weil ich sie im Zusammenhang mit Grundschulkindern verneine, also Rechtschreibfehler ziemlich unerheblich finde – vor allem im Vergleich zu echten Fehlern, die z.B. Unfälle oder gar Katastrophen auslösen – wundere ich mich beinahe täglich (und kopfschüttelnd) über das Gewicht, das Schule und Gesellschaft dieser Rechtschreibung beimessen. Und das wirft dann eine ganz andere Frage auf: Warum wird eigentlich das sprachlich Unwichtigste, die Rechtschreibung, so wichtig genommen, während das eigentlich Wichtige, die Semantik, im Unterricht kaum eine Rolle spielt? Das führt uns zu sozialen Aspekten der Rechtschreibung.

2) Zur gesellschaftlichen Funktion der Rechtschreibung

Wenn man vor einer Situation steht, die nicht einleuchtet, so wie hier, wo man feststellt, dass die Schule das Unwichtigste als Wichtigstes betreibt und das Wichtigste ignoriert, helfen in der Regel zwei kritisch-erschließende Fragen weiter: Woher kommt das? Wem nutzt das?

Historisch betrachtet ist die Normierung der Rechtschreibung eine junge Angelegenheit. Man hat eine verbindliche Rechtschreibung erst mit der Einführung der Volksschule festgelegt und verlangt. Vorher, als das Volk analphabetisch gehalten wurde, war Rechtschreibung persönliche Angelegenheit. Dies illustriert z.B. ein Brief aus dem 19. Jahrhundert, der in den Archiven der Universität Bern lagert. Ein bernischer Buchdrucker beklagt sich da, weil er seinen Setzern zu viele unterschiedliche Schreibungen zumuten musste: Die Herren Professoren der Universität beharrten allesamt auf einer Privatorthografie! Sich einer eigenen Orthografie zu bedienen war einst ein prestigeträchtiges Stilmerkmal, mit dem man sich von der Konkurrenz abheben konnte. Erst als „das Volk" zu schreiben begann, wurde das Schreiben normiert. Warum?

Wir wissen, dass das Recht auf Schriftgebrauch und eine allgemeine Schulung den Mächtigen abgetrotzt werden musste, denn Schrift war ein Herrschaftsinstrument. Wenn alle Leute lesen und schreiben können, ist es den Herrschenden erschwert, die Menschen unmündig zu halten. Es bestand daher kein echtes Interesse daran, sie lesen und schreiben zu lehren. Nur halbherzig wurde die Idee der Volksschule umgesetzt, Lehrer wurden kaum ausgebildet und miserabel besoldet, zumal es galt, weitere „Gefahren" des Lesen- und Schreibenkönnens zu bannen: Lesen und Schreiben ermöglichten soziale Aufsteiger und brachten den Verlust von Privilegien mit sich. Dagegen musste etwas unternommen werden. Aber was?

In einer Gesellschaft, in der angeblich jeder selber der Schmied seines Glücks ist und man sich nur anstrengen muss, um Erfolg zu haben, kann der soziale Aufstieg der Grundschicht nur behindert werden, wenn ein Leistungskriterium vorliegt, das erstens die Grundschicht schichtspezifisch benachteiligt und zweitens auch durch begabte Grundschichtkinder kaum erfüllt werden kann, da Lehr-Lernverfahren praktiziert werden, die sich – ohne dass das zunächst ersichtlich wird – kontraproduktiv auswirken. Und genau diese Bedingungen erfüllt die Rechtschreibung, nicht bloß, weil sie, was allgemein bekannt ist und allgemein „bedauert" wird, Kinder aus „schriftnahen" Milieus begünstigt, sondern vor allem, was nicht allgemein bekannt ist, weil sie didaktisch gar nicht beeinflussbar ist!

Nun müssen Sie diese Behauptungen ja nicht ungefragt akzeptieren, aber wir könnten die Annahme doch einmal machen und prüfen, ob sie zu belegen wäre:

Wenn wir Lernprozesse betrachten, dann sind das u.a. Vorgänge, die Zeit benötigen. So wird das Kind, das zu schreiben anfängt, zunächst noch nicht normgerecht verschriften – erst nach einer gewissen Zeit wird es das können. Dabei ist der Zeitpunkt, an dem das Kind über eine volle Rechtschreibkompetenz verfügt, von Bedingungen abhängt: Es spielt das Tempo eine Rolle, mit dem der Prozess verläuft; die Begleitbedingungen des Prozesses (ob motivierend, belastend usw.) sind wichtig; vor allem aber ist der Zeitpunkt, an dem das Kind zum Ziel gelangt, abhängig vom Zeitpunkt seines Startens.

Und vor diesem Hintergrund sieht man nun, dass schichtspezifische Unterschiede bestehen, denn Mittel- und Oberschichtkinder beginnen den Prozess früher. Ich habe das gleichsam in Reinkultur in meiner letzten Schweizer Schulklasse erfahren, bei Markus und Pietro.

Im Falle von Markus waren beide Eltern journalistisch/schriftstellerisch tätig und Klein-Markus bekam schon als 2-jähriger mit, dass man Papa oder Mama auf keinen Fall stören durfte, wenn sie am Computer schrieben. Schreiben war etwas sehr Wichtiges, vom Schreiben lebte die Familie. Und weil Klein-Markus wie alle Kinder eigentlich nur den einen drängenden Wunsch hatte, endlich groß und erwachsen zu sein, damit er selber über sein Leben bestimmen kann, wollte er schreiben und lesen können. Seine Eltern hatten ihm das aber nicht gestattet. Sie glaubten, ihrem Sohn einen Bärendienst zu erweisen, wenn er schon vor dem Schuleintritt lesen könnte und die Schule für den Jungen dann noch langweiliger würde, als es ohnehin zu erwarten war; trotzdem war die Motivation für Geschriebenes bei Markus da. Und als er in der Schule dann endlich schreiben durfte, da lernte er es im Nu, und es war schon nach dem ersten Quartal völlig klar, dass er in vier Jahren, wenn es um den Eintritt ins Gymnasium gehen würde, die Rechtschreibung beherrschen würde. Zugleich – und das ist nicht minder bedeutsam – wäre er auch gegen falsche didaktische Maßnahmen der Schule gefeit gewesen. Auch traditionelle Rechtschreibtrainings (die ich nicht machte) hätten ihm nichts anhaben können, denn er wäre ja stets unter den besseren Schülern gewesen, stets mit guten Noten in Diktaten, und hätte unter der Rechtschreibung nicht gelitten.

Ganz anders Pietro: Er war ähnlich intelligent wie Markus, kam aber aus einem ganz anderen Milieu. Auch Pietro hatte zu Hause eine Situation kennengelernt, in der man den Papa unter keinen Umständen stören durfte – wenn Papa am Fernsehen eine Sportsendung verfolgte. Auch Pietro hatte erlebt, dass sein Vater manchmal in einer Zeitung las. Diese Zeitung hieß „Sport" – und Klein-Pietro war infolgedessen im Rahmen des Weltbildes, das er sich machen konnte, überzeugt davon, dass Sport eine ganz wichtige Angelegenheit sei. Im Fernsehen gab es Sport auf allen Kanälen, Vater telefonierte mit Freunden und sprach über Sport, und im Dorf konnte man sehen, dass es mehrere Sportplätze gab, auf denen am Feierabend oder Wochenende Teile der Bevölkerung Sport trieben. Klein-Pietro hatte in seiner naiven Unschuld effektiv gemeint, Sport sei etwas sehr Wichtiges. Dass Lesen und Schreiben wichtig sind, hatte er erst in der Schule erfahren, und weil wir uns mochten, glaubte er mir das sogar. Er fühlte sich aber in einem Normenkonflikt zwischen Schule und Elternhaus, bis er eines Tages seinen ganzen Kindermut zusammennahm und seinen Vater in rührender Weise mit dem unerhörten Hinweis konfrontierte, der Lehrer habe gesagt, dass Sport nicht so wichtig sei. Er fürchtete schon einen Wutausbruch seines Vaters auf diese „Ketzerei" hin und war dann sehr überrascht, als der Vater ganz gelassen bestätigte, dass das so stimme, Sport sei nur die wichtigste Nebensache der Welt. Da erst begann Pietro sein Weltbild zu korrigieren, und erst jetzt begann er, Schrift als wichtig zu betrachten. Nur: Obwohl er ähnlich intelligent war wie Markus, die zwei, drei oder gar vier Jahre Vorsprung, die Markus in diesem Bereich hatte, konnte er nicht mehr einholen, schon gar nicht, wenn er in einem herkömmlichen Unterricht unter Druck geraten wäre, wenn man ihn stets am Können von Markus gemessen hätte und er dabei immer schlechter abgeschnitten hätte.

Auch Markus schrieb fehlerhaft, aber weil es deutlich weniger Fehler waren als bei Pietro, wurden sie nicht als dramatisch eingeschätzt. Auch in einem traditionellen Unterricht würde Markus nicht unter Druck geraten, man würde ihn in Frieden lassen und ihm zu verstehen geben, dass er die Rechtschreibung schon packen werde, und das wiederum würde sein Selbstbewusstsein steigern, so dass er ohne großes Zutun ins Gymnasium kommen würde – während Pietro das Ziel verfehlen würde. Pietro würde zwar eines Tages, am Ende der obligatorischen Schulzeit, die Rechtschreibung auch können, aber dann wäre es zu spät fürs Gymnasium: Sein Aufstieg aus der Grundschicht wäre erfolgreich behindert worden – mit Methoden, die geradezu perfid sind, weil alle Welt ja glaubt, mit diesen Methoden würden seine Chancen vergrößert.

Schriftferne Herkunftsmilieus, in denen nicht gelesen und geschrieben wird, liefern dem Kind kein entsprechendes Vorbild und keinen Anreiz, sich für Schrift zu interessieren. Auch wenn es der Schule später gelingt, ein solches Interesse zu wecken – den Entwicklungsvorsprung, über den Kinder aus schriftnahen Milieus in der Regel verfügen, kann das benachteiligte Kind nie aufholen. Und weil Rechtschreibung didaktisch nicht beeinflussbar ist, schlagen diese Milieuvoraussetzungen voll durch. Versucht man trotzdem, die Rechtschreibentwicklung zu beeinflussen, dann wird sie bei den benachteiligten Kindern lediglich gestört – in psychologischer Weise. Wird nämlich so getan, als ob man Rechtschreibung lehren und lernen könnte, führt das zu nichts anderem, als dass die privilegierten Kinder dank ihres unverdienten Vorsprungs dauernd Lob und Ermutigung bekommen und dadurch in ihrem Selbstbewusstsein gestärkt werden, während die benachteiligten Kinder, ebenfalls unverdient, dauernd Tadel und Schelte kriegen und in ihrem Selbstbewusstsein noch mehr zusammengestaucht werden. Grob gesagt führt diese ganze „Didaktik" zu nichts anderem, als dass den Kindern über den Umweg bewerteter Rechtschreibleistungen das Herkunftsmilieu bestätigt wird.

Die Schreibentwicklung ist ein eigenaktiver, individueller Lernvorgang, der nicht geradlinig verläuft. So konnte MAY z.B. belegen, dass man bei schwachen Rechtschreibern im Wesentlichen eine Verzögerung der Gesamtentwicklung vorfindet und nicht etwa eine andersartige Lernentwicklung, die bestimmte Übungen erfordern würde. Schreiben und Rechtschreiben folgen vielmehr einem Prozess selbstgesteuerter Strukturbildung, der im Hinblick auf das Richtigschreiben nicht durch Auswendiglernen von Wörtern oder Regeln einübbar ist. In der Fachdidaktik ist man sich heute einig, dass die Kinder Rechtschreibung am besten durch freies Schreiben und Lesen lernen und dass die „Diktatkultur", die zu nahezu 100% an den Schulen herrscht, abgeschafft gehört. Diktate sind nichts weiter als eine Form „didaktischen Selbstbetruges" (BARTNITZKY), denn Kinder bauen ihre Rechtschreibkompetenz durch „implizite" Musterbildung auf, d.h. durch eigenes „inneres" Erfahrungslernen – nicht durch Vorgaben von außen.

Auf die Frage, warum in der Schule (und in der Öffentlichkeit) ausgerechnet das unwichtigste Element der Sprache zum Selektionskriterium gemacht wurde, sei die erste Teilantwort wiederholt: Weil Rechtschreibung didaktisch gar nicht beeinflussbar ist, sondern als naturwüchsiger Selbstläufer sich entwickelt, haben wir hier ein Selektionskriterium, das in höchstem Maße schriftnahe Milieus begünstigt und schriftferne benachteiligt, d.h. wir haben den idealen Leistungsbereich, der die Mittelschicht begünstigt und damit den sozialen Aufstieg von Grundschichtkindern behindert – ohne dass dies bemerkt würde, denn der üblichen Leistungsideologie scheint dieses Vorgehen zu entsprechen: Wer sich Mühe gibt, wer sich konzentriert und tüchtig lernt, wer viel übt, der schafft es – und wer es nicht schafft, hat offenbar zuwenig geübt. „Du musst mehr üben" ist die Standardbemerkung, die man überall in Diktatheften „schwacher" Rechtschreiber findet.

So beklemmend und belastend diese Verhältnisse nun aber auch sind, sie sind nach meinem Dafürhalten noch nicht das Schlimmste. Wir müssen die Frage nochmals stellen: Warum wird der unwichtigste Aspekt der Sprache, die Orthografie so wichtig genommen, während der wichtigste, die Semantik, unter den Tisch fällt? Was steckt dahinter?

Ich erläutere an einem Beispiel:

„Ter hunt peschnubjert den gnoschen"

Ist das nicht für alle orthografischen Zwangsneurotiker ein Albtraum? Da ist ja praktisch alles falsch geschrieben ... pfui, pfui! Wer als Erwachsener so etwas schriebe, würde nicht nur mit Häme übergossen, er wäre gesellschaftlich „out", beinahe schon ein Verbrecher.

Ganz anders bei diesem Satz:

„Der Knochen beschnuppert den Hund."

Hier ist orthografisch alles korrekt ... und doch ist allen klar, hier stimmt etwas nicht. Das Beispiel zeigt, dass wir zwei verschiedene Beurteilungskriterien unterscheiden müssen: Einerseits „richtig/falsch", andererseits „wahr/unwahr" – und diese Kriterien sind nicht gleichwertig. Im Bereich der Sprache geht es aber letztlich nicht um richtig/falsch, sondern um wahr/unwahr.

Die Sprache ist ein absolutes Wunder, etwas Gewaltiges und anthropologisch höchst Bedeutsames. Die Sprache ist das wichtigste Medium unserer Kommunikation; sie ist das wichtigste Medium unseres Erkennens; sie ist das wichtigste Medium des Umgangs eines jeden Menschen mit sich selbst! Andererseits ist sie aber auch das Hauptmedium, mit dem wir uns anlügen, das wichtigste Medium unseres Irrens, das wichtigste Medium unserer Selbsttäuschungen! Sprache ist an sich weder Wahrheit noch Lüge, sondern kann stets beides sein – und deshalb kann es bei aller ernsthaften Spracharbeit nur darum gehen, die Sprache an die Wahrheit zu binden.

Doch das wollten die Mächtigen jeder Couleur, in allen Lebensbereichen, auf allen Ebenen noch nie: Menschen müssen führbar sein (verführbar!) und das geht einfacher, wenn Bevölkerungen manipulierbar sind: Mit PR-Arbeit, Propaganda, Reklame, Halb- und Glaubenswahrheiten. Das wichtigste Manipulationsmittel hierzu war bisher die Sprache. Und auch wenn neuerdings die Manipulation durch Bilder immer mehr um sich greift, Manipulation durch Sprache wird ein wesentliches Machtmittel bleiben. Beispiele können schier beliebig viele beigebracht werden – von der Bezeichnung „Hausbeamtin" für Putzfrau bis zum „Entsorgungspark" für ein Atommülllager.

Einleuchtend, dass Manipulationen besser verfangen, wenn die Menschen sprachlich nicht sensibilisiert sind, weil sie kaum auf semantische Präzision achten. Und damit das nicht passiert, werden sie schon als Schulkinder vom Eigentlichen abgelenkt: Man richtet die Aufmerksamkeit auf das

„richtig/falsch“ der Orthografie, damit man die Dimension „wahr/unwahr“ umso besser ausklammern kann. Hierher gehört übrigens auch die weitverbreitete, sachlich aber nicht gerechtfertigte Wertschätzung, die in der Grundschule das Geschichtenschreiben erfährt, während etwa die genaue Schilderung eigener Beobachtungen oder die präzise Darstellung tatsächlicher Ereignisse bzw. Sachverhalte kaum eine Rolle spielt. Man spricht von Fantasieförderung und übersieht, dass eigentliche Kreativität nicht in der freiflottierenden Produktion irgendwelcher Gedankenassoziationen liegt, sondern in der Leistung, im Tatsachengefüge der Welt jenen Spalt aufzuspüren, durch den man aus dem Gefängnis eines Problems herausfindet.

Nun wäre zu den vorstehend erörterten Zusammenhängen noch vieles nachzutragen, aber da ich hier keinen gesellschaftskritischen Text vorlege, möchte ich lediglich noch auf einen Punkt eingehen, den ich das „sozialdemokratische Dilemma“ nenne. Dieses dokumentiert Peter MAY – womöglich unbeabsichtigt? – in seinem Artikel „Rechtschreibleistungen / Versagt die Schule?“ in der GRUNDSCHULZEITSCHRIFT 89/1995. MAY belegt für mich zwei wichtige Tatsachen:

Zum einen hat sich in den letzten Jahren bei Rechtschreibleistungen die Streuung vergrößert; d.h., bei gleichgebliebenem Mittelwert stieg sowohl die Anzahl der Kinder mit guten Leistungen wie auch die der Kinder mit schlechten.

Zum zweiten bestätigte sich erneut, dass sich nach der Grundschule die SchülerInnen entsprechend ihren Rechtschreibleistungen auf die verschiedenen Schulformen verteilen. In die Gymnasien kommen fast nur Kinder mit guten Rechtschreibleistungen, während in der Hauptschule die Kinder mit den schwachen Leistungen landen. Noch immer ist die Schullaufbahn relativ stark an eine entsprechende Rechtschreibleistung gekoppelt. Es gelingt also „der Schule nicht (wie in der Schulreformbewegung der 70er Jahre angenommen wurde), die Benachteiligung der Kinder mit ungünstigen Lernvoraussetzungen auszugleichen.“

Aus diesen Befunden zieht MAY den Schluss, dass die Schule den Rechtschreibunterricht intensivieren müsse, während mir genau das Gegenteil geboten erscheint. In der Tatsache einer größeren „Streuung“, d.h. also im Trend, nach dem die guten SchülerInnen in der Rechtschreibung immer besser, die schwachen immer schwächer werden, sehe ich einen Beleg für meine These: Je mehr die Schule die Rechtschreibung didaktisch trainiert, umso schlechter werden die Rechtschreibleistungen – vorab der schwachen SchülerInnen.

Eine „sozialdemokratische“ Bildungspolitik, die den Ausgleich ungleicher Bildungschancen anstrebt, tappt in eine Falle, wenn sie sich die Bedingungen des politischen Gegners aufzwingen lässt und den Rechtschreibunterricht intensiviert. Nach allen bisherigen Erfahrungen führt das stets zu einer zusätzlichen Didaktisierung, die für das benachteiligte Kind alles nur noch verschlimmert. Weil Rechtschreibung bislang das entscheidende Selektionskriterium war, meint man offenbar, das benachteiligte Kind müsse besonders mit Rechtschreibung traktiert werden. Dabei ist doch seit Jahrzehnten offensichtlich, dass dies kontraproduktiv ist und nicht funktioniert.

Den zeitlichen Entwicklungsvorsprung des Mittelschichtkindes kann das Grundschichtkind aus „schriftfernem Milieu“ nie einholen, schon gar nicht, wenn ihm über regelmäßige Leistungsvergleiche dieser Vorsprung immer wieder vorgehalten wird. Rechtschreibunterricht, von wohlwollenden Erwachsenen als Chance für benachteiligte Kinder gemeint, ist daher bei Grundschichtkindern immer kontraproduktiv. Er langweilt, belastet und bedrückt sie, verleidet ihnen die Schule im Ganzen und treibt sie in eine allgemeine Demotivation. Die dauernden Hinweise auf ihre Fehler untergräbt ihr Selbstwertgefühl und lässt sie resignieren – das Gegenteil dessen, was man zu wollen vorgab.

Ich habe mich immer wieder gefragt, warum ausgerechnet Sozialdemokraten besonderen Wert auf die Rechtschreibung legen, warum ausgerechnet in der früheren „sozialistischen“ DDR – bis heute nachwirkend – Rechtschreibung das Hauptfach war? Ich habe keine abschließende Antwort, vermute aber, dass eine Art „kleinbürgerliche Scham“ der Grund sein könnte. In den letzten Jahrzehnten war ja das Hauptproblem der Grundschicht nicht ihre materielle Lage, sondern ihre soziale Deklassierung. Ihr Ansehen ist schlecht, weshalb der Prestigehunger weitverbreitet ist. Mittelständische Normorientierung samt zugehöriger Statussymbole sind angesagt. Und Rechtschreibung ist ein solches Statussymbol. Sie ist die vermeintliche Eintrittskarte „nach oben“ – und an diese Illusion klammert man sich umso mehr, je deutlicher sich zeigt, dass niemand diese Eintrittskarte schafft: Leider – man kann es vierteljährlich irgendwo lesen – werden die Rechtschreibleistungen der Kinder immer schlechter. Dabei wäre alles ganz einfach. Grundschichtkinder, die, eingesperrt in beengenden, bedrängenden Wohnverhältnissen, in einem „dumpfen Weltbezug“ leben, leiden nicht an mangelhafter Rechtschreibung, sondern unter fehlender Anerkennung. Gerade aber Anerkennung können sie im Rechtschreibunterricht kaum bekommen.

Das groteske Missverhältnis zwischen Aufwand und Ertrag des herkömmlichen Rechtschreibunterrichts, die vielen Rechtschreibübungen und zugleich die vielen Rechtschreibfehler, dazu die weitgehende Erfolglosigkeit sogenannter Legasthenietherapien, müssten eigentlich schon längst zu denken geben. Die Schwierigkeit des Lerngegenstandes Orthografie ist nämlich als Erklärung nicht ausreichend. Alle LehrerInnen kennen einzelne Schüler, die ohne besonderes Training mühelos zur Rechtschreibung gelangen. Bei diesen Kindern entwickelt sich die Rechtschreibkompetenz „von selbst“. Das wäre auch bei den anderen Kindern der Fall, man müsste sie bloß didaktisch in Ruhe lassen.

3) Zur Entwicklung der Rechtschreibkompetenz
Welche Konsequenzen können realistischerweise aus dem Vorgesagten gezogen werden? Die Abschaffung der Rechtschreibung steht ja nicht an. Ich möchte an dieser Stelle denn auch klar betonen, dass ich nichts gegen die Orthografie habe und es durchaus für nützlich erachte, wenn Kinder ohne Fehler schreiben. Die strittige Frage bleibt, was zu tun wäre, damit Kinder Rechtschreibung erwerben. Und da scheint mir, wir müssten lediglich auf den kontraproduktiven Rechtschreibunterricht verzichten und das Feld voll und ganz den Selbststeuerungskräften im Kind überlassen. Halten wir noch einmal fest:

In den letzten 20 Jahren sind zwar nicht die Rechtschreibleistungen im ganzen, wohl aber die der schwächeren Schüler messbar und nachweislich gesunken. Zugleich wurden die didaktischen Anstrengungen erhöht. Vergleicht man die Verlagsangebote aus den 60er Jahren mit denen von heute, dann fällt einmal auf, dass wir ein reichhaltigeres Angebot haben, und es fällt zum zweiten auf, dass die Hinführung zu bewusstem Regellernen zugenommen hat. Nun fragt sich natürlich, ob ein Zusammenhang besteht zwischen der Abnahme der Rechtschreibleistungen eben jener Kinder, für die Rechtschreibung als besonders wichtig angesehen wird, und der Zunahme didaktischer Bemühungen, und es fragt sich, falls ein Zusammenhang besteht, in welcher Weise? Wäre der Rückgang noch gravierender, wenn wir die rechtschreib-didaktischen Anstrengungen nicht gesteigert hätten? Oder ist der Rückgang womöglich geradezu durch diese Intensivierung der Rechtschreibdidaktik verursacht?

Mir scheint das Letztere der Fall und ich wundere mich, warum das nicht allgemein so gesehen wird, denn im Falle besonderer Rechtschreibschwäche, im Bereich der sog. Legasthenie, ist es doch wissenschaftlich längst erwiesen, dass hier fast alles didaktogen verursacht wurde.

Wer will, dass Kinder Rechtschreibkompetenz erwerben, muss – ich wiederhole meine These – die Entwicklung der Rechtschreibung in Ruhe lassen, darf didaktisch nicht eingreifen (jedenfalls nicht direkt). Wer trotzdem Übungen und Trainings anbietet, müsste das begründen. Nun gibt es bisher aber keine überzeugende Begründung, theoretisch schon gar nicht und durch Praxiserfolge auch nicht. Vor jeder irgendwie gearteten didaktischen Maßnahme muss nämlich vorher das zugrundeliegende Lernverständnis geklärt sein. Dabei lautet die entscheidende Frage: Was bedeutet es, die Rechtschreibung zu lernen? Was wird da eigentlich wie gelernt?

Diese Fragen sind keineswegs geklärt. Die Wissenschaft ist ihnen zwar auf der Spur und hat einige gängige Irrtümer korrigiert, aber da sie die Praxis kaum erreicht, können wir diese wissenschaftlichen Erkenntnisse im Hinblick auf die Praxis zunächst einmal ausklammern. Die gängige Schulpraxis andererseits leidet zwar unter der weitgehenden Erfolglosigkeit ihrer Rechtschreibbemühungen, doch macht sie das nicht stutzig. In den Köpfen der LehrerInnen geistert noch immer die unsägliche „Wortbildtheorie" herum: die Kinder müssen sich die richtigen Wortbilder einprägen und wenn sie alle Wörter der Sprache als „Bilder" „auswendig" gelernt haben, können sie rechtschreiben! Entsprechend zeigt man den Kindern richtige Schreibungen, manchmal zusätzlich noch an Regeln orientiert, und die sollen dann wiederholt und wiederholt geschrieben werden (meist im Rahmen „lustiger" Übungen) bis sie gedächtnismäßig sitzen. Leider funktioniert dieses Verfahren nicht zufriedenstellend. Auch wer es gewissenhaft betreibt, muss zugeben, dass der Erfolg zweifelhaft bleibt. Einige Kinder können zwar anschließend die Rechtschreibung – wobei man gerade bei denen den Eindruck bekommt, sie hätten dies auch ohne ausdrückliches Üben bewältigt – aber andere machen kaum Fortschritte, bei ihnen scheint all das ausgeklügelte Training mit Rechtschreibkarteien und Übungsheften und Computerprogrammen wenig zu fruchten.

Sich darüber zu wundern ist nutzlos, denn dieses Verfahren kann gar nicht gelingen: Es setzt eine bestimmte Funktionsweise des Gedächtnisses voraus, nämlich die, dass wir unser Gedächtnis willentlich steuern könnten, doch gerade das ist nicht der Fall.

Als ich vor Jahren in Möhlin als Lehrer eingestellt wurde, kannte mich in diesem Dorf kein Mensch, niemand hatte eine Ahnung, welche Pädagogik und Didaktik ich vertrete, so dass ich wusste: Wenn ich hier Boden bekommen will, um in meiner Art erfolgreich zu arbeiten, dann muss ich die Leute zuerst vom Rechtschreibwahn kurieren. Ich schrieb deshalb in den ersten Tagen den Eltern eine Einladung zu einem Elternabend, teilte aber mit, dass ich diesen erst in etwa 4 Wochen abhalten möchte, damit ich vorher die Kinder etwas kennenlernen könnte. Zeitgleich führte ich ein erstes Diktat durch. Unvorbereitet wurde es an die Kinder herangetragen. Alles Falschgeschriebene wurde sodann rot angestrichen, es wurden die Fehler zusammengezählt, eine Note erteilt, die Kinder mussten das Diktat von den Eltern unterschreiben lassen und alle Fehler im Korrekturheft dreimal verbessern.

Dieses in jeder Hinsicht unqualifizierte Vorgehen hat damals niemanden gestört, außer mich und die Kinder, es war verbreitet und allgemein akzeptiert. Was die Leute jedoch irritierte, war, dass ich am nächsten Tag das gleiche Diktat nochmals diktierte, wieder alle Fehler rot anstrich sowie die Unterschrift der Eltern und die dreimalige Korrektur alles Falschgeschriebenen verlangte. Und um dem ganzen die Krone aufzusetzen zog ich dieses „Zeremoniell“ am dritten Tag ein drittes Mal durch. Dann hörte ich auf, denn in einigen Familien geriet der familiäre Friede unter Druck. Die Wellen, die das Ganze schlug (weil die Kinder trotz allen Übens und Verbesserns nach wie vor Fehler machten) beruhigten sich dann bis zum Tag des Elternabends, da aber ließ ich das Diktat ein viertes Mal schreiben.

Damit konnte ich am Elternabend allen Eltern von ihrem Kind vier Diktate zum gleichen Text vorlegen und alle konnten zur Kenntnis nehmen, was sich abgespielt hatte: Vom ersten zum zweiten Diktat verringerte sich im allgemeinen die Fehlerzahl, vom zweiten zum dritten ebenfalls, aber beim vierten Test, vier Wochen später, war alles wieder so wie bei Diktat Nr. 1. Mit anderen Worten: Die vermeintlichen Lernfortschritte aufgrund von Verbesserungen und lehrerlich/elterlichen Hinweisen auf orthographische Regeln erwiesen sich als kurzzeitig und instabil.

Durch dieses Vorgehen gewann ich bei den Eltern Freiraum. Sie wussten nun, dass ich die Rechtschreibung nicht vernachlässigte, wenn ich den üblichen Weg über Diktate und Verbesserungen nicht ging, hatten sie doch selber gesehen, dass das übliche Verfahren in Frage zu stellen ist. Die Eltern wollten natürlich wissen, warum dieses weitgehend wirkungslos blieb, und ich erklärte es ihnen: Wir können unser Gedächtnis nicht willentlich steuern.

Das Gedächtnis ist eines der größten Wunder des Lebens. Es ist das Gedächtnis, das unser Identitätsgefühl stiftet und aus unserem Leben eine Biografie werden lässt; es ist das Gedächtnis, das soziale Gemeinsamkeit und Kultur ermöglicht und der Menschheit eine Geschichte schenkt. Daher ist etwas vom Entsetzlichsten, was einem Menschen widerfahren kann, nach einem Unfall oder einer schiefgelaufenen Narkose aufzuwachen und nicht mehr zu wissen, wer man ist.

Von den Gedächtnisfunktionen ist in unserem Zusammenhang dreierlei von Belang:

- Das Gedächtnis funktioniert weitgehend autonom und entzieht sich einer willentlichen Beeinflussung.
- Das Gedächtnis ist als Teil des Menschseins genetisch gesehen noch immer das Gedächtnis eines Steinzeitmenschen.
- Das eigentlich Erstaunliche am Gedächtnis ist nicht seine Fähigkeit zum Erinnern, sondern die Tatsache, dass es vergessen kann.

Ursprünglich sah man das Wunder des Gedächtnisses darin, dass es erinnern kann; heute sieht man das Entscheidende im Vergessen. Zur Zeit orientiert man sich an einem Modell, wonach im Gedächtnis zunächst alles, was sich überhaupt ereignet (Gedanken, Erlebnisse, Umwelteindrücke usw.) gespeichert wird. Weil aber die Speicherkapazität nicht unbeschränkt ist, kommt es anschließend darauf an, das Wichtige vom Unwichtigen zu trennen und das Unwichtige wieder zu vergessen.

Nun ist aber der moderne Mensch, trotz Computer und Lasertechnik usw., genetisch noch immer ein Steinzeitmensch. Und weil unser Gedächtnis autonom funktioniert, sich nur bedingt beeinflussen lässt, funktioniert es nach Kriterien der Steinzeit. D.h.: Wenn das Gedächtnis nach „wichtig/unwichtig" sortiert, dann sortiert es aus der Perspektive eines Steinzeitmenschen. Was heißt das?

Nehmen wir als Beispiel Charlotte, jenes Mädchen, das es fertig brachte, bei den drei Diktaten in Folge von Mal zu Mal mehr Fehler zu produzieren. Charlotte kam aus einer Familie, in der die Rechtschreibung das wichtigste Bildungsgut überhaupt war; weil sie aber in Rechtschreibung Probleme hatte, stand sie unter großem Druck. Sie hatte „Wasser" nur mit einem „s" geschrieben, und da sagten ihr der Lehrer, die Mutter und der Vater das sei falsch (so wie man ihr auch alle anderen Fehler mitteilte). Dreimal schrieb sie daher im Verbesserungsheft „Wasser" richtig, und damit das auch fruchtet, hatte ihr der Vater noch ein privates Verbesserungsheft aufgegeben, in dem Fehler fünfmal zu verbessern waren. Und schließlich hatte Charlotte – das wusste damals gar niemand – in ihrer Not noch ein eigenes, „heimliches" drittes Verbesserungsheft.

Charlotte also war nach dem Diktat den ganzen Nachmittag bis zum Abend unter Druck beschäftigt und verängstigt. Als sie endlich zu Bett konnte, war sie aber ihrem Problem nur vermeintlich für eine Weile entronnen. Denn nun trat ihr Steinzeitmenschen-Gedächtnis in Aktion. Wäre dort die Information eingegeben worden: „Im südlichen Birkenwäldchen gibt es reife Heidelbeeren", so wäre dies prioritär gespeichert worden und am nächsten Morgen wäre das nach dem Aufwachen der erste Gedanke gewesen. Stattdessen lag da aber die Information, dass man „Wasser" mit zwei „s" schreibe. Nun ist das halt für einen Steinzeitmenschen eine absolut belanglose Information – und wird folgerichtig gelöscht. Und am nächsten Tag schreibt Charlotte im Diktat wieder „Waser" – unschuldig, nicht, um ihren Vater oder Lehrer zu ärgern, denn den Ärger bekam ja sie.

Ich will nicht behaupten, dass man das Gedächtnis überhaupt nicht beeinflussen könne. Wenn Charlotte sich tagtäglich „einprägt", dass man „Wasser" mit zwei „s" schreibt, wird irgendwann einmal diese Information doch als wichtig gespeichert und für den Rest ihres Lebens hat Charlotte mindestens dieses Problem gelöst. Nur – sich den ganzen Wortschatz so „einprägen" zu wollen, das geht nicht.

Trotzdem handelt man in Schule und Elternhaus noch immer so, als ob bei der Rechtschreibung „Wortbilder" gespeichert würden, deren gedächtnismäßige Verankerung durch häufiges Abschreiben quasi zwangsläufig garantiert werden könne. Doch liegt gerade hier ein zweifacher Irrtum:

Erstens erfolgen Speicherungen in unserem Gedächtnis nicht automatisch. Zwar weiß die Gedächtnispsychologie noch nicht erschöpfend, wie ein Eindruck vom Kurzzeit- ins Langzeitgedächtnis überführt und für das Erinnern verfügbar gespeichert wird. Und solange wir nichts Genaues über die entsprechenden Prozesse wissen, können wir sie auch nicht steuern. Nur eines wissen wir: Ins Langzeitgedächtnis wird lediglich übernommen, was uns, bzw. dem Gedächtnis wichtig ist. Nun ist aber die Rechtschreibung ursprünglich – bzw. biologisch gesehen – für unser Überleben unwichtig. Wichtigkeit kann sie nur durch eine spezifische Motivation bekommen, gerade aber die Motivation findet sich im traditionellen Rechtschreibunterricht eher geschwächt als gestärkt.

Zweitens erfolgen Speicherungen in unserem Gedächtnis nicht in Form von „Wortbildern". Wir schreiben nicht aus einem Speicher heraus, der quasi Archivbilder zur Verfügung stellt, sondern wir haben Konstruktionsregeln gespeichert und rekonstruieren Erinnerungen immer wieder frisch. Wären „Wortbilder" gespeichert, dann müssten alle im bekannten Seh-Test von Heiko BALHORN gut abschneiden[1].

Bei diesem Test geht es darum, bekannte Firmenlogos, die wir alle schon tausende Male gesehen haben, als „Bilder" wiederzugeben. Das gelingt aber in der Regel nicht, und zwar deshalb, weil viele dieser Logos von allgemeinen Schreibregeln abweichen (um so gegenüber der Konkurrenz zusätzliche Aufmerksamkeit zu erzeugen). Hätten wir „Wortbilder" gespeichert, müsste das ohne besondere Anstrengung funktionieren.

Die entscheidende Erkenntnis, welche Psychologie und Gehirnforschung über das Funktionieren unseres Gedächtnisses gewonnen haben, lautet: Wir erinnern Ereignisse, Gespräche, Musikstücke, Bilder usw. nie umfassend und mit allen Einzelheiten wie z.B. ein Dokument oder eine Filmaufzeichnung. Unser Gedächtnis speichert lediglich ein paar Fix- bzw. Anhaltspunkte, von denen aus wir unsere Erinnerungen rekonstruieren. Wir erinnern also gar keine Ereignisse/Situationen usw., sondern „erfinden" sie gleichsam aus einigen Grunddaten heraus immer wieder von Neuem.

Wenn nun aber im Falle der Rechtschreibung gar keine „Wortbilder" gespeichert werden, dann tauchen doch zwei Fragen auf:

- Warum orientiert sich die gängige Schulpraxis (und – was ja eigentlich noch viel bedenklicher ist – die gängige Lehrerausbildung und Schulaufsicht) immer noch an der Wortbildtheorie?

- Wenn keine „Wortbilder" gespeichert werden, was dann? Genauer: was ist denn „im Kopf drin" der „orthografische" Unterschied zwischen einem kompetenten und einem inkompetenten Schreiber?

---

[1] vgl. bei BALHORN, H. / BRÜGELMANN, H. (Hrsg.): Jeder spricht anders, Faude Verlag, Konstanz 1989, S. 194.

Zur ersten Frage:
Eigentlich widerstrebt mir, zur Wortbildtheorie auch nur noch eine einzige Überlegung anzustellen. Wissenschaftlich gesehen wurde dazu in den letzten Jahren alles gesagt, was zu sagen wäre: In der Populärversion, wie sie noch immer in vielen Köpfen herumgeistert, ist sie schlicht falsch! Sie ist, begründet von BORMANN anno 1840 (!) der älteste „didaktische Dinosaurier", der noch in den Schulen lebt; kein anderes didaktisches Konzept das heute noch alltäglich praktiziert wird, ist so alt wie die Wortbildtheorie. Doch trotz aller wissenschaftlicher Belege dagegen, lebt sie munter fort. Da drängt sich mir der böse Verdacht auf, dass man – wie bereits oben erörtert – diese falsche Theorie aus „politischen" Gründen aufrecht erhält: Durch eine falsche Didaktik kann man möglichst viele (Grundschicht-)Kinder orthografisch scheitern lassen.

Zur zweiten Frage:
Der „orthografische" Unterschied zwischen einem kompetenten und einem inkompetenten Schreiber ist schlicht der, dass der kompetente Schreiber so schreibt, wie es bislang der Duden vorschrieb, und der inkompetente nicht. Maßstab ist die Duden-Norm. Was aber ist die Duden-Norm? Eine Wörtersammlung? Wohl kaum. Der Duden ist im Wesentlichen ein Regelwerk, das festlegt, wie die Schreibung deutscher Sprache zu erfolgen habe. Jährlich wächst ja die Sprache um neue Begriffe – eine „Diskette" z.B. gab es zu meiner Schulzeit noch nicht – und anhand der Duden-Regeln lässt sich normieren, wie diese neuen Ausdrücke/Begriffe jeweils zu schreiben wären.

Der kompetente Rechtschreiber folgt diesen Regeln, und zwar wendet er sie ohne bewusste Überlegung an, d.h. er schreibt „automatisch" richtig. In diesem Verhalten liegt auch kein Problem. Die Frage ist, wie man ein kompetenter Rechtschreiber wird. Muss man sich, wie ein Teil der neueren Rechtschreibdidaktik postuliert, die Duden-Regeln bewusst aneignen, d.h. irgendwie „auswendig" lernen und danach durch regelmäßigen Gebrauch (d. h. Üben), so geläufig „verinnerlichen", bis sie eines Tages „automatisiert" sind – oder laufen hier andere Prozesse ab?

Ich selber habe als Kind keine Regeln vorgesetzt bekommen, musste also auch keine lernen, und Angst vor falschen Wortbildern hatte mein

Grundschullehrer, so weit ich mich erinnern kann, auch nicht. Wir betrieben im Grunde gar keinen ausdrücklichen Rechtschreibunterricht. Wir waren lediglich aufgefordert, „keine Fehler“ zu machen. Schrieben wir trotzdem Fehler, mussten wir Falschgeschriebenes in einem Verbesserungsheft fünfmal richtig schreiben – und das wars dann. Man baute auf „Sprachgefühl“, und als Lehrer hielt ich das später auch so. In meinem Unterricht waren nie Regeln im Spiel. Trotzdem beherrschten die Kinder, die ich unterrichtet hatte, die Rechtschreibung so gut bzw. so schlecht wie andere. Ich schließe daraus, dass offenbar unser „Verstand“ bzw. unser „Gehirn“ diese Regeln „außerbewusst“ kennt und das Schreiben „automatisch“ an diesen Regeln ausrichtet: Wir verfügen „implizit“ über das entsprechende Wissen und Können. Deshalb sind kompetente Rechtschreiber auch im Stande, Wörter, die sie noch nie im Leben vorher gesehen oder gehört haben, auf Anhieb richtig zu schreiben. Am „Landesinstitut für Schule und Weiterbildung“ in Soest (NRW) hat Rüdiger URBANEK ein entsprechendes Diktat entwickelt, in dem spezielle Kunstwörter vorkommen, also Wörter, die wir noch nie im Leben gehört haben, die wir aber trotzdem auf Anhieb richtig schreiben, d.h. so, wie es den Dudenregeln entspricht.

Dabei ist entscheidend, dass wir aufgrund eines „impliziten“ Regelwissens richtig schreiben, denn wer mit bewusst auswendig gelernten Rechtschreibregeln, die er bewusst prüfend an jedes Wort heranträgt, ein Diktat bewältigen sollte, dem wird das (schon allein vom Tempo her) niemals befriedigend gelingen. Nur – was ist hieraus die Konsequenz?

4) Überlegungen zu einer angemessenen Didaktik der Rechtschreibung

Es stimmt zwar, dass Rechtschreibung eigentlich etwas Unwichtiges ist, es stimmt, dass sie heute weitgehend an den Computer delegiert werden kann, und es stimmt leider auch, dass der übliche Rechtschreibunterricht wenig erfolgreich ist, die Grundschularbeit enorm belastet und vielen, viel zu vielen Kindern nichts anderes als massive Selbstwertstörungen „beschert“. Trotzdem ist Rechtschreibung noch immer das heimliche Hauptfach.

In einer solchen Situation leistet man Kindern natürlich keinen Dienst, wenn sie nicht richtig schreiben können. Deshalb behalte auch ich die

Rechtschreibung „im Blick". Dabei ist *Lesen durch Schreiben* mein „Konzept" eines kind- und sachangemessenen Schriftspracherwerbs. Als Leselehrgang hat sich dieses Konzept durchgehend bewährt und im Urteil der Lehrerschaft sind auch die Rechtschreibleistungen der Kinder vergleichbar. Diesem Konzept – das wissen Sie bereits – liegt die Idee zugrunde, den Schriftspracherwerb zu orientieren am früheren Sprechspracherwerb. Ausgangspunkt ist die These, dass der Schriftspracherwerb ähnlich verläuft wie der Sprechspracherwerb, dass also die (wie auch immer gearteten) Lern-, Reifungs-, Entwicklungs-, Aneignungs- und/oder Entfaltungsprozesse von Schrift- und Sprechspracherwerb vergleichbar sind.

Diese Parallelität lässt sich auch unter dem Aspekt der Normierung postulieren, denn auch unter dem Aspekt der Norm ist es ja so, dass kleine Kinder am Anfang ihres eigenen Sprechens „Fehler" machen: Sie artikulieren nicht richtig, benutzen Wendungen und Ausdrücke, die es so nicht gibt, und machen Deklinations- und Flexionsfehler. Auch beim Sprechspracherwerb wird zu Beginn die Norm verfehlt – doch hier, bei den kleinen Kindern, gehen wir mit Normverletzungen ganz anders um, als später in der Schule.

Während einer Bahnfahrt reiste ich vor Jahren im gleichen Abteil wie eine Mutter mit ihrem kleinen Jungen. Die Mutter strickte, der Junge „las" Bussi Bär, ich döste vor mich hin. Da wurde über den Lautsprecher mitgeteilt, es habe jemand im Speisewagen seine Schlüssel liegen lassen und möge sich dort melden. Der Junge hat das wohl nur halb mitbekommen, weshalb er seine Mutter fragte: „Wo sitzte der Mann?" Die Mutter reagierte – aber absolut unprofessionell: Sie strickte ruhig weiter und meinte „im Speiseraum". Sie hat (a) nicht mit einem ganzen Satz geantwortet, (b) ihrem Sohn nicht mitgeteilt, dass es „saß" heißt, nicht „sitzte", sie verlangte (c) nicht, dass er die falsch formulierte Frage korrekt wiederhole, schon gar nicht wie (d) in Schulen üblich dreimal. Sie ignorierte den Fehler einfach und befürchtete nicht, mit ihrem unprofessionellen Verhalten das Abitur ihres Kindes zu gefährden. Erst wenn das Kind in der 1. Grundschulklasse „hun" schreibt, statt „Huhn", gilt das Abitur als gefährdet.

Eltern, die liebe- und verständnisvoll die sprechsprachlichen Normverletzungen ihrer Kinder ignorierten oder zumindest unaufgeregt darauf reagierten, sind plötzlich unansprechbar, wenn es um die Toleranz gegenüber Schreibfehlern geht. Dabei haben wir doch alle erfahren können, dass sich die Norm beim Sprechspracherwerb „von selbst" einstellt, ohne dass man viel dazu tun müsste. Natürlich hätte die Mutter in meinem Beispiel auch anders reagieren können. Eine Lehrerin hätte wahrscheinlich geantwortet: „Ich weiß es nicht genau. Ich glaube er saß im Speiseraum." Aber auch in diesem Falle wäre das Kind höchstens beiläufig und indirekt „korrigiert" worden.

Es wurde schon im Kapitel IV, Abschnitt 5 erörtert: Die Entwicklung zum mehr oder weniger normadäquaten Sprechen vollzieht sich „von selbst", jedenfalls ohne die Beteiligung didaktischen Fachpersonals, das curricular aufbereitete Lerntrainings mit den Kindern durchführt. Mit anderen Worten: Die Entwicklung der Sprechsprachkompetenz ist weitgehend ein didaktischer Selbstläufer.

Das Analoge gilt nun aber auch für die Entwicklung der Schriftsprache. Auch der Aufbau von Rechtschreibkompetenz wäre ein didaktischer Selbstläufer, sofern man die entsprechenden Prozesse wirklich selbst laufen lassen würde. Diesen Mut hatte bisher niemand – auch ich nicht – so dass diese These vorderhand unbewiesen, d.h. eine Hypothese bleibt. Doch es gibt zugunsten dieser Hypothese einige Indizien. So ist belegbar und belegt, dass Rechtschreibtrainings kontraproduktiv sind – sie verletzen ein Grundgesetz der Lernpsychologie, indem sie sogenannte „retroaktive Hemmungen" erzeugen. Ein Großteil der Rechtschreibfehler, mit denen wir uns plagen, sind daher didaktogen – durch die Didaktik erzeugt. Wie groß der Anteil didaktogener Rechtschreibfehler im Ganzen ist, vermag ich freilich nicht abzuschätzen, ich vermute aber, er sei beträchtlich. Warum?

Vor vielen Jahren machten wir im Kanton Zürich einen kleinen Versuch, der zwar wissenschaftlich nicht „stubenrein" war, trotzdem aber erzählenswert. In einer gemeinsamen Veranstaltung wurden die Kinder aus vier 3. Klassen zu Beginn des Schuljahrs auf die Wichtigkeit der Rechtschreibung hingewiesen. Zugleich wurde den Kindern mitgeteilt, dass man nicht abschließend wisse, mit welchen Methoden Rechtschreibung garantiert angeeignet werden könnte. Daher solle die Wirksamkeit neuer Trainings erprobt werden, indem man in zwei Klassen ein Jahr lang diese neuen Methoden einsetzt und in den beiden anderen Klassen nicht, damit am Schluss die Wirksamkeit dieses Trainings feststellbar sei.

Zwei Klassen bekamen daraufhin ein Jahr lang während zweier fest im Stundenplan vorgegebener Stunden gezieltes Rechtschreibtraining, während die Kinder der beiden „Kontroll"-Klassen in dieser Zeit ausdrücklich spielen durften. Um einen allfälligen Effekt festzustellen, wurden alle Kinder zu Beginn des Jahres einem normierten Diktat unterzogen und am Ende des Jahres wurde das gleiche Diktat wiederholt. Errechnet wurde sodann eine Art Lernzuwachs als Äquivalent der feststellbaren Fehlerreduktion, und da stellte sich nun unerwarteterweise heraus, dass die Kinder der beiden „Spielklassen" mehr Fortschritte gemacht hatten als die Trainingsklassen.

Wie erwähnt, war dieser Versuch nicht „stubenrein". Zum einen war die Stichprobe zu klein und nicht repräsentativ, zum andern war den Kindern bekannt, dass ihre Kameraden in den beiden speziellen Stunden üben mussten bzw. spielen durften. Inwieweit dieses Wissen Einfluss hatte, war nicht eruierbar. Vielleicht hatten die Spielkinder heimlich und freiwillig zu Hause geübt, in der Befürchtung, man würde ihnen die geliebten Spielstunden wieder nehmen, wenn sie in der Rechtschreibung versagten; vielleicht mussten die Spielkinder auf Druck der Eltern zu Hause vermehrt arbeiten; vielleicht waren die Kinder der Trainingsklassen „sauer" und kaum mehr für Rechtschreibung motiviert, hatten eine Aversion entwickelt, die kontraproduktiv wurde; vielleicht aber wiegten sie und ihre Eltern sich auch in einer falschen Sicherheit, indem sie glaubten, mit zwei Extra-Rechtschreibstunden pro Woche könne ja eigentlich nichts mehr schief gehen, so dass sie auf häusliche Zusatztrainings verzichteten. Doch wie dem auch sei – für mich bleibt verblüffend, dass ein einjähriges, ausführliches, systematisches schulisches Rechtschreibtraining praktisch wirkungslos blieb und daher hatte ich auch noch nie Probleme, mich der Meinung von GRAVES anzuschließen, der meinte: „Kinder lernen das (Recht-)Schreiben am schnellsten, wenn man darauf verzichtet, es ihnen beibringen zu wollen."

Bis eine solche Einsicht die Schule und die Eltern (!) erreicht, muss noch viel Überzeugungsarbeit geleistet werden. Vor allem zweierlei ist zu tun:

1. Die Grundschule muss aufklären, aufklären, aufklären, d.h. bei jeder Gelegenheit gegenüber Eltern, Behörden, Anschlussschulen usw. deutlich und nachdrücklich auf den „Preis" hinweisen, den die Kinder „bezahlen" müssen, um so etwas Unwichtiges wie Rechtschreibung zu trainieren. Der Preis variiert individuell: Gute Rechtschreiber bezahlen, indem sie sich langweilen und weniger Möglichkeiten haben, sich im Unterricht mit wirklich bildenden Unterrichtsgegenständen auseinanderzusetzen – die Zeit, in der im Unterricht Rechtschreiben angesagt ist, steht für Kunst, Musik oder Sachunterricht nicht mehr zur Verfügung. Schwache Rechtschreiber bezahlen zusätzlich (denn auch ihnen wird Zeit für Wesentlicheres gestohlen) durch Selbstwertverlust, Ängste, psychosomatische Störungen usw. – was soll ich hier all die Belastungen nochmals aufzählen … .

2. Die Grundschule muss den Rechtschreibunterricht auf „Selbststeuerung" umstellen. Es ist hier nicht der Ort, dieses im Einzelnen darzulegen, der Hinweis auf das Prinzipielle muss genügen:

- Die Kinder müssen wissen, dass es eine Rechtschreibung gibt und dass diese eines Tages gekonnt werden muss, so wie man eines Tages Algebra zu beherrschen hat und Englisch usw. – „eines Tages", nicht schon in den ersten Grundschuljahren. Kinder sollen wissen, dass Rechtschreibung schwierig ist und dass es kaum jemanden gibt, der sie wirklich perfekt beherrscht. Es gibt gemeinhin lediglich individuelle Annäherungsgrade an die amtliche Norm. Kinder sollen ruhig erfahren, dass wahrscheinlich auch ihre Eltern die Rechtschreibung nicht gänzlich können. Weil Rechtschreibung so komplex ist, sollte man sich nicht ins Bockshorn jagen lassen, aber auch nicht resignieren, sondern mit gelassener Beharrlichkeit oder beharrlicher Gelassenheit am Ball bleiben.

- Statt Fehler zu korrigieren und auf Falschschreibungen hinzuweisen soll grundsätzlich ein „Positiv-Feedback" erfolgen, d.h. die Kinder bekommen Lob für alles, was richtig ist, und Pluspunkte.

- Rechtschreibtrainings im alten Sinne unterbleiben. Regeln werden keine mitgeteilt. Schwerpunkt des Sprachunterrichts sind „sinnverstehendes Lesen“ (55% der Unterrichtszeit) und „semantisch-orientiertes“ Schreiben eigener Texte (40% der Unterrichtszeit). Alles andere ist eigentlich entbehrlich.

Ich habe stets nach diesen Grundsätzen unterrichtet und meine Kinder waren in Rechtschreibung okay. Um 1970 wurden in Basel noch „amtliche“ Vergleichsdiktate durchgeführt. Da war meine Klasse natürlich nicht die beste, meine Kinder machten durchschnittlich 1–2 Fehler mehr als die anderen, die vermutlich ziemlich verbissen auf den Wortschatz der Vergleichsdiktate hintrainiert wurden. D.h.: Wo gute Schüler im Diktat 0 Fehler hatten, hatten meine 1–2, und wo schwache Schüler 30 Fehler hatten hatten meine 32. Ich nahm das in Kauf. Denn: Was sind schon 2 Rechtschreibfehler, wenn man berücksichtigt, was meine Kinder statt dessen – und zusätzlich – konnten. Im Lesen, beispielsweise, waren sie immer einsame Spitze.

Schlussbetrachtung

Vielleicht steht mir nicht zu, die Hochschätzung des Bildungsgutes „Rechtschreibung“ als Ausfluss einer kollektiven Zwangsneurose verächtlich zu machen und die redlichen Bemühungen ganzer Schüler-, Eltern- und Lehrergenerationen als kontraproduktiv zu verspotten bzw. mit der Unterstellung zu konfrontieren, der ganze Aufwand habe letztlich nur den Zweck, die sozialen Aufstiegschancen von Grundschichtkindern zu verringern und gleichzeitig die Voraussetzungen zu schaffen, um die Bevölkerung wirtschaftlich und politisch besser zu beeinflussen. Aber ich darf darauf hinweisen, dass ich zum Glück nicht der Einzige bin, der dafür plädiert, die Wichtigkeit der Rechtschreibung zu relativieren. Ähnliches steht sogar in bundesdeutschen Grundschullehrplänen – allerdings weitgehend unverbindlich.

Die Misere des Rechtschreibunterrichts wird seit Jahrzehnten immer wieder in Büchern und Artikeln erörtert. Eigentlich wäre es überflüssig und unnötig, Ursachen und Folgen dieser Misere zum x-ten Mal beklagend zu beschwören. Die Diagnose liegt ja vor, nur die geeignete „Therapie“ fehlt immer noch, obwohl die Kommerzdidaktik in regelmäßigen

Abständen „neue“ methodische Ansätze anbietet, welche angeblich die Effektivität des Rechtschreibunterrichts steigern und Frustrationen und Entmutigungserlebnisse bei den Kindern reduzieren – nach dem Motto „Rechtschreibung macht Spaß“.

Leider zeigt sich dann in der täglichen Praxis, dass die meisten dieser Methoden und „Tricks“ nicht halten, was sie versprechen. Ich bin nun seit über 35 Jahren „im Geschäft“, und während dieser ganzen Zeit wurden jährlich neue, effizientere Methoden und Legasthenie-Therapien vorgestellt und angepriesen, aber wirklich geändert hat sich in den Schulen kaum etwas. Deshalb bitte ich Sie eindringlich, sich noch einmal zu überlegen, ob wir jetzt, im neuen Jahrtausend, nicht unsere Zielprioritäten endlich überprüfen müssten?

Seit Jahren weist beispielsweise Meinhard MIEGEL, der in Bonn das „Institut für Wirtschaft und Gesellschaft“ leitet, darauf hin, dass in modernen Industriegesellschaften Ideen die wichtigste Ressource sind. Nur noch Ideenreichtum bewahrt moderne Industriegesellschaften vor ihrem Absturz. Dabei wäre es für MIEGEL eine verhängnisvolle Fehleinschätzung, innovative Kräfte als unerschöpfliche und damit stets verlässliche Quelle anzusehen. Vielmehr dürften sie in entwickelten Industrieländern die knappste Ressource überhaupt sein. Ideen, Kreativität sind jedoch etwas anderes als Wissen. Mit Wissen allein werden keine Probleme gelöst. Deshalb noch einmal: In ganzen Schülergenerationen durch sinnlose Rechtschreibanforderungen Zeit für Wichtigeres zu verlieren und – schlimmer noch – kreative Potenziale zu zerstören oder zumindest nachhaltig zu schädigen, kann sich eine moderne Volkswirtschaft auf Dauer nicht leisten! Im Wettbewerb der Staaten um Absatzmärkte und im Wettbewerb der Individuen um Arbeitsplätze werden nur noch diejenigen mithalten können, die über relevantes Wissen und Können verfügen. Rechtschreibung gehört da nicht dazu - sofern man sie überhaupt noch braucht, erledigt sie der Computer!

Ich unterrichte aufgrund dieser Einsicht – und muss mir dann ständig nachsagen lassen, Kinder, die nach *Lesen durch Schreiben* unterrichtet werden, könnten keine bzw. zu wenig Rechtschreibung. Dabei ist grundsätzlich nachgewiesen, dass die immer wieder behaupteten negativen

Auswirkungen nicht gegeben sind[1]. In aller Bescheidenheit: Zu *Lesen durch Schreiben* gibt es einen ausführlichen didaktischen Kommentar für LehrerInnen und da findet man ein eigenes Kapitel zur Rechtschreibung mit vielen unterrichtspraktischen Empfehlungen. Zudem gehört zum Unterrichtsmaterial auch ein von mir konzipiertes Computerprogramm[2], in dem „beiläufig begleitend" und funktional die Rechtschreibung fortwährend entwickelt wird. Diese rechtschreibdidaktischen Empfehlungen und das Computerprogramm widerlegen die Behauptung, bei *Lesen durch Schreiben* würde man sich nicht um die Rechtschreibung kümmern.

B. Hinweise zur sogenannten „Legasthenie"

Es gibt keine „Legasthenie"! Was es gibt, sind Kinder, die nicht so gut lesen bzw. rechtschreiben wie andere, gerade so, wie es auch Kinder gibt, die nicht so gut schwimmen wie andere, oder nicht so schön singen wie andere, oder nicht so gut rechnen, wie andere – kurz, wie es immer und überall einige gibt, die nicht so gut sind wie andere. Dass trotzdem von „Legasthenie" gesprochen wird, hängt damit zusammen, dass in unserem Schulsystem und in unserer Gesellschaft ein Rechtschreibwahn grassiert und – dies vor allem – ein gigantischer „Legasthenie-Betrieb" aufrechterhalten werden muss, der über 100 000 Ärzte, Psychologen, Logopäden, Legasthenietherapeuten u.ä. „ernährt". Dieser „Legasthenie-Betrieb" wäre weiter nicht schlimm, hätte er nicht negative Folgen, indem er sich ungünstig auf die pädagogische Verantwortung der Schule auswirkt:

Wird „Legasthenie" als „Krankheit" aufgefasst, dann sind LehrerInnen für lese-rechtschreibschwache Kinder nicht mehr zuständig und erheben Anspruch darauf, sie dem Verantwortungsbereich von Experten zu überweisen. Das hat im Verlauf der Jahre nicht nur zu allerlei psychologisch-heilpädagogischem Unsinn geführt etwa der Schaffung besonderer „Legasthe-

[1] vgl. BRÜGELMANN, H.: Man kann diesen Unterricht guten Gewissens praktizieren, erschienen in PÄDEXTRA, Juni 1992, sowie BRÜGELMANN, H. u.a.: Richtig schreiben durch freies schreiben?, erschienen in BRÜGELMANN /RICHTER (Hrsg.): Wie wir recht schreiben lernen, Libelle Verlag, CH-8574 Lengwil am Bodensee, 1994.

[2] Lesen durch Schreiben, Basissoftware „Erstes Verschriften", Heinevetter-Verlag Hamburg (www.heinevetter-verlag.de)

niker- bzw. LRS-Klassen" (in die man vor allem jene Kinder abschiebt, die disziplinarische Schwierigkeiten bereiten), sondern es hat (viel folgenschwerer) den Blick verstellt für die Tatsache, dass die meisten Formen von Lese-/Rechtschreibschwäche Folgen von schlechtem Unterricht sind.

Seriöse Legasthenie-Forscher konnten seit dem 2. Weltkrieg bis heute keine stabilen Zusammenhänge ermitteln, so dass sich das Legasthenie-Konzept als empirisch unbrauchbar erwies. Seither haben sich nahezu sämtliche Wissenschaftler vom Legasthenie-Konstrukt verabschiedet – denn die „Legasthenie" ist kein beobachtbares Phänomen. Beobachten lässt sich nur die Leistung in Tests, die man dem Kind vorsetzt. Nach Einschätzung von VALTIN, seit fast 30 Jahren in der Forschung über Lese-/Rechtschreibschwierigkeiten engagiert und durch viele Publikationen zum Thema „Legasthenie" ausgewiesen, ist das Konzept

- theoretisch nicht sinnvoll,
- forschungsmethodisch nicht umsetzbar,
- diagnostisch nicht ergiebig,
- therapeutisch nicht brauchbar,
- wissenschaftlich nicht haltbar und
- sozial schädlich.

Dass „Legasthenie" trotzdem noch immer „diagnostiziert", „therapiert" und „wissenschaftlich" diskutiert wird, hat politische Gründe (die gleichen, die Rechtschreibung zum Selektionskriterium machen), legitimiert durch wissenschaftliche Gefälligkeitsgutachter, die dem „Legasthenie-Betrieb" zuarbeiten.

Schlechte Lese- und Rechtschreibleistungen werden seit etwa 1900 als Krankheit definiert. Zeigt ein Kind eine „erwartungswidrige Diskrepanz" zwischen schlechten Leistungen im Lesen und Schreiben auf der einen sowie einer normalen oder gar überdurchschnittlichen Intelligenz auf der anderen Seite, dann soll es an „Legasthenie" leiden, die von der WHO als „neuro-biologisch verursachte Lernstörung" klassifiziert und dementsprechend in die internationalen medizinischen Klassifikationskataloge ICD 9 und DSM III Eingang fand.

Freilich bewegten sich sowohl die „Diagnose“ als auch die „Therapie“ von „Legasthenie“ von Anfang an auf wenig gesichertem Boden. Je nach Auslegung des Legasthenie-Begriffs gelten rund 5% der Schüler als Legastheniker im engeren Sinne; nimmt man all diejenigen zum Maßstab, die eine „Therapie“ bekommen oder mindestens gezielten Nachhilfeunterricht, so sind es etwa 15%.

Diese Zahlen sind allerdings nur aus politischer Opportunität und aus Kostengründen einigermaßen stabil. Wer „Legastheniker“ ist, hängt vom jeweiligen Test ab, mit dem „untersucht“ wird. Je nach eingesetztem Test schwankt nicht nur der „Legastheniker“-Anteil zwischen 2-3% und 50-60% (!), auch die einzelnen Kinder, die als „legasthenisch“ ermittelt werden, sind je nach Test andere. Ob ein bestimmtes Kind an „Legasthenie“ leidet, hängt also von den Tests ab, denen es sich unterziehen muss. Der Glaube, dass man bloß den Leistungsmesswert eines Lesetests mit dem Intelligenzquotienten des Kindes vergleichen könne, um bei auffälliger Diskrepanz auf „Legasthenie“ schließen zu dürfen, ist ein im Grund grotesker Aberglaube.

Es verwundert daher nicht, dass die „Legasthenie-Forschung“ z.B. bis heute keine zuverlässigen, das heißt in anderen Studien reproduzierbare Phänomene nachweisen konnte, die für Legastheniker charakteristisch wären und daher bei Kindern, die nicht an Legasthenie leiden, mithin nicht auftreten: etwa spezifische Lese- und Rechtschreibfehler.

So wie die „Teilleistungsschwäche Legasthenie“ definiert wird, lässt sich nämlich jede beliebige „Teilleistungsschwäche“ konstruieren. Wenn wir uns ein Kind vorstellen, das im Sportunterricht ein insgesamt gutes Leistungsniveau zeigt, aber beim Bockspringen versagt, hätten wir eine „Bocksprung-Teilleistungsschwäche“, an welcher das betreffende Kind scheinbar leidet. Das wäre zwar offensichtlich unsinnig, logisch aber völlig analog zur Legasthenie-„Definition“.

Es kann daher nicht verwundern, dass schon um das Jahr 1970 der Verdacht aufkam, dass irgendetwas mit der Diagnose und der Therapie der „Legasthenie“ nicht stimmt; dass die gängigen Vorstellungen und Praktiken der Realität schriftsprachlicher Lernprobleme nicht gerecht würden.

Man sprach damals vom „Unfug mit der Legasthenie“ bzw. von Legasthenie als einer „Leerformel“, und erstmals wurde vermutet, dass viele Formen dieser Lese-/Rechtschreibschwäche Folgen von „schlechtem Unterricht“ sind. Viel fruchtete diese Einsicht allerdings nicht, lediglich das Vokabular wurde um einen neuen Begriff erweitert: Fortan gab es auch noch eine „didaktogene“ Legasthenie.

Die traditionelle Legasthenieforschung stellte die Untersuchung der sogenannten sensomotorischen Funktionsstörungen in den Mittelpunkt des Interesses, also Störungen der Sinneswahrnehmung und der Bewegungsorganisation in Raum und Zeit. Bei den lese-rechtschreibschwachen Kindern wurden Wahrnehmungsstörungen im Hör- und Sehbereich, Gestaltreproduktions- und Merkfähigkeitsstörungen, Bewegungs- und Feinbewegungsstörungen, Rechts-Links-Unsicherheiten festgestellt und vieles mehr.

Solche Befunde scheinen auf den ersten Blick plausibel, denn zweifellos scheint die deutliche Wahrnehmung und Speicherung von Lauten und Buchstaben zum Lesen- und Schreiben-Lernen erforderlich, und wenn Kinder die Reihenfolge von Buchstaben im Wort verwechseln oder spiegelbildlich schreiben, so liegt die Vermutung nahe, dass sie die Raumlage von Gestalten nicht erfassen.

Funktionspsychologische Überlegungen verleiten jedoch dazu, dass man die am Lese-Rechtschreibakt beteiligten Funktionen mit gezielten Funktionsübungen einzeln trainieren will. Man erwartete ursprünglich (ganz zu Unrecht), dass bei Lese-Rechtschreibschwierigkeiten durch Übung von Einzelfunktionen auch deren Zusammenspiel im Lese-Schreibakt gefördert werde, und empfahl in verwirrender Unmenge allerlei gar nicht lese-schreibbezogene Figur-, Klang-, Richtungs-, Unterscheidungs-, Vorstellungs- und Merkübungen, die eine Legasthenie-Nachhilfestunde mehr zur Spiel- und Bastelstunde als zu einer ernsthaften Therapiestunde werden ließen.

In Fachkreisen nahm man nicht zur Kenntnis, dass die meisten Vorstellungen über „Legasthenie“ von der Wirklichkeit nicht bestätigt werden, und verdrängte die Tatsache, dass die allgemein üblichen „Therapien“

nichts nutzen, ignorierte, dass Übungen zur Verbesserung der sensomotorischen Funktionen (visuelle und auditive Wahrnehmung, Reihenfolgegedächtnis, Raum-Zeit-Organisation, Augenfolgenbewegungen usw.) höchstens Teilerfolge erbrachten. Kontrolluntersuchungen ergaben, dass „legasthenische" Kinder mit Therapie auf Dauer keine besseren Rechtschreibleistungen erbringen als eine Vergleichsgruppe ohne Therapie. Lediglich Kinder mit Entwicklungsverzögerungen können im Schonraum einer redlich organisierten Therapie aufholen. Sie lernen hier bessere Arbeits- und Kompensationsstrategien, werden allgemein in ihrer Selbstsicherheit gefestigt und erfahren eine Stärkung der Leistungsfreude und Erfolgszuversicht.

Das ist nicht gering zu schätzen. Mir wäre nur lieber, eine solche Stärkung des Kindes würde in der Schule passieren und bräuchte nicht eine eigene „Therapie". Doch dem steht der „Legasthenie-Betrieb" entgegen.

Im Buch „Krankheit als Erfindung" (von Dieter LENZEN, Professor für die Philosophie der Erziehungswissenschaften an der Freien Universität Berlin) wird die „Legasthenie" als Paradebeispiel für eine erfundene Krankheit dargestellt. Denn „Legasthenie" ist letztlich nichts anderes als ein „psychometrisches Kunstprodukt", das im Verdacht steht, lediglich der Arbeitsbeschaffung für Therapeuten zu dienen. Durch die „Pathologisierung der Kindheit" gelingt es den psychosozialen Berufsgruppen, die „Kranken", welche es zu heilen gilt, sich zunächst erst einmal selbst zu schaffen. Und da die „Legasthenie" eine bedeutende Einnahmequelle darstellt, ist leicht nachzuvollziehen, dass die populärwissenschaftlichen Erklärungen der Legasthenie, wie sie von den praktizierenden „Experten" verbreitet werden, gegenüber den neueren wissenschaftlichen Erkenntnissen resistent bleiben. Von den „Nutznießern" der „Legasthenie" werden Informations- und Ausbildungskurse organisiert, und dem Thema werden seit Jahren spektakuläre Großtagungen gewidmet, denn das Geschäft mit der Legasthenie floriert: Auf Kosten belasteter Kinder und ihrer Eltern ernährt es Psychologen und Therapeuten, schafft Arbeitsplätze in „Forschungs"- und Entwicklungsprojekten und sichert den Verlagen den problemlosen Absatz von Tests, Trainingsmaterialien und Software – doch eine Abnahme der Lese-Rechtschreibschwierigkeiten in unseren Schulen ist trotz alledem nicht festzustellen.

Konsequenzen daraus wurden bislang, jedenfalls in Deutschland, keine gezogen. Anders ist es in der Schweiz. Auch in der Schweiz galt „Legasthenie“ als Behinderung, die einer teilweisen Invalidität gleichgesetzt wurde und deren Behandlung von den Sozialkassen finanziert bzw. teilweise subventioniert wurde.

Dank dieser Finanzierung hatte sich in der Schweiz ein recht umfangreicher „Legasthenie-Betrieb“ etabliert, (entsprechend der überall zu machenden Erfahrung, dass man eine Leistung, die bezahlt wird, auch in Anspruch nimmt). So waren vor Jahren in der deutschsprachigen Schweiz etwa 6000-7000 Logopädinnen und Legasthenietherapeutinnen im Einsatz. Heute ist dies nicht mehr der Fall. Die Erkenntnis, dass die bisherigen Therapieverfahren nichts nutzen, hat dazu geführt, dass die finanziellen Zuwendungen von den Sozialkassen gestrichen wurden – mit dem Effekt, dass „Legasthenie-Therapien“ verschwanden und die Ausbildung neuer Legasthenietherapeutinnen eingestellt wurde.

Was nicht verschwand, waren Lese-/Rechtschreibschwierigkeiten einzelner Kinder. Aber nachdem der Rückgriff auf eine „Krankheit“ nicht mehr möglich war (schon gar nicht mehr als Ausrede), wurde der Schulunterricht stärker ins Visier genommen. Dabei zeigte – und zeigt – sich, dass dieser schulische Lese-/Schreibunterricht doch nicht so erfolgreich ist, wie man gerne glauben möchte. Es sind starke Zweifel angebracht und dies umso mehr, als es eigentlich schon früher Gründe genug gegeben hätte, den herkömmlichen Leseunterricht in Frage zu stellen: Wenn man nämlich den Skandal „Legasthenie“ mit anderen Augen betrachtet hätte.

Man hat Gründe und Ursachen der „Legasthenie“ immer bei den betroffenen Kindern und ihren Milieus gesucht, selten im Schulunterricht, und entsprechend galt „Legasthenie“ nie als Beleg für einen prinzipiell verfehlten Lese-/Schreibunterricht. Doch wenn einzelne Kinder mit unseren „normalen“ Methoden nicht zurechtkommen, heißt das noch nicht, dass die Kinder „anormal“ sind. Ihr Versagen kann auch an den Methoden liegen. Jedenfalls gilt überall sonst in der Methodik der Grundsatz, dass sich die Tauglichkeit einer Methode am „pädagogischen Notfall“, also da wo Minderbegabung und Leistungsbeeinträchtigung vorliegen, zu bewähren habe. Darauf weist die Heilpädagogik schon seit langem hin. Dass es „Legasthenie" in unseren Schulen gibt, wäre demnach ein Anlass, über unsere Erstlese- und Schreibmethoden nachzudenken.

Das ist bislang nicht geschehen, obwohl es ja ein offenes Geheimnis ist, dass der Leistungsstand von Schulklassen im Lesen und Schreiben am Ende des ersten oder zweiten Schuljahres sehr stark variiert und dass diese Unterschiede nicht nur mit unterschiedlicher Klassenzusammensetzung erklärt werden können. Durch didaktisch mangelhaftes Vorgehen im Lese-/Rechtschreibunterricht werden viele Kinder desorientiert und verunsichert und fallen hinter ihre Lernmöglichkeiten zurück.

Zudem muss leider festgestellt werden, dass in der jüngeren Generation die Lese- und Schreibfähigkeiten ganz allgemein rückläufig sind. Immer weniger sind die Schüler im Stande, einen altersgemäßen Text inhaltlich zu verstehen, und immer weniger Kinder, aber auch Erwachsene, interessieren sich fürs Lesen, immer weniger haben Freude an anspruchsvollen Texten, einem der wichtigsten Ziele unserer Leseerziehung.

Teilt man die Leistungen einer größeren Anzahl Schüler in irgendeinem Fach in die drei Leistungsgruppen „gut", „durchschnittlich" und „schlecht" ein, so sollte nach statistischen Prinzipien unter normalen Leistungsbedingungen der Anteil an schlechten Leistungen dem Anteil an guten Leistungen ungefähr entsprechen und je etwa 16% betragen, während die durchschnittlichen Leistungen auf die übrigen 68% entfallen sollten. Bei den Leseleistungen unserer Grundschüler finden wir diese normale Leistungsverteilung indessen nicht mehr vor – es gibt inzwischen doppelt soviele schlechte Leser, als man unter normalen Bedingungen eigentlich erwartet. Die „Lese"fähigkeit reicht offenbar gerade noch aus, um Aufschriften wie zum Beispiel „Eingang um die Ecke" zu „lesen"; aber wenn es darum geht, einen etwas schwierigeren Zusammenhang zu verstehen, dann gelingt dies offenbar nur noch einer Minderheit.

Und jetzt? Auch wenn es eine Krankheit „Legasthenie" nicht gibt, Kinder mit Lese-/Schreibschwierigkeiten gibt es mit Sicherheit zuhauf. Was soll mit diesen Kindern geschehen? Bietet *Lesen durch Schreiben* vielleicht eine Lösung, d.h. enthält der Lehrgang die spezifischen didaktischen Hilfen, die man für Kinder mit Lernproblemen als notwendig betrachtet?

Leider muss ich diese Frage verneinen. Eine Lösung, womöglich im Sinne eines „Patentrezeptes", hat *Lesen durch Schreiben* nicht anzubieten, auch wenn der Lehrgang bisher dort am meisten Aufmerksamkeit erregte, wo der Problemdruck am größten ist, also in Sonderschulen bzw. in Schulen mit einem hohen Anteil fremdsprachiger oder milieugeschädigter Kinder. In solchen Schulen mit hohem Problemdruck ist häufig auch das Problembewusstsein der LehrerInnen geschärft, und dort findet man eine besondere Offenheit gegenüber Neuem. Die Verbreitungsgeschichte des Lehrgangs lässt dies genau erkennen.

In gewisser Weise ist dies für mich erstaunlich, denn die Didaktik von *Lesen durch Schreiben* entspricht der herkömmlichen Heilpädagogik ganz und gar nicht. Diese traditionelle Didaktik gliedert den Lernstoff in kleine, systematisch aufeinanderaufbauende Portionen und führt das Kind dann in kleinen Schritten voran. Und wenn ein Kind Probleme hat, wird angenommen, die „Lernschrittlänge" sei zu groß, weshalb man dann die Lernschritte in nochmals kleinere unterteilt.

Mit dieser Art Didaktik kann ich nichts anfangen, im Gegenteil: Ich halte ein kleinschrittiges Vorgehen für prinzipiell verfehlt und stehe daher auch der üblichen Heilpädagogik recht kritisch gegenüber. Zwar kam der Heilpädagogik in den Jahren 1950-1960 eine Vorreiterrolle zu, in der sie zu einer allgemeinen Schärfung des Problembewusstseins beitrug und bei der Überwindung vieler „Pädagreuel" mithalf; inzwischen hat sie diese Vorreiterrolle jedoch eingebüßt und steht im Moment sogar in der Gefahr, hinter der allgemeinen pädagogisch-didaktischen Entwicklung der Grundschule nachzuhinken: Nirgendwo sonst wird so dogmatisch-verbissen an überholten Konzepten festgehalten wie im Sonderschulbereich.

Die Gründe hierfür sehe ich in der scheinbaren Plausibilität und dem Wissenschaftsanspruch des traditionellen Konzepts. Schwachen und/

oder lernbehinderten Schülern soll ein Lernweg in kleinsten Schritten angeboten werden, auf dem sie, ohne (wieder) zu scheitern, Erfolge erleben sollen und dadurch neue Motivation gewinnen können. Um dies zu ermöglichen orientiert man sich an drei – gleichsam „klassischen" – Leitprinzipien:

- vom Leichten zum Schweren,
- Isolierung von Schwierigkeiten,
- Fehlervermeidung.

Wie Sie, liebe LeserInnen bereits wissen, werden alle diese drei Leitprinzipien von *Lesen durch Schreiben* als falsch angesehen und „auf den Kopf" gestellt. Bei *Lesen durch Schreiben* verläuft der Lernprozess umgekehrt vom Schweren zum Leichten, Schwierigkeiten werden ins Zentrum gerückt und Fehler sind in großem Umfang „gestattet".

Lesen durch Schreiben folgt damit einer grundsätzlich anderen Konzeption. Hier ist eine systematische Gliederung in kleine und kleinste Lernschritte unerwünscht, ja im Grunde genommen unmöglich – und zum Glück auch nicht nötig, denn mit *Lesen durch Schreiben* lernen Kinder auch ohne „kleine und kleinste Schritte".

Wenn „selbstgesteuertes Lernen" angestrebt wird, dann ist „Lernen durch Instruktion" verfehlt. Ich befürworte die Idee eines „Lernens durch Gebrauch" und gebe in der Förderung von Kindern mit Schwierigkeiten nichts auf trainingsorientierte Konzepte, welche isolierte Teilleistungen ansprechen. Ich gebe stattdessen einer Didaktik reicher Schriftspracherfahrung und des entdeckenden Lernens den Vorzug.

Allerdings stellt sich die Frage, ob selbstgesteuertes Lernen auch beim Sonderschüler möglich sei, oder ob es nicht gerade umgekehrt den „Sonderschüler" ausmacht, nicht selbstgesteuert lernen zu können. Mit besonderer Schärfe stellt sich diese Frage, wenn es sich beim Sonderschüler um ein sprachbehindertes Kind handelt, denn zwischen lernbehinderten und „normalen" Kindern sind gerade sprachliche Differenzen am deutlichsten: Die Qualität der Wörter und die Satzstrukturen unterscheiden sich signifikant. Neuere Untersuchungen lassen sogar den Schluss zu, dass der Kern aller Lernbehinderung eine Sprachbehinderung ist, dass

Sprachstörungen gleichsam die Lernbehinderung an sich darstellen. Denn dort, wo die sprachlichen Mittel zur Strukturierung und Reflektion der gegenständlichen Erfahrung nicht mehr ausreichen, wo die sprachlichen Möglichkeiten das logisch schlussfolgernde Denken, das Verallgemeinern und formelhafte Zusammenfassen nicht mehr erlauben, findet jeder Lernprozess seine Grenze. Sprachbehinderte Kinder im engeren Sinne sind mithin der Prototyp des Lernbehinderten.

Angesichts dieses Sachverhalts scheint mir besonders interessant, dass aufgrund unserer Erfahrungen mit *Lesen durch Schreiben* bei Sonderschülern eindeutig festgestellt werden kann: Auch sie können selbstgesteuert lernen, ja, gerade für sie kommt eigentlich gar nichts anderes in Betracht. Wer ihnen die Fähigkeit zur Selbststeuerung abspricht, entmündigt sie in verantwortungsloser Weise.

Wer aus der traditionellen Heilpädagogik kommt, dem tönen diese Aussagen womöglich fremd in den Ohren. Es gibt aber viele SonderlehrerInnen, welche erfolgreich mit dem Lehrgang arbeiten. *Lesen durch Schreiben* bei verhaltensgestörten und/oder lernbehinderten Kindern einzusetzen, ist durchaus möglich, sofern die LehrerInnen eine entsprechende Haltung einnehmen. Das Problem bei *Lesen durch Schreiben* ist nicht der Lehrgang als solcher, sondern die Haltung der LehrerInnen dazu. Wer sich „voll und ganz“ auf den Lehrgang einlässt, sich seiner Philosophie anschließen kann, hat damit Erfolg. Wer sich nur partiell aufs Konzept einlässt, wird enttäuscht.

Die größten Schwierigkeiten haben SonderlehrerInnen meistens mit meiner Forderung nach „didaktischer Zurückhaltung“ und dem Prinzip der „minimalen Hilfe“. Üblicherweise wird ja davon ausgegangen, dass man den Kindern helfen müsse – und Kinder mit Lernschwierigkeiten brauchen dann natürlich in erhöhtem Maße Hilfen. Ich teile, wie bekannt, diese Auffassung nicht. Ziel unserer Bemühungen sollte nicht die Hilfe sein, sondern die Hilfe zur Selbsthilfe.

Dazu kommt, dass Hilfen nur dort zu leisten sind, wo Probleme bestehen. Was ein Problem ist und was nicht, ist aber häufig Ermessenssache. So gibt es z.B. LehrerInnen, die sofort, wenn sie z.B. bei einem Kind gelegentliche Verwechslungen der d/b-Schreibung feststellen, eine „Legasthenie-Therapie“ anordnen und erst dadurch eine häufig harmlose Sache überhaupt erst zum Problem werden lassen. Zwar trifft es zu, dass therapeutische Maßnahmen umso wirkungsvoller sind, je eher sie einsetzen, weshalb immer wieder für Früherfassung plädiert wird, doch in der Praxis läuft sowas häufig darauf hinaus, „Fehler“ der Kinder als Warnsignale für zu erwartendes Versagen zu deuten. Dadurch aber wird das Kind verunsichert, plötzlich gilt es als irgendwie „krank“ und ist abgestempelt. Ich rate daher, so etwas gelassen anzugehen, denn viele dieser vermeintlichen „Probleme“ legen sich zumeist von selbst.

Nun ist mir bewusst, dass diese Haltung auch ihre Kehrseite hat. Didaktische Zurückhaltung ist als Geduld sicherlich eine pädagogische Königstugend, und viele Entwicklungs- und Lernschwierigkeiten brauchen zu ihrer Überwindung hauptsächlich Geduld. Geduld haben, den Kindern Zeit lassen und sich zurücknehmen, das spielt in der Praxis von *Lesen durch Schreiben* eine große Rolle, auch wenn ich natürlich weiß, dass Warten allein noch keine Didaktik und schon gar keine Therapie ist. *Lesen durch Schreiben* ist denn auch keineswegs ein Lehrgang, der nur Geduld verlangt. Wir fordern viel mehr: Einerseits das, was pädagogisch und didaktisch immer schon geboten war: Zuneigung zu den Kindern und Ermutigung der Kinder; andererseits aber auch Geduld, Möglichkeiten der Selbststeuerung und ein anspruchsvolles, vielseitiges (Breitband-)Lernangebot im Werkstattunterricht. Je vielfältiger ein solches (Breitband-)Lernangebot gestaltet ist, umso größer ist die Chance, dass schwächere Kinder bzw. Kinder, die lernbehindert sind, in diesem breitgefächerten Lernangebot Lernmöglichkeiten finden, an denen sie ihre Schwierigkeiten kompensatorisch überwinden können.

Diese allgemeine Empfehlung mag natürlich einem heilpädagogischen Anspruch herkömmlicher Art nicht zu genügen. In meinem Rahmenkonzept fehlt die sogenannte „gezielte Förderung“. Doch diese fehlt mit Absicht – *Lesen durch Schreiben* lehnt die „gezielte Förderung“ in der bisherigen Weise ab. Mit der Frage nach der „gezielten“ Förderung sitzen wir jenem traditionellen Denken auf, das im Grunde genommen von einer Art Defizittheorie ausgeht: Kinder haben eine ganze Reihe von Defiziten, die man „gezielt“ abbauen muss. Dabei wird so getan, als ob wir genau wüssten, worin diese Defizite wirklich bestehen, wie sie zustande gekommen sind und wie wir sie gezielt und richtig beheben können.

In Hamburgischen Schulversuchen mit sog. Integrationsklassen, wo einzelne Sonderschüler in einer Regelklasse sind, aber spezifisch betreut werden, entwickelten die LehrerInnen besondere pädagogische und heilpädagogische Kompetenzen, die dem, was bisher durch die Sonderpädagogik praktiziert wurde, weit überlegen sind. Die LehrerInnen praktizieren keine Sprachheiltherapie nach vorgegebenem Muster mehr, sondern gehen individualisierend vor. Der bisherige Trend, durch immer ausgefeiltere diagnostische Erhebungen immer mehr Störungen und Schwierigkeiten zu „erkennen“ und mit Hilfe von immer mehr Experten und Spezialisten anzugehen, wurde damit gebrochen.

Gleichzeitig wurde die Grundthese von *Lesen durch Schreiben* bestätigt: Weil wir eigentlich gar nicht genau erkennen können, was bei einem lernbehinderten Kind im einzelnen „schief“ läuft, bieten wir in einem Breitband-Lernangebot alles Mögliche an, in der Hoffnung, dass sich das Kind aus diesem Angebot intuitiv richtig herausnimmt, was es braucht. Unterbreiten Sie also den Kindern ein Breitband-Angebot, lassen Sie sie selbstgesteuert und mit Freude lernen und ich verspreche, dass sie auch auf diese Weise gefördert werden. Zu einem späteren Zeitpunkt, wenn sich zeigen sollte, dass das nicht genügt, kann dieser unspezifische Unterricht auf der Grundlage des „didaktischen Schrotschusses“ immer noch ergänzt werden durch therapeutisch spezifischere Maßnahmen, wenngleich „spezifische“ Maßnahmen auch ihre Tücken haben.

Nirgendwo sonst in der Didaktik findet man so viele methodische Besonderheiten wie im Sonderschulbereich. Fast jede und jeder haben da ihre therapeutischen Spezialitäten, auf die sie „schwören“. Diese Vielfalt, könnte man meinen, dokumentiere einen besonderen methodischen Reichtum. Ich sehe allerdings darin eher ein Anzeichen dafür, dass die jeweiligen Therapieansätze nicht fundiert sind. Wäre ein Therapieansatz funktional fundiert, d.h. würde er leisten, was man erwartet, dann würden alle Therapeuten diesen Ansatz verwenden, so aber ist die Wahl der Therapien gleichsam „Geschmackssache“.

Nun bestreite ich allerdings keineswegs, dass die Therapeutin X mit der Therapie Y große Erfolge haben kann. Ich bestreite lediglich, dass die Erfolge der Therapie anzurechnen sind. Ich vermute, es handle sich bei diesen Erfolgen um „Placeboeffekte". In der Medizin sind „Placeboeffekte" eindeutig nachgewiesen und ein großes Ärgernis. Bekommt ein Kranker vom Arzt ein „neues" Medikament, von dem der Arzt glaubt, dieses Medikament sei hochwirksam, dann wirkt, wenn auch der Kranke an eine hohe Wirksamkeit glaubt, beispielsweise auch gepresstes Gipspulver, das keinerlei heilende Wirksubstanz enthält: Der Glaube versetzt Berge.

In psychotherapeutischen Zusammenhängen ist diese Wirkung des Glaubens noch deutlicher. Es gibt keine einzige Psychotherapie, keine (auch nicht die sogenannt anerkannten, die von den Krankenkassen bezahlt werden), die bis jetzt einen schlüssigen Wirkungsnachweis hätte erbringen können, die also hätte nachweisen können, dass ihr therapeutisches Vorgehen als solches heilende Kraft entfaltet. Auch hier ist es der Glaube, der sich positiv auswirkt. Wenn der Patient glaubt, dass ein Therapieverfahren nützt und der Therapeut auch davon überzeugt ist, dann funktioniert es. Und das gilt bei heilpädagogischen Maßnahmen entsprechend.

Ich frage Sie: Ist Ihnen schon einmal aufgefallen, dass wir zwar den Begriff „Heil-Pädagogik" kennen, nicht aber einen Ausdruck wie „Heil-Didaktik". Und falls Ihnen das schon aufgefallen ist, haben Sie sich gefragt, warum es den Begriff „Heil-Didaktik" nicht gibt? Sie wissen, dass Wörter/Begriffe für Dinge/Sachen und Sachverhalte/Beziehungen stehen und dass es für alle Dinge/Sachen und Sachverhalte/Beziehungen einen Ausdruck, einen Begriff gibt. Aus dem Fehlen eines Begriffes „Heil-Didaktik" schließe ich, dass es eine entsprechende „Sache" nicht gibt, d.h. es gibt nur eine „Normal-Didaktik". Ich stehe jedenfalls zur Überzeugung, dass die entscheidenden Merkmale, welche die didaktische Qualität eines Unterrichts ausmachen, stets dieselben sind, dass es also diesbezüglich zwischen Regel- und Sonderschule keine Unterschiede gibt. Der „gute" Regelunterricht entspricht dem „guten" Sonderschulunterricht, und was ein „guter" Leselehrgang im Regelbereich ist, ist auch ein guter Lehrgang in der Sonderschule. Spezielle „Therapien" braucht es normalerweise nicht – womit wir wieder bei der „Legasthenie“ wären. Und dazu möchte ich abschließend einfach feststellen:

Das eigentliche Problem der „Legasthenie“ ist nicht die schlechte Lese- und Rechtschreibleistung der einzelnen Kinder, sondern der überzogene Stellenwert nicht des Lesens, aber der Rechtschreibung in Schule und Gesellschaft. Die schlechten Leser und Schreiber leiden nicht an einer wie auch immer definierten Krankheit oder Störung. Vielmehr leiden sie an ihrer Abweichung von sozial definierten Normen, denen gesellschaftlich so viel Bedeutung beigemessen wird, dass die Nichterfüllung dieser Normen zum Ausschlusskriterium für den Zugang zu weiterführenden Schulen wird. Dazu habe ich jedoch im Abschnitt über Rechtschreibung schon alles geschrieben, was ich zu schreiben habe.

VIII Die Didaktik von Lesen durch Schreiben: Der Werkstattunterricht

Wenn niemand weiß, wie Kinder lesen „lernen“, dann kann auch niemand wissen, wie das Lesen zu lehren wäre, d.h. es ist n i c h t möglich, eine s p e z i f i s c h e Didaktik des „Lesenlernens“ zu formulieren. Für einen wirksamen Unterricht können daher bloß allgemein-didaktische Grundsätze formuliert werden wie etwa „eigene Erfahrungen sind lernwirksamer als angelesene Informationen“, „anschauliches Lernen ist wirksamer als bloß verbales Lernen“ oder „handelndes Lernen ist wirksamer als rezeptives“ usw. Solche Grundsätze sind jedoch keine Lesedidaktik. Nun gibt es aber keinen Unterricht ohne eine zugrundeliegende Didaktik. Es ist schon in Kapitel IV gesagt worden: Ein Kind lernt zwar „von selbst“, aber nicht „von allein“. So wie eine Pflanze trotz „selbstgesteuerten“ Wachsens angewiesen bleibt auf äußere Wachstumsbedingungen wie Licht, Wärme, Wasser, Nährstoffe, so braucht auch das „selbstgesteuerte“ Lernen des Kindes entsprechende Anregungen. Kinder, die keinen Unterricht besuchen dürfen, können in der Regel auch nicht lesen. Offenbar sind ja doch spezifische Lernangebote erforderlich – und deshalb gibt es zu Lesen durch Schreiben ja auch von mir konzipiertes Unterrichtsmaterial. Dabei ist lediglich die Frage nach der Art dieses Materials offen, ob den Kindern Lernangebote zur freien Verfügung gestellt oder aufgezwungen werden, ob Sachverhalte wie z.B. Buchstabenkenntnisse beiläufig begleitend und indirekt ins Spiel kommen oder in organisierten Übungen bewusst gemacht werden usw. Für mich ist diese Frage geklärt: Lernangebote zur freien Verfügung zu stellen, so dass Kinder sich Kenntnisse und Fähigkeiten indirekt, nicht-bewusst, beiläufig begleitend aneignen, ist der erfolgreichere Weg – und daher gehört bei Lesen durch Schreiben der Werkstattunterricht fraglos dazu.

1. Was ist Werkstattunterricht?

Um Ihnen zunächst einen etwas anschaulicheren Eindruck von Werkstattunterrich über die kurze Beschreibung in Kapitel III hinaus zu vermitteln, drucke ich nachstehend einen Bericht ab, der bereits am 7. März 1988 in der Lokalzeitung „Der Sihltaler" erschienen ist. Damals besuchten ein Reporter und ein Fotograf in Adliswil (einer Kleinstadt in der Nähe von Zürich) eine 1. Klasse, die nach *Lesen durch Schreiben* im Werkstattunterricht eingeschult wurde und berichteten:

Als wir in die Klasse 1b kamen, glaubten wir zuerst, die Kinder hätten eine Art 'Freistunde'. Zwar waren alle eifrig in ein Tun vertieft, aber fast alle arbeiteten etwas anderes: Zwei Mädchen und ein Knabe saßen in einer Lese-Ecke und lasen einander aus einem Büchlein die Geschichte eines entflogenen Wellensittichs – Pieps mit Namen – vor. Ein Mädchen legte mit farbigen Holzwürfeln anspruchsvolle Mosaikmuster nach Vorlage. Vier Kinder spielten eine Art 'mathematisches' Spiel mit verschiedenfarbigen Scheiben, Dreiecken, Rechtecken und Quadraten aus Holz. Mehrere Kinder rechneten, eines mit einem 'umgekehrten' Taschenrechner (der im Leuchtfeld Aufgaben stellte, deren Resultat man eintippen musste). Ein Mädchen malte ein seltsames Tier. Wir hielten es für eine Art 'Meerschweinchen mit Horn', erfuhren dann aber von Sharon, dass das ein 'Kamuffel' sei und Kamuffels seien keine Tiere. Ein weiteres Mädchen – Samantha – beschäftigte sich mit einer Art Zusammensetzspiel, dessen Sinn wir zuerst nicht verstanden. Samantha klärte uns dann aber darüber auf, dass es sich um ein Lernprogramm handle und dass man mit dem Zusammensetzspiel (SABEFIX) die Richtigkeit seiner Lösungen kontrollieren könne.

Besonders auffällig waren uns zwei Knaben, die vor einer Schreibmaschine saßen und nach eigenem Bekunden einen 'Kriminalroman' dichteten. Tat-

sächlich tippten die beiden mit großem Fleiß – zwar keinen 'Kriminalroman' im erwachsenen Sinn, dafür aber eine handfeste Räubergeschichte vom „berümden Reuber Hozenbloz". Schließlich entdeckten wir auch noch die Lehrerin. Zusammen mit drei Italienerkindern spielte sie eine Art Lese-Lotto. Dabei ging es nicht nur darum, dass man die aufgerufenen Kärtchen ergatterte, wer ein Kärtchen ablegen wollte, musste zusätzlich etwas über das Kärtchen erzählen, z.B. „Das ist ein Ball. Damit kann man Fußball spielen. ... Tee trinke ich wenig, ich habe lieber Fruchtsaft" etc.

„Auf diese Art und Weise würden wir auch gerne nochmals in die Schule gehen", begrüßten wir die Lehrerin. Sie lachte und meinte, das sei eben der „Werkstattunterricht".

Wir wollten das erklärt haben. Zwar waren wir sehr beeindruckt vom Eifer und der Konzentration, mit denen die Kinder arbeiteten, auch über die entspannte und friedliche Atmosphäre, nur war uns schleierhaft, was das alles mit Lesenlernen zu tun haben sollte. ...

Ich weiß nicht, ob es der Lehrerin damals gelang, den beiden Journalisten nahe zu bringen, worum es geht. Ich weiß auch nicht, ob mir gelingen wird, Ihnen zu vermitteln, worum es geht – aber ich will es versuchen.

2. Werkstattunterricht und offener Unterricht

Will man den Werkstattunterricht verstehen, muss man auch vom „offenen" Unterricht sprechen, denn der Werkstattunterricht ist eine Modifikation des offenen Unterrichts. Der offene Unterricht ist in der Öffentlichkeit noch wenig bekannt – und wenn, dann nur, weil er immer wieder beschuldigt wird, den Leistungsgedanken zu verhöhnen. Wenn Sie in diesem Buch bis hierher gelesen haben, wissen Sie inzwischen, dass das nicht stimmt. Die Kontroverse heißt keineswegs „Leistung ja oder nein?", vielmehr heißt sie: W a s ist Leistung und w e l c h e Leistungen sind erwünscht? Geht es z.B. um Rechtschreibung oder um Selbständigkeit? Natürlich ist diese letzte Gegensetzung etwas unfair, aber sie signalisiert, worum es geht: Es geht um Wertvorstellungen und um Zielprioritäten. Und in dieser Auseinandersetzung ist der „offene" Unterricht klar zu positionieren.

„Offen" bedeutet im Zusammenhang mit Unterricht vielerlei:

- Unterricht ist offen, wenn er nicht von der Lehrerin oder vom Lehrmittel im Voraus völlig festgelegt ist, d.h., wenn er keinen starren Lernweg vorschreibt, dem die Kinder zwingend folgen müssen. Stattdessen bleibt ein solcher Unterricht offen für Entwicklungen, die sich aus dem Unterricht selbst ergeben können. Dabei bedeutet Offenheit keineswegs Verzicht auf Vorgaben und Planung. Planung ist notwendig, auch wenn menschliches Handeln nur begrenzt planbar ist. Doch sollen die Vorgaben und Planungen flexibel vorgenommen werden, damit sie das Lernen der Kinder unterstützen.

- Unterricht ist offen, wenn er ein „offenes Ohr" hat für Anliegen, Bedürfnisse und Interessen der Kinder und beispielsweise auch kindliche Kriterien bei der Leistungsbeurteilung berücksichtigt.

- Unterricht ist offen, wenn er für vielfältige Unterrichts- und Sozialformen offen ist, was ineins damit bedeutet, dass er dem einzelnen Kind überlässt, ob es allein, mit einem Partner oder in einer Gruppe arbeiten will. Zugunsten der Partner- und Gruppenarbeit lassen sich nicht nur sozial-erzieherische Gründe nennen, es gibt auch eine alte Erfahrung, dergemäß Kinder voneinander am besten lernen. Allerdings müssen die LehrerInnen dann einiges an organisatorischem Mehraufwand, an unterrichtlicher Präsenz und an pädagogischer Zuversicht auf sich nehmen, wenn sie das Lernen wirklich zur Sache der Kinder erklären und ihrer freien Zusammenarbeit anheimstellen.

- Unterricht ist offen, wenn er „offen und ehrlich" ist, d.h. für die Kinder transparent wird durch Information und Mitbestimmung. So sollten die Kinder z.B. über den Lehrplan orientiert werden sowie über Hintergründe (Ziele, Absichten und Beurteilungsmaßstäbe) des Unterrichts. Zudem sollten sie bei der Unterrichtsplanung, -durchführung und -auswertung mitbestimmen dürfen.

Um Missverständnisse zu vermeiden: Offener Unterricht bedeutet nicht, dass man die Kinder einfach tun lässt, was sie wollen, und dass die LehrerInnen, die schließlich mehr Erfahrungen und spezifische Kenntnisse besitzen als die Kinder, einem solchen Treiben tatenlos zuzusehen haben. Aber es gibt einen bedeutsamen Unterschied zwischen Herausforderung oder Bekehrung von Lernenden. Entsprechend sollte man das Vorbild für die LehrerInnen in den TherapeutInnen sehen, die den Lernenden sozusagen nachgehen, nicht in TrainerInnen, die sie über eine festgelegte Bahn mit fixen Hürden zur Höchstleistung bringen (BRÜGELMANN). „Offener" Unterricht verlangt „offene" LehrerInnen, denen eine ganz bestimmte pädagogische und didaktische Haltung eigen ist. Neben Offenheit erfordert diese vorab Flexibilität, Fähigkeit zur Improvisation sowie unbedingten pädagogischen Optimismus hinsichtlich der Entwicklungs- und Lernfähigkeiten der Kinder.

3. Ziele und Begründungen

Die pädagogischen und didaktischen Überlegungen, die für eine Öffnung des Unterrichts sprechen gehen schon ins vorletzte Jahrhundert zurück und sind mit bekannten Namen verbunden: Maria MONTESSORI, Celestin FREINET, Rudolf STEINER, Peter PETERSEN u.a.m. Dazu kommen Konzepte der sogenannten Reformpädagogik aus den 20er Jahren des letzten Jahrhunderts. Alle diese, im Einzelnen durchaus verschiedenen Ansätze hatten eine Gemeinsamkeit: Alle suchten nach einer „Pädagogik vom Kinde aus" und alle akzeptierten die These, dass das Kind im handelnden Umgang mit wirklichen Dingen mehr und besser lernt, als wenn es den LehrerInnen bei Vorträgen zuhört oder in didaktisch schlau gegliederten Lehrbüchern blättert.

Vielleicht scheint Ihnen dieser Gedanke nicht aufsehenerregend, vielleicht empfinden Sie ihn vom gesunden Menschenverstand her als naheliegend, doch leider ist zu konstatieren, dass die Schule in den letzten 50 Jahren eher nicht in dieser Weise arbeitete. Hätte ich selber z.B. noch 1970 in Basel so unterrichtet wie jetzt in Hamburg, ich wäre damals fristlos gekündigt worden. Das ist heute nicht mehr so. In Basel, wie in der ganzen Schweiz, wird heute von Behörden und Elternschaft ein anderer Unterricht erwartet als anno 1970. Auch in Deutschland hat ein Wandel stattgefunden, wird die Abkehr von der „Buchschule" und ihren bloß formalen Leistungszielen gefordert. „Offene" und individualisierende Unterrichtsformen werden in Lehrplänen angemahnt – und manchmal sogar von den Behörden auch unterstützt.

Für diesen Wandel gibt es Gründe, die im generellen Wandel unserer gesellschaftlichen, wirtschaftlichen und politischen Verhältnisse liegen. Entscheidend dabei ist, dass heute andere Erwartungen an die Schule ergehen, als z.B. noch 1970. Zwar geht es nach wie vor darum, die Entwicklung des Kindes durch Erziehung und Unterricht so zu unterstützen, dass das Kind sich dermaleinst, erwachsen geworden, in seiner Lebenswelt zurechtfinden kann. Doch sieht dieses „dermaleinst", in dem sich das Kind später einmal bewähren muss, aus heutiger Sicht anders aus, als es 1970 gesehen wurde.

Halten wir dazu fest: Die Schule erzieht heute Kinder, die sich in der Welt von morgen bewähren müssen. Dieses Morgen bedeutet für Grundschulkinder, je nach Ausbildungsweg, in ca. 15 bis 20 Jahren. Die Schule soll also heute jene Qualifikationen und Kompetenzen vermitteln, die morgen wesentlich werden. Unterricht muss sich daher an der künftigen Lebenswelt orientieren und dies gilt nicht nur für Unterricht in Abschlussklassen – prinzipiell gilt es bereits für den Grundschulunterricht. Da aber niemand weiß, was die Zukunft bringen wird, und angesichts des ständigen sozialen Wandels niemand voraussehen kann, wie die Welt dann aussehen wird, ist diese Forderung problematisch.

Gewiss ist lediglich, dass die gesellschaftliche Gesamtsituation – jedenfalls in vielen Aspekten – anders sein wird als heute, und gleichzeitig werden sich auch Berufsstrukturen und Leistungsanforderungen verändern. So hat beispielsweise der Innovationsbeirat der baden-württembergischen Landesregierung zum Bereich Bildung und Wissenschaft anno 1999 in einem Leitbild postuliert, nicht die „Abbildung der heutigen Wirklichkeit" und auch nicht der Erwerb heutigen Wissens seien die „optimale Vorbereitung der Schüler auf das Leben". Vielmehr müssten die Voraussetzungen dafür geschaffen werden, heute noch unbekannte Anforderungen der Zukunft bewältigen zu können, indem dafür entsprechende Fähigkeiten ausgebildet werden. Erst auf der Grundlage solcher Kompetenzen werde die „Wissensgesellschaft" Bestand und Perspektive haben.

Diese Überlegung ist sicher richtig – nur, was klärt sie für uns? Wir würden gerne genauer wissen, worauf es ankommt. Spätestens seit dem

2. Weltkrieg musste ja jede Generation erfahren, dass die Erziehung, die sie selber erhalten hatte, im Gefolge des beschleunigten technischen und sozialen Wandels nicht mehr der Realität entsprach, die sie als Erwachsene vorfand. Eltern, die die Zukunft ihrer Kinder im Auge hatten, mussten erleben, wie diese Zukunft verfehlt wurde, wenn sie ihre Kinder streng nach Grundsätzen erzogen, die einst in ihrer eigenen Kindheit Geltung hatten. Kein Wunder also, dass sich in den Familien und in der Öffentlichkeit Unsicherheit über Ziele und Praktiken der Erziehung ausgebreitet hat. Wir erziehen zwar heute für eine Welt von morgen – und wissen doch je länger je weniger, wie diese Welt von morgen beschaffen sein könnte.

Versucht man, sich Hauptlinien der künftigen Entwicklung vorzustellen, dann zeigt sich: Absehbar ist der weitere Vormarsch der Mikroelektronik, die in Produktion und Verwaltung zusehends alle Routinearbeiten dem Computer überträgt. Zudem ist der weitere Ausbau des Dienstleistungssektors wahrscheinlich, wo jene Arbeitsplätze geschaffen werden müssen, welche in der industriellen Produktion durch die Automation eingespart wurden. Hinsichtlich künftig erforderlicher Berufsqualifikationen bedeutet dies, dass in Zukunft Kreativität und Sozialkompetenz besonders gefragt sein werden.

Im UNESCO-Bericht „Zur Bildung für das 21. Jahrhundert", den der ehemalige EU-Kommissionspräsident Jacques DELORS 1997 verantwortete, heißt es hierzu: Das Entscheidende für die Zukunft sind „Kreativität, Sozial- und Handlungskompetenz der Jugendlichen". Die Bildungsaufgabe der Gegenwart heißt „Stärkung der Persönlichkeit", im Zentrum stehen „neue kultursoziale Schlüsselqualifikationen" wie Selbständigkeit, Eigeninitiative, Selbstverantwortung, Persönlichkeitsbildung, Teamfähigkeit, Kreativität, Erlebnisfähigkeit, Handlungskraft usw. Bei aller Ungewissheit darüber, was die Zukunft bringen wird, scheint gewiss: In den anspruchsvolleren Berufsfeldern wird Kreativität der wesentliche Erfolgsfaktor werden, in den einfacheren (Dienstleistungs-)Berufen wird hohe Sozialkompetenz von Vorteil sein, und beide diese Kompetenzen sind in hohem Maße abhängig von Selbständigkeit, Selbstverantwortung und Erlebnisfähigkeit. Diese Einschätzung wird seit Jahren auch in der Industrie geteilt:

Gesucht ist nicht mehr der brave, ordentliche Arbeiter, der fleißig tut, was man ihm sagt, ohne lang nach dem Warum und Wozu zu fragen. Wenn man Spitzenkräfte der Industrie heute reden hört, kehrt sich das Bild völlig um: Gesucht ist nun der urteilsfähige, flexible, kreative, selbstbewusste, handlungsstarke, durchsetzungs- und teamfähige Mitarbeiter, der weiß, was er will, d.h. der Prototyp des mündigen Bürgers, den unverbesserliche Aufklärer seit über 200 Jahren immer wieder gefordert haben.

Sofern Erziehung dazu beitragen soll, dass der junge Mensch sich später einmal in der Welt und im Leben zurechtfindet, ist mithin die Förderung eines selbständigen, kritischen, produktiven, kreativen und mitmenschlich-toleranten Denkens und Verhaltens zum ersten und wichtigsten Erziehungsziel aller Schulstufen zu erheben. Wenn damit gleichzeitig auch eine Erziehung zum Anerkennen, Bewahren und lebendigen Umgehen mit ethischen, ästhetischen und allgemein moralischen Werten und Normen versucht wird, ist dies wohl die sinnvollste Vorbereitung der jungen Menschen auf die Zukunft. Soll eine solche Erziehung allerdings nicht nur deklamatorisch postuliert, sondern tatsächlich unterrichtlich angestrebt werden, so muss die Schule – und mithin auch die Grundschule – sich ständig selbstkritisch analysieren und, wo nötig, modifizieren.

Pädagogik muss sich also nach den Entwicklungsmöglichkeiten des Kindes (und des Jugendlichen) richten und die Methoden des Lehrens und Lernens danach ausrichten. Daher müssen kognitive, kreative, künstlerische, praktische und soziale Fähigkeiten gleichermaßen entwickelt werden. Es geht nicht nur um die Vermittlung einer breiten Allgemeinbildung; die einzelne Klasse selbst muss als soziales Lernfeld pädagogisch-didaktisch berücksichtigt werden. Die Schulzeit ist schließlich ein wesentlicher Teil der Biographie eines jeden Menschen, und nur wenn er hier positive Erfahrungen macht, wird er für ein lebenslanges Lernen motiviert sein.

Kinder lernen in der Schule bekanntlich nicht nur das, was ihnen offenkundig, bewusst und mit Absicht zu lernen vorgestellt wird. Sie lernen auch Einstellungen, Anpassungsformen, Überlebensstrategien usw., deren Begünstigung in keinem offiziellen Lehrplan vorgesehen ist und die nicht selten quer zu den amtlichen Zielen verlaufen. Die Normen, Umgangsformen, Rollenvorschriften, die Sanktionen und die Kontrollverhältnisse an der Schule, kurz die Schule als soziales System dürfte ein ungeheuer eindringlicher Lerngegenstand für Kinder und Jugendliche sein. Dieser „heimliche" Lehrplan findet bei uns noch immer zu wenig kritische Aufmerksamkeit, vielleicht weil uns allen, die wir seit dem 6. Lebensjahr Schule als naturwüchsige Selbstverständlichkeit wahrzunehmen gelernt haben, die dazu notwendige Sensibilität abhanden gekommen ist.

Vielleicht liegt hier der psychologisch tiefere Grund, warum manche Eltern mit dem Werkstattunterricht Mühe bekunden oder diese Unterrichtsform sogar ablehnen. Dabei ist doch gerade der Werkstattunterricht die ideale Unterrichtsform für die „Bildung von morgen". Er eröffnet dem Kind die Freiheit des Arbeitens, fördert seine Selbständigkeit und kommt seinem individuellen „Profil" entgegen – jedes Kind kann stets dort mit seinem Lernen weiterfahren, wo es jeweils steht.

Werkstattunterricht ist nämlich der Versuch, kommunikatives und selbstgesteuertes Lernen im Unterricht zu ermöglichen. Im Zusammenhang mit *Lesen durch Schreiben* geht es dabei nicht um die Vermittlung von Lesetechnik, sondern um eine allgemeine, umfassende Förderung und Erweiterung des Sprachkönnens, der Wahrnehmungs- und Lesefähigkeiten sowie einer disziplinierten Arbeitshaltung (Konzentrationsvermögen und Anweisungsverständnis). Damit versteht sich der Werkstattunterricht als eine mögliche Antwort auf die didaktische „Was-und-Wie-Frage-Nr. 1", welche lautet: W a s sollen Kinder lernen und w i e können sie es lernen?

4. Werkstattunterricht als didaktischer Kompromiss

Der Werkstattunterricht ist nicht ein vollständig „anderer" Unterricht. Unter der Leitidee „didaktische Aktivierung" hat er lediglich schon vorher bekannte Unterrichtsformen wie etwa die Stillarbeit oder das Partnerlernen weiterentwickelt – in dreifacher Absicht:

- um der Individualität des einzelnen Kindes mehr zu entsprechen,

- um den Kindern neue und erweiterte Möglichkeiten zu eigenaktivem, selbstgesteuertem Lernen einzuräumen,

- um spezifische, „moderne" Erziehungsziele wie Selbständigkeit, Selbstverantwortung, Initiative, Kreativität usw. erfolgreicher anzusteuern.

Bildungstheoretisch gesehen ist der Werkstattunterricht ein Kompromiss. Vor den grundlegenden aber gegenläufigen Forderungen nach Systematik einerseits und Offenheit andererseits sucht er einen Mittelweg: Über die Zusammensetzung des (obligatorischen) Lernangebots nimmt die Lehrerin Einfluss auf die Erfordernisse der Systematik, in den Wahlmöglichkeiten für die Kinder, und im prinzipiellen Angebot „freier Arbeit" entstehen Räume der Offenheit.

Werkstattunterricht ist nicht an bestimmte Fächer oder Stufen gebunden, wenngleich es natürlich Bereiche gibt, wo er sich besser eignet als in anderen. Auch auf der Sekundarstufe I wird zunehmend werkstattmäßig unterrichtet. Im Zusammenhang mit *Lesen durch Schreiben* empfiehlt er sich aus folgenden Gründen:

(1) Weil *Lesen durch Schreiben* auf der pädagogischen Grundüberzeugung steht, dass die meisten Kinder aus sich heraus lernfähig und lernbereit sind und nicht von außen dazu angehalten werden müssen, hilft Werkstattunterricht, der Selbstaktivität der Kinder ein Maximum an Spielraum zu gewähren.

(2) Weil *Lesen durch Schreiben* postuliert, Leseunterricht sei umso wirkungsvoller, je unspezifischer er sei, d.h. weil er Schreiben- und Lesenlernen nicht als isolierte Vorgänge betrachtet, hilft Werkstattunterricht, Schreib- und Lese„lern"prozesse in die Gesamtheit aller Lernprozesse des Kindes einzubetten. Im Werkstattunterricht ist es problemlos möglich, Lese- und Schreibaufträge im engeren Sinne zu verbinden mit mathematischen Aufgaben, mit Spielen und Basteln, mit Trainings zu Wahrnehmung, Konzentration, Aufmerksamkeit und Konstruktion usf.

Da beim Werkstattunterricht nicht die ganze Klasse gemeinsam in einem bestimmten Fach unterrichtet wird, kann individualisiert und fächerüber-

greifend gearbeitet werden. Dazu sind verschiedene Arbeitsplätze mit obligatorischen und freiwilligen Lernangeboten eingerichtet (Fenstersims/ Materialtisch u.ä.). Die Kinder arbeiten meist unabhängig von der Lehrerin. Sie wählen ihre Aufgaben – gleichsam aus einem schulischen „Schwedenbuffet" – selber aus und beschaffen sich die dazu notwendigen Informationen und Materialien selbständig.

Bei der Bezeichnung „Werkstattunterricht" sollte man also nicht an „Hammer und Hobel" denken. Das Wort meint hier einen Unterricht in der Art einer Werkstatt:

- In einer Werkstatt wird gearbeitet,
- nicht alle Mitarbeiter machen dasselbe,
- hier ist ein Handwerker allein, dort sind drei zusammen an einer Arbeit usw.,
- nicht überall arbeitet der Meister mit, steht den Gesellen aber bei Problemen jederzeit zur Verfügung.

Analog ist es beim Werkstattunterricht:

- Die Kinder arbeiten,
- sie arbeiten an Verschiedenem,
- sie arbeiten allein oder in Gruppen,
- sie arbeiten z.T. selbständig, d.h. ohne Lehrerin, (die aber bei Schwierigkeiten um Hilfe angegangen werden kann).

Wenn Werkstattunterricht gelingt, dann hat er für die Kinder gegenüber anderen Unterrichtsformen einige Vorteile. Werkstattunterricht

- fördert Selbständigkeit und Selbstvertrauen der Kinder, weil sie selber entscheiden können, was sie unternehmen wollen. Dies führt zu einer realistischen Selbsteinschätzung und stärkt die Selbstverantwortung.
- ermöglicht Individualisierung des Unterrichts, denn die Kinder fahren jeweils dort mit ihrem Lernen weiter, wo sie selber stehen.
- intensiviert das Lernen, weil die meisten Kinder gleichzeitig aktiv sind.

- fördert die Sachmotivation, weil die Kinder ihren eigenen Interessen nachgehen können, und begünstigt ein Lernen durch Selbstentdeckung.
- erlaubt Lernen nach eigenem Tempo.
- verhindert affektive Stauungen, weil Bewegungs- und Kommunikationsfreiheit gegeben ist; das erhöht das Wohlbefinden der Kinder im Unterricht.
- verringert Über- und Unterforderung.
- trägt zu einer guten Arbeitshaltung der Kinder bei.
- hilft den Kindern, das Lernen zu lernen.
- intensiviert die soziale Interaktion und ermöglicht, dass Kinder von ihren Kameraden lernen bzw. die Kameraden lehren, was lernpsychologisch höchst wirkungsvolle Verfahren sind.
- gibt der Lehrerin Zeit zur Beobachtung der Kinder in natürlichen sozialen Situationen und Zeit für individuelle Förderung; sie kann sich intensiv mit einzelnen Kindern befassen.
- begünstigt ein entspanntes Verhältnis zwischen der Lehrerin und den Kindern.
- erlaubt eine gute Ausnutzung von Unterrichtszeit und Arbeitsmaterial und ermöglicht sogar Aufgaben, welche an anspruchsvolles oder teures Material gebunden sind, da dieses Material von den Kindern nacheinander genutzt werden kann und somit nicht in Klassenstärke vorhanden sein muss.

5. Das „Chef-System“

Das „Herzstück“ des Werkstattunterrichts ist das von mir so genannte „Chef-System“. Heißt die Bildungsaufgabe der Gegenwart tatsächlich „Stärkung der Persönlichkeit“, wie es die UNESCO formuliert, und stehen im Zentrum „neue kultursoziale Schlüsselqualifikationen“, dann ist der Werkstattunterricht die Methode der Wahl, damit solche Ziele umsetzbar werden. Dies gilt vor allem dann, wenn der Werkstattunterricht mit dem „Chef-System“ gekoppelt wird, bzw. mit „Kompetenz- und Aufgabendelegation“, wenn ich mich weniger salopp ausdrücken soll.

Man muss kein großer Theoretiker sein, um einzusehen, dass ein Kind nicht selbständig wird, wenn man ihm den ganzen Tag hindurch vorschreibt, was es zu tun und zu lassen hat. Und Selbstverantwortung bzw.

Verantwortungsbewusstsein wird es wohl auch kaum entwickeln, wenn man ihm nicht Verantwortung überträgt. Mir scheint, ein Kind wird umso selbständiger, je mehr Freiräume für selbständiges Handeln man ihm einräumt, und Verantwortungsbewusstsein entwickelt es umso mehr, je mehr Verantwortung ihm obliegt. Von dieser schlichten Überlegung her habe ich 1988 begonnen, in meiner damaligen 3. Klasse in Möhlin Aufgaben und Entscheidungsbefugnisse (Kompetenzen), die mir oblagen, an die Klasse zu delegieren. Das funktionierte so gut, dass ich nach kurzer Eingewöhnungszeit fast alles, was an Kompetenz und Verantwortung bei mir angelagert war, an die Klasse zurückgab.

Beispiel 1:
Ich hatte eine „Sport-Chefin", welche für die Durchführung der Turnstunden zuständig war. Dabei waren drei Regeln zu beachten: 1. muss alles, was an Geräten und Materialien benutzt wird, am Schluss wieder ordentlich weggeräumt sein. 2. darf nichts Gefährliches gemacht werden (wobei die Kinder zunächst selber einschätzen, was gefährlich ist oder nicht). 3. ist die Verwendung des Trampolins nicht gestattet.

Diese „kindorganisierten" Turnstunden waren beeindruckend, lebhaft und vielfältig: Die einen Kinder turnten an den Ringen, andere fuhren das Reck hoch, wieder andere übten Salti auf den großen Matten, ein Junge übte Zielwerfen mit Tennisbällen und fünf spielten Fußball – alle friedlich nebeneinander.

Ausgebildete Sportdidaktiker können hier natürlich Bedenken anmelden, die ich z.T. sogar nachvollziehen kann. Aber da ich andere Zielprioritäten hatte, nahm ich Schwachstellen in Kauf und konnte das auch getrost tun, weil der Turninspektor, der die amtliche Aufsicht über den Sportunterricht in unserer Region führte, keine Einwände hatte, sondern verblüfft feststellte, dass die Kinder dauernd in Bewegung waren und die kostbare Bewegungszeit also genutzt wurde, dass sie zwar Verschiedenes machten, das aber gar nicht schlecht.

Ich will zum Verständnis des Ganzen nur noch eine Information nachschieben: Einige Kinder der Klasse waren Mitglied im örtlichen Turnverein, zwei Mädchen nahmen Ballettunterricht, drei Jungen waren im

Fußballclub, zwei betrieben in der Freizeit Judo und einer boxte – und alle diese Kinder brachten ihr sportliches „Know-how" mit in die Turnstunden, so dass diese eben ein durchaus akzeptables Niveau aufwiesen.

Beispiel 2:
Ein Musterbeispiel für das „Chef-System" ist für mich die „Hausaufgaben-Chefin". Als ich dieses Amt vor Jahren einführte, war bei uns gesetzlich vorgeschrieben, dass Kinder Hausaufgaben erledigen müssen. Dieser Pflicht, den Kindern Hausaufgaben zu erteilen, bin ich allerdings nur widerwillig nachgekommen, weil ich von Hausaufgaben nichts halte: Die übliche Form von Hausaufgaben benachteiligt jene Kinder, deren Bildungschancen ohnehin schon geringer sind. Ich hatte daher keine Bedenken, die Verantwortung für die Hausaufgaben an ein Kind zu delegieren, die „Hausaufgaben-Chefin". Diesem Kind und nur ihm oblag es, der Klasse Hausaufgaben zu erteilen oder zu erlassen. Das Kind hat festgelegt, welche Art von Hausaufgaben zu erledigen sind, und es hat auch kontrolliert, ob die Aufgaben korrekt gemacht wurden.

Hier will ich etwas mehr berichten, weil die Erfahrungen, die ich dabei machte, besonders typisch sind. Als ich zum ersten Mal, im letzten Quartal von Klasse 1, eine „Hausaufgaben-Chefin" vorsah, gab es zunächst nämlich Widerstände von Seiten der Elternschaft. Solange es beim „Chef-System" nur darum ging, dass Kinder die Zimmerpflanzen gießen, die Wandtafel reinigen usw., solange die Kinder also eigentlich gar keine „Chefs" waren, sondern „Diener", kamen keine Einwände, aber jetzt, wo es um etwas Substantielles ging, wurden Bedenken laut, und man schickte den Elternsprecher vor, damit er mir die Sache ausrede. Nun war aber der Elternsprecher ein engagierter und intelligenter Vater, der Argumenten gegenüber zugänglich war. Ich gab ihm zu bedenken, dass es doch interessant sein könnte, zu schauen, was sich ergibt, wenn ein Kind die Hausaufgaben festlege. Falls das Ganze zum Flop würde – und das war die entscheidende Überlegung –, könnten wir ja sofort wieder aufhören. Also fingen wir an.

Der Versuch wurde ein voller Erfolg, nicht zuletzt deshalb, weil aufgrund der zufälligen Ämterverteilung Nadine den Zuschlag als „Hausaufgaben-Chefin" bekam. Nadine war ein sehr begabtes, wohlerzogenes und hochmotiviertes Mädchen. Sie hatte mitbekommen, dass gegen die „Hausaufgaben-Chefin" auf Seiten der Elternschaft Bedenken bestanden, und machte sich nun eine Ehre daraus, diese Bedenken zu zerstreuen. So bestürmte Nadine beispielsweise ihre Oma, dass sie ihr eine Kinderzeitschrift abonniert, um Anregungen zu bekommen. Sie brauchte grundsätzlich ihre Pausen dafür, andere Kinder aus anderen Klassen zu fragen, was sie so als Hausaufgaben machten und was sie gerne hätten. Sie erbat sich von mir ein Heft und führte aus eigenem Antrieb über die erteilten Hausaufgaben „Buch". Es würde zu weit führen, an dieser Stelle alles zu berichten, womit uns Nadine positiv überraschte. Zusammenfassend halte ich nur fest:

- Die Klasse hatte mehr Hausaufgaben als unter meiner Regie, deutlich mehr.
- Nadines Hausaufgaben waren sehr viel interessanter als die meinen. Sie legte ihren ganzen Ehrgeiz darein, sinnvolle und interessante Hausaufgaben zu erteilen, und verstand es, was die Kinder besonders mochten, sinnvolle Partneraufgaben zu stellen, die außer Haus zu erledigen waren. So hatte sie beispielsweise mit dem letzten Bauern, der im Dorf noch Kühe hielt, organisieren können, dass die Kinder einen Stallbesuch machten und eine Milchstatistik erstellten.
- Die Hausaufgaben waren bei den Kindern besser legitimiert. Denn als ich noch der „Chef" war, hatte ich Hausaufgaben nur erteilt, selber aber nicht gemacht, während Nadine die Aufgaben, die sie stellte, selber auch erledigte.

Fairerweise muss ich allerdings eines noch nachtragen: Natürlich versahen nicht alle „Hausaufgaben-Chefs" ihr Amt so bravourös wie Nadine, aber fähig zu dieser Aufgabe waren auch die anderen Kinder, nur Denise war überfordert und musste abgesetzt werden. Aber auch dies ist im „Notfall" ja möglich, denn die Klasse hatte einen „Ober-Chef", und alle wussten, wer das war.

Es gab weitere Chefs: Die „Spiel-Chefin" sorgte z.B. dafür, dass alle Kinder eine Chance bekamen, beliebte Spiele zu spielen. Die „Computer-Chefin" war für alle Fragen am Computer zuständig und hatte die Berechtigung, „Computerprüfungen" abzunehmen und entsprechende „Diplome" auszustellen. Diese „Diplome" gewährten z.B. das Vorrecht, am Computer besonders beliebte Spiele zu spielen, die den anderen Kindern dank geheimer Passwörter nicht zugänglich waren. Die „Vortrags-Chefin" besprach mit den Kameraden mögliche Vortragsthemen, führte am Anschlagsbrett eine Veranstaltungsliste, organisierte die Reihenfolge der Vorträge, war für die Zeitplanung zuständig, und nach den Vorträgen hielt sie jeweils protokollarisch fest, wie die Klasse den gehörten Vortrag beurteilte.

Ich will nicht alle „Chef-Ämter" aufzählen, die ich in meinen Klassen anbot, zumal natürlich jede Lehrerin passend zu ihren Kindern und zu ihrer Schulsituation je eigene „Chef-Ämter" einrichtet. Diese können sehr unterschiedlich sein, wichtig ist lediglich, dass sie den Kindern Lernchancen bieten und/oder die Organisation der Schularbeit erleichtern.

Grundsätzlich bedeutet Kompetenz- und Aufgabendelegation: Im Rahmen des Unterrichts wird jedes Kind mit bestimmten, effektiven Funktionen der Lehrerrolle verantwortlich betraut. Dabei heißt effektive Funktion nicht, einem bestimmten Kind zum Beispiel die Verantwortung für das Gießen der Zimmerpflanzen o.ä. zu übertragen, sondern ihm beispielsweise die Befugnis über Anordnung, Kontrolle und Korrektur der Hausaufgaben zu geben.

Ein solches „Chef-System" funktioniert hervorragend, wenn die folgenden Regeln strikte beachtet werden, und es funktioniert nicht, wenn man diese Regeln relativiert.

(1) Die erste und wichtigste Regel besagt: es müssen alle Kinder Chefs sein, wenn möglich sogar mehrfach. Das System soll ja nicht zu einer Hierarchisierung unter den Schülern führen, im Gegenteil: Es soll mehr Demokratie und Mitbestimmung ermöglichen, weil die Lehrerin zu Gunsten der Kinder auf einen großen Teil ihrer „Macht" verzichtet. Wenn alle Kinder Chefs sind, dann verhalten sie sich auch alle loyal, werden hingegen einzelne Kinder vom Chef-System ausgeschlossen, dann werden diese es sabotieren.

(2) Der Zugang zu allen Chef-Ämtern muss demokratisch gleichberechtigt sein. Niemand darf ausgeschlossen werden, aus gar keinen Gründen. Ausgenommen bleiben Qualifikationsvoraussetzungen. „Mathematik-Chef" kann bei mir nur ein Kind werden, das Mathematik gut beherrscht – aber das ist ja einleuchtend. In der Erwachsenenwelt wird das Recht auf freie Berufsausübung auch nicht missachtet, wenn für bestimmte Berufe (wie z.B für einen Arzt) spezifische Qualifikationsvoraussetzungen verlangt werden. Wenn eine Lehrerin einzelnen Kindern kein Vertrauen schenken kann, muss sie gänzlich auf das Chefsystem verzichten!

(3) Anordnungen der „Chefs" müssen durchgesetzt werden, d.h. auch die Lehrerin muss sich daran halten. Wenn die Lehrerin Chef-Maßnahmen ignoriert oder gar unterwandert, zerstört sie das System. „Missgriffe" von „Chefs" lassen sich vermeiden, wenn man „Pflichtenhefte" aufstellt, in denen die Befugnisse, Rechte und Pflichten der jeweiligen „Chefs" klar definiert sind. Im allgemeinen kommt es dann nicht zu Situationen, in denen die Lehrerin, die ja trotz Chef-System die „Ober-Chefin" bleibt, eingreifen muss. Tritt aber trotzdem mal ein „Störfall" ein, dann sollte die Lehrerin nicht zögern, einzuschreiten. Als z.B. meine „Hausaufgaben-Chefin" Nadine zu Beginn von Klasse 2 als Aufgabe anordnete, die Kinder müssten mit dem Fahrrad ins Nachbardorf radeln, und zum Beweis, dass sie dort waren, die Jahreszahl am Trog des Dorfbrunnens notieren, griff ich selbstverständlich ein und hob diese Anordnung auf.

Im Rahmen von Werkstattunterricht ist Kompetenz- und Aufgabendelegation sehr gut möglich, weil man jedem Kind Aufgaben anvertrauen kann, die traditionell zu den Funktionen der Lehrerin gehören. Zwar sind die Möglichkeiten, Kompetenzen und Aufgaben aus dem allgemeinen Unterrichtsbetrieb an die Kinder abzutreten, begrenzt, doch wenn man die Beteiligung der Kinder auf das eigentliche Lernangebot ausweitet, indem man die einzelnen Lernangebote einer Unterrichtswerkstatt durch Kinder betreuen lässt, dann können alle Kinder „Chef" sein. Neben seiner Hauptaufgabe, in der Werkstatt zu arbeiten und zumindest die Pflichtaufgaben zu erledigen, übernimmt das Kind zusätzlich noch die Betreuung eines der Lernangebote, d.h.,

- es ist für sein Angebot „Experte“ und kann seinen Kameraden bei allfälligen Schwierigkeiten helfen,
- es beschafft und verwaltet allenfalls zum Angebot gehöriges, besonderes Material,
- es führt eine Klassenliste und weiß, wer das Angebot bearbeitet hat und wer nicht,
- es mahnt bei „obligatorischen“ Angeboten die Kameraden, die in der Bearbeitung des Angebots im Verzug sind,
- es nimmt die Arbeitsergebnisse entgegen und korrigiert sie bei Bedarf.

Also alles, was sonst die Lehrerin rings um ein Angebot tut, erledigt nun das zuständige Kind.

Diese Maßnahme stellt einen erweiterten „Helfer-Unterricht“ dar, ein Verfahren, das in der Didaktik seit Jahrzehnten legitimiert ist. Dass Kinder von ihren Kameraden lernen, bzw. die Kameraden lehren, sind lernpsychologisch höchst wirkungsvolle Verfahren. Ein Kind lernt und entwickelt sich ja vor allem in der Auseinandersetzung, im Vergleich und im Erfahrungsaustausch mit andern. Durch den Austausch von Lernerfahrungen lernen Kinder, ihre Lernschwierigkeiten und Lernerfolge zu erkennen und im persönlichen Erfahrungszusammenhang einzuordnen. Gleichzeitig lernen sie auch, andere besser zu verstehen und sich solidarisch-unterstützend zu verhalten. Sie lernen, sich mit ihren eigenen Ansprüchen anzumelden und durchzusetzen, bei gleichzeitiger Rücksichtnahme gegenüber Ansprüchen der andern.

Wenn also bei den Lernangeboten einer Unterrichtswerkstatt jeweils ein Kind für die anderen Kinder Aufgaben der Lehrerin übernimmt, bietet solcher Helferunterricht, vor allem für schwache Schüler, zwei wesentliche Vorteile: Weil dadurch die Zahl „kompetenter LehrerInnen“ in der Klasse erhöht ist, kommen schwache Schüler in den Genuss einer längerfristigen Lernhilfe einerseits sowie kindgemäßer Erklärungsweisen andererseits. Da die „Kinder-LehrerInnen“ in Sprache, Denkweise und Anschauungsform den anderen Kindern stärker entsprechen als Erwachsene, gelingt die didaktische Kommunikation viel besser.

Zudem festigt solcher Helferunterricht auch die Kenntnisse des helfenden Schülers, denn dieser profitiert selber, wenn er andern etwas erklärt oder beibringt. Dies gilt insbesondere für schwache Schüler, von denen man zunächst annehmen möchte, dass sie sich weniger als Helfer eignen. Doch können solche Kinder durch die Lehrerin speziell „ausgebildet“ werden, indem man sie z.B. gezielt mit Vorausinformationen versorgt, die sie dann an die Kameraden weitergeben können. Das ist natürlich motivierend, weshalb es nicht erstaunen dürfte, wenn Ergebnisse wissenschaftlicher Untersuchungen belegen, dass vom Helferunterricht jene schwachen Schüler am meisten profitieren, welche selber, zumeist bei jüngeren Schülern in anderen Klassen, als Helfer eingesetzt waren.

Kompetenz- und Aufgabendelegation hat damit eine Reihe von Vorteilen. Sie entlastet einmal die Lehrerin von Routineverpflichtungen und bringt eine spürbare Erleichterung in organisatorischer Hinsicht, so dass sie Zeit und Kraft gewinnt. Zudem verringern „Chefs“ das Problem der Kontrolle. Kontrolle ist ein wichtiger Aspekt jeden Unterrichts, im Werkstattunterricht ist sie jedoch erschwert. Auch wenn der Werkstattunterricht vor allem auf die Selbstkontrolle der Kinder baut, kann auf Fremdkontrollen nicht ganz verzichtet werden. Diese können ein Stück weit durch „Chefs“ vorgenommen werden, so dass sich die Lehrerin auf die Kontrolle komplexer Aufgaben wie z.B. die sprachliche Beurteilung freier Texte konzentrieren kann – und auf die Beobachtung von Kindern mit noch geringer Selbstdisziplin, bei denen sie regelmäßig oder stichprobenmäßig nachkontrollieren muss.

Viel wichtiger sind jedoch die Vorteile, welche die Kompetenz- und Aufgabendelegation für die Kinder mit sich bringen:

- Sie fördert die Selbständigkeit, stärkt das Selbstvertrauen und steigert das Verantwortungsgefühl.
- Sie vertieft das Beziehungsgeflecht unter den Kindern und steigert das „Wir“-Gefühl.
- Sie führt zu einem allgemeinen Lernaustausch und regt weiteres Lernen an.
- Sie motiviert zusätzlich (zum Beispiel wenn ein Kind aufgrund der zufälligen Ämter-Verteilung zum „Chef“ eines Lernangebots wurde, für das es sich nicht so sehr interessiert).

Selbstverständlich sind nicht alle Aufgaben und Funktionen, die man an die Kinder delegieren kann, gleicherweise attraktiv bzw. mit echten Kompetenzen ausgestattet. Da jedoch grundsätzlich alle Aufgaben und Funktionen unter denen ausgelost werden, die sich darum bewerben und mithin Chancengleichheit besteht, ist eine allgemeine Legitimation der Kinder gewährleistet. Eine kleine Einschränkung ergibt sich lediglich bei den bereits erwähnten Aufgaben, die spezifische „Qualifikationen" erfordern (Mathematik-„Chefin", Computer-„Chefin" u.ä.); da es sich hier aber nicht um willkürliche Einschränkungen handelt, werden auch diese allgemein anerkannt. Zudem gilt eine bestimmte Kompetenz- und Aufgabendelegation nur für begrenzte Zeit, so dass es im Verlauf eines Schuljahres zu einem regelmäßigen Ausgleich kommt. Da auch eine Werkstatt nicht von Anfang an vollständig mit Lernangeboten bestückt ist, sondern über eine gewisse Zeit hinweg neue Lernangebote mit neuen „Pflichtenheften" hinzukommen, ergeben sich für Kinder, die vielleicht etwas weniger attraktive Betreuungspflichten haben, immer wieder neue Chancen.

Individuelle Stärken und Schwächen bringen es mit sich, dass nicht jedes Kind für jede Aufgabe gleichermaßen geeignet ist. Doch das darf die Lehrerin nie dazu bewegen, ein Kind von vornherein von bestimmten „Ämtern" auszuschließen. Es sei nochmals mit Nachdruck betont: Die außerordentliche unterrichtliche Gesamtwirkung, welche man mit einer umfassenden und echten Kompetenz- und Aufgabendelegation erzielen kann, ist gebunden an die Voraussetzung absoluter Chancengleichheit für alle Kinder. Nur so entsteht eine generelle Legitimation, wo die Kinder bereit sind, auch Anweisungen und Aufträge von Kameraden entgegenzunehmen. Fühlen sich einzelne Kinder ausgeschlossen, dann ist damit zu rechnen, dass sie den Unterricht sabotieren. Begründete Einschränkungen und individuelle Anpassungen kann die Lehrerin in der Gestaltung der „Pflichtenhefte" vornehmen. Die Details der Pflichtenhefte sollen nämlich erst nach der Verlosung und dem Zuschlag einer Aufgabe im Gespräch zwischen Lehrerin und Kind abschließend festgelegt werden. In diesem Gespräch kann, ja muss man dann modifizieren. Ist z.B. ein schwacher Schüler Vortrags-„Chef" geworden, dann verzichtet man auf die Protokollierung der Klassenurteile im Anschluss an die Vorträge und begnügt sich mit der Organisation o.ä.

Diese positiven Wirkungen entfaltet die Kompetenz- und Aufgabendelegation allerdings nur – und das soll nochmals wiederholt werden(!) – unter zwei Bedingungen: Erstens muss sie echt sein, d.h. wirkliche Lehrerkompetenzen übertragen, weil sie gestützt wird von einem prinzipiellen Vertrauen der Lehrerin den Kindern gegenüber. „Ämter" wie etwa Reinigung der Wandtafel, Öffnen der Fenster während der Pause usw., wie sie immer schon vergeben wurden, sind nicht lernwirksam, da es sich im Grunde um „Lakaiendienste" handelt. Damit die Kompetenz- und Aufgabendelegation die oben erwähnten positiven Wirkungen entfaltet, müssen die Kinder mit wirklichen Kompetenzen und Verantwortungen betraut werden.

Zweitens müssen alle Kinder gleichberechtigt beteiligt werden, auch die schwachen oder vorgeblich unzuverlässigen! Gerade schwache oder sogenannt „schwierige" Schüler reagieren auf eine echte Kompetenz- und Aufgabendelegation besonders gut, weil sie hier eine Möglichkeit haben, sich vertieft in die Klasse zu integrieren und sich nicht mehr an den Rand gedrängt fühlen: Kompetenz- und Aufgabendelegation bedeutet nämlich ineins Anerkennung der Person des Kindes, ist von der Lehrerin bestätigtes Zutrauen in sein Können und seine Integrität. Versuchen Sie sich vorzustellen, was es für ein schwaches Kind bedeuten kann, z.B. „Chef" einer Pflichtaufgabe zu sein: Alle Kinder der Klasse, auch die Klassenbesten, müssen diesem Kind ihre Arbeiten vorzeigen und abliefern und es entscheidet darüber, ob die Arbeiten angenommen werden oder nicht. So etwas stärkt.

Natürlich kann man sich fragen, ob der Ausdruck „Chef" glücklich gewählt ist. Wer damit Mühe bekundet, kann ja mit einem anderen Namen operieren. Ich habe mit dem Ausdruck keine Schwierigkeiten, zumal der Begriff „Chef" von den Kindern selbst stammt. Sie sind alle gerne „Chefs" und es ist ihrem Selbstbewusstein offensichtlich förderlich, dass sie Kompetenzen haben. Auch gefällt ihnen, dass sie mit ihren Fragen und Anliegen nicht dauernd zu mir kommen müssen, sondern untereinander operieren können – es entsteht eine Art „Gegenmacht" gegen die Dominanz meiner Lehrerstellung. Als ich beispielsweise in Klasse 1 Karin beim Verabschieden zurückhielt und meinte, sie könne den „Little Professor" (eine Art Taschenrechner) nicht nach Hause mitnehmen, berief sie sich auf die Erlaubnis des „Chefs“ – und ich musste dies akzeptieren, wollte ich nicht das System der Kompetenz- und Aufgabendelegation untergraben.

6. Pannen???

LehrerInnen und Eltern ohne eigene Erfahrungen mit „Chef-System“ haben manchmal Mühe, sich vorzustellen, dass das wirklich funktionieren kann. Doch darf ich Ihnen versichern, es funktioniert. Ich habe bislang auch nie bemerkt, dass die „Amts“-Autorität eines „Chefs“ von den Kameraden missachtet bzw. vom „Chef“ selbst missbraucht worden wäre. Die Kinder nehmen ihre Verpflichtungen sehr ernst. Natürlich gibt es Unterschiede der „Amtsführung“: Weil grundsätzlich alle Kinder gleichberechtigt sind und alle Ämter für alle offenstehen, so dass meistens ein Zufallsentscheid den „Chef“ bestimmt, kam es in meiner Klasse beispielsweise dazu, dass zwei ganz unterschiedliche Kinder die Verantwortung für unsere „Leihbibliothek“ trugen. Die Kinder dürfen die Leseheftchen nach Hause mitnehmen, sind aber gehalten, dem „Chef“ Meldung zu machen, der die Ausleihe in einer Klassenliste notiert.

Matthias aus der Abteilung A betreute dieses Amt umsichtig und gewissenhaft, Hassan, der „Chef“ aus Abteilung B, übte es dagegen nur rudimentär aus. Nur wenn er zufällig entdeckte, dass sich ein Kind, ohne ihn vorher zu befragen, an der Lesekiste zu schaffen machte, fühlte er sich übergangen und erhob deutlich Einspruch. Doch als er einmal Fabian deswegen tadeln wollte, wehrte sich dieser und führte gegen Hassan ins Feld, er würde die Liste ja doch nicht richtig führen und da hätte es gar keinen Sinn, ihm Meldung zu machen. Daraufhin zeigte sich Hassan betroffen und führte seitdem seine Listen korrekt.

Wir gehen ja davon aus, dass man auch aus Fehlern lernen kann. Beim „Chef-System“ ist das so. Natürlich funktioniert da nicht immer alles 100%ig (wie auch sonst im Leben). Aber auch Pannen können sich positiv auswirken. Ich denke da an einen Vorfall mit Remy.

Remy war ein schwacher Schüler, der u.a. große Mühe bekundete, in seinem persönlichen Schulmaterial Ordnung zu halten. Regelmäßig vergaß er ein Heft oder „vernuschte“ ein Arbeitsblatt, ohne sich auf meine entsprechenden Vorhaltungen hin einsichtig oder gar besserungswillig zu zeigen. Dieser Remy, der die Tragweite seiner Unordentlichkeit noch nicht einzusehen vermochte, reagierte erstmals schuldbewusst, nachdem er als Zeichnungs-„Chef" die gesammelten Zeichnungen, die ihm die Klassenkameraden anvertrauten, unauffindbar verlegte. Der Kommentar seines Sitznachbarn – sinngemäß: „Wenn du d e i n e Zeichnung verlierst, ist mir das egal, aber wenn du m e i n e verloren hast, werde ich wütend." –, hat ihn erstmals betroffen gemacht. Die Sache war ihm echt peinlich und ging ihm nahe genug, so dass ich überzeugt bin, Remy habe diese „Lektion" gelernt. Dass die Zeichnungen verschwunden blieben, ist zwar leicht ärgerlich; weil mit ihrem Verlust aber ein Persönlichkeitsgewinn für Remy „bezahlt" werden konnte, hielt sich der Ärger bei mir in Grenzen, zumal die Zeichnungen irgendeines Tages ja doch auf dem Müll gelandet wären. Der Zuwachs an Verantwortungsbewusstsein bei Remy aber bleibt.

7. Ansprüche an die LehrerInnen

Für das Gelingen von Werkstattunterricht spielen natürlich auch die Einstellungen der LehrerInnen, ihre pädagogischen Grundhaltungen sowie ihr konkretes Verhalten eine große Rolle. Die LehrerInnen müssen sich bewusst sein, dass sich aufgrund der besonderen Organisationsformen und der veränderten Zielprioritäten im Werkstattunterricht die Ansprüche an ihre Rolle teilweise stark verändern.

Didaktische Aufgaben wie die Vermittlung von Wissen oder die Organisation des Übens entfallen. Stattdessen rücken in den Mittelpunkt:

- Materialien und Lernangebote entwickeln und bereitstellen,
- den Betrieb im Klassenzimmer „managen",
- Ressourcen in und außerhalb des Klassenzimmers „organisieren",
- einzelne Kinder und kleine Gruppen unterrichten,
- Fähigkeiten und Bedürfnisse der Kinder „diagnostizieren",
- Aktivitäten und Lernprozesse der Kinder anregen; indirekte Fragen stellen, Gedankengänge aufzeigen, Ideen fortführen u.ä.m.,
- mit Kindern über Erfahrungen und Ergebnisse sprechen,
- Arbeitsdisziplin und Lernfortschritte kontrollieren.

Im Werkstattunterricht muss die Lehrerin die eigene Rolle im Klassenzimmer immer wieder überdenken. Sie muss stets einen Ausgleich zwischen Anregen, Vorschlagen, Helfen einerseits und Gewährenlassen, Entdeckenlassen, die Kinder-selber-machen-lassen andererseits finden, wobei diese didaktische Abwägung letztlich die Schwierigkeit, aber auch den Reiz eines solchen Unterrichtsarrangements ausmacht.

Diese andere Rolle zu übernehmen, gelingt nicht allen LehrerInnen auf Anhieb. Viele stimmen zwar der Idee des Werkstattunterrichts zu, mit seiner Verwirklichung haben sie jedoch Schwierigkeiten. Vorbereitung, Gestaltung und Organisation bereiten Mühe; der fehlende „Überblick" und die erschwerte „Kontrolle" verunsichern. Die Lehrerin braucht Mut, das Neue und Ungewohnte zu wagen, denn nur wer über innere Sicherheit und Zuversicht verfügt, wird sich trauen, auf den angeblichen Halt frontaler Unterrichtsformen zu verzichten.

So kann Werkstattunterricht nur gelingen, wenn sich die LehrerInnen um ein spezifisches Verhalten bemühen. Dieses wird hier als Ideal beschrieben, das zwar leitend ist, aber niemals ganz verwirklicht werden kann. Dabei handelt es sich um dreierlei:

(1) schülerbezogene Grundhaltung
(2) sozial-integrativer Führungsstil
(3) didaktische Zurückhaltung

(1) Schülerbezogene Grundhaltung
Unmittelbarer Ausdruck einer schülerbezogenen Grundhaltung der Lehrerin sind ihr Vertrauen in die Lernfähigkeit der Kinder und ihr Bemühen, diesen nicht mit Vorerwartungen oder Vorurteilen gegenüberzutreten. Sie vermeidet prinzipiell, Kinder von ihrer Vorerwartung her auf ein bestimmtes Leistungsniveau festzulegen; sie versagt sich, dem einen Kind stets schwierige, dem andern immer leichte Aufgaben zu stellen, dem einen viel, dem andern wenig zuzumuten. Der Lehrerin ist bewusst, dass Kinder sich weniger in ihren Fähigkeiten unterscheiden als in der Art ihres Lernens und in der Zeit, die sie dafür benötigen. Schwächere Kinder brauchen nicht unbedingt leichtere Aufgaben, sondern mehr Lernhilfe, nicht weniger Belastung, sondern mehr Unterstützung,

nicht Schonung, sondern Zuwendung, nicht Abbau der in sie gesetzten Erwartungen, sondern Aufbau ihrer Lernbereitschaft und Zuversicht.

Wesentlich sind auch Gelassenheit und der Mut, zugunsten freier Kinderaktivität nicht alles selber planen, arrangieren und vorschreiben zu wollen. Die Lehrerin kann das einzelne Kind besser verstehen und auf es eingehen, wenn es im Unterricht seine persönliche Eigenart ungezwungen zum Ausdruck bringen darf, auch wenn es dabei „stört" oder „Fehler macht". Sogenannte „Fehler" und „Verhaltensabweichungen" sind für das Lernen unerlässlich. Sie sagen oft mehr aus über ein Kind als seine Angepasstheiten. Zum Teil sind sie Hinweise auf Eigenständigkeit und Kreativität, zum Teil auf Lernschwierigkeiten, die sich als Ausgangspunkte für individuelle Lern- und Erziehungshilfen nutzen lassen.

(2) Sozial-integrativer Führungsstil
Über den sozial-integrativen Führungsstil ist schon viel geschrieben worden. Daher sei hier lediglich stichwortartig festgehalten, welche Merkmale einen sozial-integrativen Führungsstil auszeichnen. Die Lehrerin:

- sieht Kinder als gleichberechtigt
- lässt über wichtige Punkte abstimmen
- stellt sich in Frage und akzeptiert ihre Grenzen
- gibt häufig Freiraum für selbständiges Tun
- fördert Gruppenarbeit
- ermöglicht Erfolge
- stützt emotional
- ist wenn nötig hilfsbereit
- vermindert Leistungszwang
- vermeidet ein angsterzeugendes Klima
- sucht bei Konflikten nach Kompromissen
- wünscht Initiativen und verlangt Beiträge
- nimmt Vorschläge auf , macht aber auch eigene
- begründet ihr Vorgehen und vertritt ihre Auffassung entschieden, lässt aber auch anderes gelten
- argumentiert bei Widerspruch, akzeptiert aber auch Kritik

(3) Didaktische Zurückhaltung
Sich didaktisch zurückzuhalten, bereitet den LehrerInnen (aber auch den Eltern, die das Lernen ihrer Kinder begleiten) am meisten Mühe. Kindern selbstgesteuertes Lernen zu ermöglichen, erfordert aber, dass die Lehrerin „didaktische Zurückhaltung" übt und eine Art „didaktische Bescheidenheit" pflegt. Dies ist besonders auch beim Werkstattunterricht von Bedeutung, ergibt sich hier doch stets die Frage, ob bzw. wann und wie die Lehrerin in die Lernprozesse ihrer Kinder eingreifen soll oder kann. Selbstgesteuertes Lernen funktioniert besser, wenn auch selbständiges Lernen gestattet ist, selbständiges Lernen ist aber nicht möglich, wenn das Kind durch die Lehrerin didaktisch fremdgesteuert wird. Im Werkstattunterricht steht die Lehrerin daher in der zweifachen Gefahr, entweder im Bestreben nicht-direktiv sein zu wollen, zur passiven Zuschauerin zu werden oder, wenn sie den Kindern beim Lernen helfen will, diese in ihrem Lernen zu stören. Didaktische Zurückhaltung ist hier der Mittelweg, orientiert am „Prinzip der minimalen Hilfe". Das heißt: Das Kind erhält zwar Hilfe, wenn es in seinem Lernprozess tatsächlich blockiert ist, aber nur gerade so viel Hilfe, als unbedingt erforderlich ist, um den Lernprozess wieder in Gang zu bringen. Was dabei das wünschbare Minimum ist, lässt sich allerdings nur im Einzelfall abklären. Als Faustregel kann lediglich gelten, dass im allgemeinen eher zu viel und zu schnell geholfen wird als zu wenig bzw. zu spät.

Für mich kann jeder Unterricht eigentlich nichts anderes leisten, als den Kindern qualifizierte Lerngelegenheiten anzubieten und sie danach im dadurch angebahnten Lernprozess nicht zu behindern. Nun ist dies womöglich wieder eine Forderung, die Sie befremdet. Naiverweise nehmen wir alle ja an, dass die Schule das Lernen der Kinder „fördert". Der Begriff „fördern" ist ein Zentralbegriff unserer Pädagogik. Weil aber alles zwei Seiten hat, gibt es neben dem „Fördern" auch das „Behindern". Und auch dieses geschieht, wenngleich nicht absichtlich. Immer wieder – das zeigt jede exakte Unterrichtsanalyse, die auf Beobachtung fußt – verhalten sich LehrerInnen so, dass sie eigentlich das Lernen der Kinder eher behindern als fördern. Der häufigste „Fehler", den sie (aber auch Eltern) dabei machen, ist ein unangebrachtes Helfen. Unsere Schule legt vielmals zu großes Gewicht auf das Bemühen, Kindern zu „helfen". Hilfe kann auch kontraproduktiv wirken.

Halten wir uns vor Augen: Alles was man dem Kind zeigt, kann es nicht mehr selber finden; alles, was man ihm erklärt, kann es nicht mehr selber entdecken; jede Antwort, die von uns stammt, nimmt dem Kind die Frage, d.h. jeder unnötig gegebene Hinweis „zerstört eine Lernchance" und verringert die Motivation. Ich mache ein einfaches Beispiel:

Ein Kind ist beim Schreiben. Es hat die Buchstabentabelle vor sich und die Lehrerin neben sich. Es will „Flugzeug" schreiben und sucht nun auf der Tabelle das „F". Weil es dieses „F" nicht findet, „hilft" die Lehrerin und zeigt dem Kind, wo das „F" steht.

Na und? – denken jetzt sicher viele; das ist doch in Ordnung. Ist es nicht. Für mich wäre dieses Verhalten der Lehrerin ein Fehler. Warum? Sie wollte doch dem Kind nur „helfen". Angenommen, das sei so, dann fragt sich aber: Hat sie dem Kind geholfen? Ist ihre Hilfe nicht eher eine Behinderung, indem dem Kind eine Lernaufgabe bzw. Lernchance, das „F" zu finden, genommen wurde? Ich frage mich, wem hier „geholfen" wird? „Geholfen" wurde der Lehrerin. Denn sie griff nicht ein, weil das Kind das „F" nicht fand, sie griff ein, weil das Kind das „F" in ihren Augen nicht schnell genug fand. Sie hätte mit größter Wahrscheinlichkeit nur noch etwas warten müssen, bis das Kind erfolgreich gewesen wäre und in seinen Lernbemühungen eine kleine Bestätigung bekommen hätte. Doch sie konnte nicht warten. Erwachsene (auch LehrerInnen) sind meistens ungeduldig. Neben einem Kind zu sitzen, das ein „F" sucht, von dem wir längst schon wissen, wo es steht, ist nicht spannend, nein – ich spreche aus Erfahrung – es ist sehr langweilig, und wenn das Kind unsystematisch sucht und das „F" zunächst übersieht, dann „juckt" es einen, den nervenden Warteprozess abzubrechen, indem man dem Kind „hilft". Das Kind weiß jetzt zwar – mindestens für den Augenblick, denn ob dieses Wissen auch noch am nächsten Tag präsent ist, ist ungewiss – wo das „F" ist, es hat aber auch gleichzeitig erfahren, dass es „versagt" hat. An sich ist das eine Kleinigkeit und folgenlos. Wenn sich solche Situationen aber häufen und z.B. bei einem schwachen oder langsamen Kind zur Regel werden, dann hat das sehr wohl Auswirkungen, nämlich negative: Der Lerneifer des Kindes wird unterminiert und der Tendenz zur geistigen Trägheit wird Vorschub geleistet, denn das Kind weiß: Wenn es seine Aufgaben nicht löst, dann tut das die Lehrerin an seiner Stelle – sie „hilft". Und schließlich ist auch der Lernertrag brüchig, da er nicht wirklich vom Kind erarbeitet wurde.

Nun will ich nicht bestreiten, dass es Fälle gibt, wo man zwei Stunden warten könnte – und das Kind findet das „F" nicht. In so einem Fall müssen natürlich geeignete Hilfsmaßnahmen ergriffen werden. Aber dieser Fall steht im Moment nicht zur Diskussion.

Ich gebe zu: Die Frage nach dem „Helfen" ist heikel. Viele meinen, es sei die wichtigste Aufgabe, dem Kind beim Lernen zu „helfen". Dabei wird „helfen" dann meistens so verstanden, als müsse man dem Kind zeigen, „wie etwas geht". Da ich diese Auffassung nicht teile, behaupten meine Gegner immer wieder verleumderisch, bei *Lesen durch Schreiben* würden die Kinder „im Stich gelassen". Meine Forderung nach „didaktischer Zurückhaltung" nach dem „Prinzip der minimalen Hilfe" wird umgemünzt in „Verweigerung der Hilfe", so dass *Lesen durch Schreiben* nur ein Konzept für begabte Kinder sei – die schwachen kämen unter die Räder. Ich wiederhole es: dies ist unwahr. Denn wir bemühen uns sehr wohl um die schwachen Schüler, gerade um die, aber mit pädagogischen und psychologischen Maßnahmen, nicht mit irgendwelchen didaktischen Zusatzübungen.

Zwei Minuten länger warten, bis ein Kind das „F" gefunden hat – um bei diesem Beispiel zu bleiben –, bringt mehr als „helfen", nicht zuletzt, weil ich jetzt zum Kind „Bravo, gut gemacht!" sagen kann, während meine „Hilfe" ihm nicht nur das „F" vermittelt, sondern zusätzlich das Gefühl, leistungsschwach zu sein. Es liegt hier ein didaktisches Paradoxon vor: Wer als Lehrerin (oder als Elternteil) dem Kind zuviel hilft, schickt es anscheinend zwar auf einen geraden breiten Weg, der am Ende aber nicht zum Ziel führt, sondern sich als Sackgasse erweist.

8. Ein abschließender Hinweis

Soll Werkstattunterricht gelingen, dann ist er auch auf Unterstützung bei den Eltern angewiesen. Leider besteht aber vielerorts noch Misstrauen. Der Werkstattunterricht wird (manchmal sogar mit Absicht) missverstanden, indem man unterstellt: „Da wird nur gespielt, was soll schon dabei herauskommen?" Und es gibt (in der Regel uneingestandene Ängste gegenüber Verhaltensweisen, die man von Kindern nicht erwartet bzw. nicht wünscht, etwa wenn Kinder Kritik äußern, unerschrocken zu ihrer Meinung stehen oder einen hohen Grad an Selbständigkeit zeigen.

Dieses Misstrauen kann ausgeräumt werden, wenn klar wird, dass der Werkstattunterricht die instrumentelle Seite des schulischen Lernens, d.h. den Erwerb von Kenntnissen und Fertigkeiten, keinesfalls vernachlässigt und hohe Leistungsstandards durchaus erreicht.

Eine besondere Frage, die im Zusammenhang mit Werkstattunterricht immer wieder auftaucht, betrifft die sogenannte Chancengleichheit. Es wird gefragt, ob Werkstattunterricht nicht Ungerechtigkeiten schaffe, wenn da nicht alle Kinder das Gleiche lernen. Diese Frage nehme ich ernst. Sie geht von der an sich richtigen Überlegung aus, dass Chancengleichheit nur möglich ist, wenn alle Kinder die gleichen Lernmöglichkeiten haben. Sie übersieht dabei aber, dass die Kinder nicht nur in der Schule Lerngelegenheiten haben, sondern dass viele und wahrscheinlich wesentlichere Lernchancen im vor- und außerschulischen Bereich angelegt sind oder eben nicht. Weil Kinder ganz unterschiedliche Lernvoraussetzungen in die Schule hineinbringen, führt ein einheitliches Lernangebot nicht zur Chancengleichheit, sondern verfestigt umgekehrt gerade die außerschulisch begründeten Leistungsunterschiede. Eine der ganz wenigen eindeutigen erziehungswissenschaftlichen Erkenntnisse besagt, dass das echte Bemühen um Chancengleichheit ein individuell differenziertes Bildungsangebot voraussetzt. Es ist hier nicht der Ort, auf diesen lernpsychologisch zwar einfachen, bildungspolitisch aber höchst heiklen Punkt einzugehen. Doch darf hinsichtlich des Werkstattunterrichts gesagt werden, dass nicht zu befürchten ist, er sei der Idee der Chancengleichheit abträglich. Im Gegenteil: Da er eine herausragende Form individualisierenden Lernens darstellt, leistet er einen Beitrag an die Verringerung milieubedingter Chancenungleichheiten.

IX Einige Tips für Eltern (und LehrerInnen)

Alle Eltern wünschen sich, dass ihr Kind gerne zur Schule geht, gute Leistungen erbringt und sich anständig aufführt. Damit sich diese Wünsche erfüllen, müssen aber auch die Eltern einen Beitrag leisten, denn alles schulische Lernen der Kinder kann durch richtige Begleitung der Eltern unterstützt, durch falsches Verhalten aber auch empfindlich gestört werden. Daher scheint es mir erforderlich, dass Sie als Eltern über die schulischen Lernkonzepte und den Erziehungsstil orientiert sind.

Im Zusammenhang mit *Lesen durch Schreiben* zeigen bisherige Erfahrungen, dass die Eltern im allgemeinen positiv auf das Konzept reagieren. Vor allem begrüßen sie, dass die Kinder selbständig lernen können. Andererseits kommt es manchmal auch zu Verunsicherungen, vorab wenn Eltern unseren Unterricht nach dem Maßstab eines Unterrichts beurteilen, den sie früher als Kinder selber kennenlernten. Gerade stark leistungsorientierte Eltern verhalten sich zuweilen widersprüchlich. Da die Methode neu für sie ist, reagieren sie skeptisch oder ängstlich und nicht selten mit falscher Hilfe für ihr Kind. Daher möchte ich Sie dringlich um folgendes bitten: Auch wenn Ihnen nicht alle unsere Erläuterungen zusagen, so halten Sie sich Ihrem Kind zuliebe trotzdem an unsere Empfehlungen. *Lesen durch Schreiben* ist ein Konzept, welches das Kind als wichtigste Person im schulischen Alltag respektiert und von der Idee getragen ist, dass ein selbständiger, sein Handeln und Denken selbst verantwortender Mensch für unsere Welt eine Hilfe ist. Deshalb respektieren wir auch den Eigenwert des Kindlichen und machen nicht immer nur Erwachsenen-Normen zum Maßstab. Unsere langjährigen Erfahrungen haben dabei gezeigt, dass die folgenden Hinweise nützlich sind.

Erinnern Sie sich bitte zunächst noch einmal an den Selbstversuch, den Sie (hoffentlich) im Kapitel III mit „Buchstaben einer Geheimschrift" durchführten. Sie wurden dabei in eine ähnliche Situation versetzt wie ein Schulanfänger und konnten das lesedidaktische Prinzip des Lehrgangs am eigenen Leib erfahren:

- Mit Hilfe einer Buchstabentabelle kann man auf Anhieb schreiben, auch wenn man die Schrift eigentlich noch nicht beherrscht.

- Mit Hilfe einer Buchstabentabelle kann man zwar schreiben, vermag aber das Selbstgeschriebene nicht zu lesen. Selbst wenn Sie wissen, was Ihr „Geheimbuchstaben-Wort“ bedeutet – beim Blick auf dieses Wort findet kein Lesen statt, denn das Wort „springt Sie nicht an“.

- Das eigentliche Lesenkönnen als das Ziel der kindlichen Lernbemühungen ergibt sich, gleichsam als Folgeprodukt, aus dem Schreiben. (Diese dritte These konnten Sie zwar nicht selber überprüfen, doch gehe ich davon aus, dass Sie sie trotzdem akzeptieren.)

Aus diesen Punkten ergeben sich für Sie einige Konsequenzen:

1. Richtige Benennung von Lauten bzw. Buchstaben
Als Eltern sind Sie am Lernerfolg Ihres Kindes beteiligt. Dabei können auch vermeintliche Kleinigkeiten von Belang sein. Eine solche vermeintliche Kleinigkeit, die Kindern aber Probleme bereiten kann, ist die Bezeichnung der Laute und Buchstaben. Im Umgang mit der Buchstabentabelle geht es ja um hörbare Laute und schreibbare Buchstaben, zwischen denen das Kind Entsprechungen erkennen (und nutzen) muss. Leider gibt es dabei aber auch Unregelmäßigkeiten. Nun müssen Sie zwar in diesem Zusammenhang nicht über alle Einzelheiten Bescheid wissen, doch wenn Sie Ihr Kind beim Verschriften unterstützen wollen, müssen Sie mindestens zweierlei beachten: Zum einen müssen Sie zwischen langen und kurzen Vokalen unterscheiden, zum andern sollen Sie dem Kind gegenüber die Buchstaben lautierend benennen.

Kurze und lange Vokale:
Das A von A-dler tönt anders, als das A von A-pfel, das E von E-sel tönt anders als das E von E-nte usw. Die einen Vokale werden lang genannt, die anderen kurz. Als Laute sind sie akustisch eindeutig voneinander unterschieden – doch werden sie mit dem gleichen Buchstaben geschrieben. Wir Erwachsenen haben in der Regel mit diesen Besonderheiten unserer Schrift keine Probleme, für Kinder sieht das aber anders aus. Deshalb ist es wichtig, dass Sie unterscheiden: O-ma fängt nicht mit dem gleichen Laut an wie O-nkel, und wenn Sie Ihrem Kind – gewohnheitsmäßig und in diesem Fall: gedankenlos – sagen, Indianer beginne

mit einem I (lang wie bei I-gel), dann ist das falsch und kann das Kind verwirren.

Lautieren, nicht buchstabieren:
Wenn ich Sie frage, was ist das für ein Buchstabe hier: L, dann werden Sie mir wahrscheinlich antworten, das sei ein „ell". Und beim Buchstaben H antworten Sie vermutlich „ha". Leider ist das auch „falsch". Im Zusammenhang mit lesen und schreiben tönt das Zeichen F nämlich nicht „eff" und B nicht „bee", sondern F tönt nur „f" und B nur „b". SCH ist kein „ess-ce-ha", es tönt nur „sch". „Eff-i-ess-ce-ha" tönt ganz und gar nicht wie „Fisch" usw. und deshalb ist es wichtig, dass Sie dem Kind gegenüber Konsonanten ausschließlich lautierend aussprechen und nicht buchstabierend.

2. Keine Buchstaben trainieren
Die Buchstabentabelle macht Übungen zum Buchstabenlernen überflüssig. Das Kind muss keine Buchstaben lernen, denn es kann ja jederzeit die Tabelle zu Rate ziehen. Daher sollten Sie auf gar keinen Fall mit Ihrem Kind irgendwelche Arten von Buchstaben-Trainings vornehmen. Dies wäre nicht nur unnötig, es ist effektiv schädlich und verzögert das Lesenkönnen (vgl. auch Kapitel V). Sie brauchen nicht zu befürchten, dass das Kind ohne Buchstabentraining nicht zum Leser wird: Schreibt es mit der Tabelle immer wieder selbstgewählte Wörter und Texte, dann lernt es die Buchstaben „beiläufig begleitend" mit der Zeit „von selbst".

3. Entwicklungsgerechte Orthografie
Viele Eltern (aber auch LehrerInnen), die zum ersten Mal von *Lesen durch Schreiben* hören, äußern Bedenken hinsichtlich der Rechtschreibung. Immer wieder wird mir die Frage gestellt, ob sich das spontane Schreiben der Kinder, das zunächst natürlich in orthografischer Hinsicht voller Fehler steckt, nicht nachteilig auf die späteren Rechtschreibeleistungen auswirke? Offenbar befürchtet man, dass ein Kind, das statt „Huhn" zu schreiben, lediglich „hun" schreibt, sich eine falsche Rechtschreibung einpräge und nie mehr davon loskommt.

Nun ist hier nicht der Ort, ausführlich auf diese ganze Problematik einzugehen. Dem Thema „Rechtschreibung" diente ja das Kapitel VII in diesem Buch. Ich möchte hier nur soviel bekräftigen: Eine nachteilige Wirkung lautgetreuer Schreibungen am Anfang des Schriftspracherwerbs ist nicht zu befürchten – im Gegenteil: Bisherige Erfahrungen zeigen, dass eigenes Schreiben der Kinder die späteren Rechtschreibleistungen positiv beeinflusst. Alle, die sich derzeit wissenschaftlich seriös mit dem Thema „Schriftspracherwerb" befassen, sehen falsche Schreibweisen beim spontanen „Verschriften" nicht nur als unbedenklich an, sondern postulieren sie sogar als unerlässlich. Nach SPITTA entwickeln Kinder überhaupt nur dann eine orthografieorientierte Schreibstrategie, wenn sie vorher ausreichend „verschriften" durften.

Laien haben manchmal zunächst etwas Mühe, diese Position zu verstehen, doch wird das Umdenken leicht möglich, sobald man die verbreitete Annahme in Frage stellt, Fehler seien Symptome von „Lernschwächen". In neuerer Auffassung sind Fehler lediglich Ausdruck noch unzureichender Erfahrung mit der Schriftsprache und daher nicht als „Defizite" oder „Schwächen", sondern als „Zwischenstufen der Aneignung" zu begreifen (BRÜGELMANN).

Wenn Kinder etwas schreiben, ist daher die amtliche Rechtschreibung zunächst sekundär. Das heißt nicht, dass abweichende Schreibweisen der Kinder zu akzeptieren sind – im Gegenteil, eine Hinorientierung auf die amtliche Rechtschreibung muss von Anfang an erfolgen –, aber in einer Art und Weise, die das Kind nicht überfordert.

Nun ist es ja nicht in erster Linie die Aufgabe der Eltern, bei den Kindern Rechtschreibkönnen zu entwickeln. Überlassen Sie das der Schule. Aufgrund meiner vieljährigen Berufserfahrung bin ich nämlich zur Überzeugung gelangt, dass es meistens kontraproduktiv ist, wenn Eltern mit ihren Kindern zu Hause eine Art Zweit-Unterricht durchführen. In besonderen Fällen können solche Maßnahmen zwar angezeigt sein, dann aber in Absprache mit der Schule. Jene Eltern aber, welche meinen, sie müssten Defizite der Schule durch häuslichen Zweit-Unterricht ausgleichen, leisten ihrem Kind dadurch meistens einen Bärendienst.

Dieser Hinweis soll nun freilich nicht so verstanden werden, als hätten Sie sich zu Hause aus allem Schulischen herauszuhalten. Im Gegenteil:

Wenn das Kind sich motiviert entwickelt, dann wird es auch zu Hause schreiben und wird von Ihnen Reaktionen erwarten. Dabei sollten Sie es nicht nur loben und ermutigen, Sie sollen auch korrigieren – aber im Einklang mit der Schule.

Richtschnur für alle Korrekturen sollte stets die Aufrechterhaltung von Motivation und Schreibfreude sein. Mithin sollten Sie Ihr Kind nur soweit korrigieren, als es die Korrekturen verstehen und verkraften kann. Beachten Sie: Von einem Kind von Anfang an die volle amtliche Rechtschreibung zu fordern, führt nicht dazu, dass das Kind ein guter „Rechtschreiber“ wird. Solche Überforderung demotiviert es nur und hat lediglich zur Folge, dass es einen Schreibfrust entwickelt, seine Schreibfreude verliert und sich aus Vermeidungstaktik auf Kürzesttexte zurückzieht. Schließlich erwarten wir z.B. im Rechnen auch nicht, dass das Kind schon im 1. Schuljahr im Bereich bis 10 000 rechnet.

Man kann dem Kind nicht erklären, warum man das lange O manchmal als oo wie in Boot, manchmal als oh wie in Bohne und manchmal als o wie in Brot schreibt. Aber man kann ihm erklären, dass „HSE“ nicht Hase heißt, denn das A hört man und muss es also auch schreiben. Durch ein tolerantes Vorgehen wird die Orthografie nicht außer Kraft gesetzt, einzelne orthografische Fehler werden lediglich vorläufig akzeptiert. Gerade wenn Ihnen daran liegt, dem Kind eine hohe Rechtschreibkompetenz zu vermitteln, müssen Sie sich davor hüten, Ihr Kind zu überfordern, indem Sie vorschnell vollständig korrigieren. „Nur so können wir verhindern, dass sich die Schwierigkeiten des Lernens zu Lernschwierigkeiten verfestigen“ (BRÜGELMANN).

Solange Wörter oder Texte lautverständlich geschrieben werden, sind sie zu akzeptieren. D.h. bei orthografischen Fehlern muss zunächst alles toleriert werden, was nicht ein grober Lautfehler ist. Nur wenn

- Laute beim Aufschreiben vergessen werden,
- Laute in der Abfolge im Wort verwechselt werden oder
- Laute geschrieben werden, die gar nicht zum Wort gehören,

muss es beanstandet und vom Kind korrigiert werden.

Allerdings ist nicht immer einfach auszumachen, wann ein Lautfehler als „grob" taxiert werden muss. Beispiel: Die Kinder schreiben in den ersten Schulwochen „Ohr". Lisbeth in Basel schreibt „or", Ute in Hamburg schreibt „Oa". Denn: In der Basler Mundart wird das „r" von „Ohr" deutlich gerollt, während man in Hamburg tatsächlich nur „Oa" hört. Wie soll hier korrigiert werden? Wenn Lisbeth eine schwache Schülerin ist, würde ich in diesem Zeitpunkt gar nichts beanstanden; wäre Lisbeth eine durchschnittliche Schülerin, würde ich die Großschreibung erwähnen; wäre Lisbeth eine sehr gute Schülerin, würde ich die Großschreibung verlangen und das Dehnungs-H erwähnen.

Bei Ute würde ich, je nach ihrem Leistungsvermögen, ähnlich differenzieren. Das eigentliche Problem liegt hier in der Lautverwendung von „a" in der Lautung „r". Ist diese Lautverwendung zu tolerieren oder zu beanstanden? Diese Frage ist nicht einheitlich zu beantworten. Während in der Schweiz diese Lautverwendung nicht akzeptiert werden darf, akzeptieren z.B. Hamburger KollegInnen das „Oa". Je nach Sprachraum, in dem Sie leben, müssen Sie also selber entscheiden, wo die Toleranzgrenzen verlaufen. Prinzipiell sollte man aber darauf achten, den Kindern bei Lautabweichungen nur gerade den unumgänglichen Toleranzraum einzuräumen, kann doch eine allzu große Lauttoleranz schädlich sein.

Viel weniger schwerwiegend als Lautfehler sind einige „Fehler", die für viele Kinder gleichsam typisch sind und regelmäßig auftreten:

- das wechselweise MaL-gRoß-mAl-KlEin-SCHreiBeN
- dasSchreibenohneirgendwelcheWortlücken
- das beli-ebige Tr-ennen vor d-em Bla-ttrand

Diese Fehler sind vor allem eine Folge der Unbekümmertheit, die Kinder beim Schreiben zeigen. Sie irritieren Erwachsene oft in erheblichem Maße, was aber völlig unangebracht ist. Aufgrund aller bisherigen Erfahrung mit dem Lehrgang dürfen diese Fehler vernachlässigt werden. Fast immer verschwinden sie von allein, so dass sich besondere Maßnahmen erübrigen.

Mit der Zeit werden dann weitere Anforderungen gestellt und kontinuierlich gesteigert, bis schließlich in der zweiten Klasse die eigentliche Rechtschreibschulung einsetzt. Haben die Schüler im Schreiben ein erstes Niveau erreicht, kann man z.B. auf feinere Lautunterschiede wie d/t, b/p aufmerksam machen, die Groß-Kleinschreibung einführen, auf Dehnungen und Schärfungen verweisen usw., wobei aber alle diese Hinweise dem individuellen Leistungsstand des Kindes entsprechend dosiert werden sollen.

4. Das Kind nicht zum Lesen drängen

Weil Schreib-Lese-AnfängerInnen zwar bald einmal schreiben können, nicht aber lesen, nicht einmal das, was sie selbst geschrieben haben, dürfen Sie das Kind unter keinen Umständen zum Lesen auffordern! Im Selbstversuch mit „Geheimbuchstaben“ haben Sie ja erfahren, dass man wohl schreiben, aber nicht lesen kann. Trotzdem fragen Sie sich vielleicht, warum man mit Kindern das Lesen nicht üben soll, wenn Lesenkönnen doch das Ziel aller Anstrengungen ist. Was soll das schaden, wenn ich ein Kind auffordere, es solle versuchen zu lesen, was es selber geschrieben hat? Ich kann ihm ja erklären kann, wie das zu bewerkstelligen wäre.

Um diese Frage zu beantworten, sollten wir uns in die Lage des Kindes versetzen. Was tut ein Kind, das lesen soll, aber nicht lesen kann, d.h. nicht vom Wort „angesprungen“ wird? Das Kind ist in der Situation eines „Fibel-Kindes“ – und demgemäß tut es auch das, was das „Fibel-Kind“ tut bzw. tun muss. Da es sich der Aufforderung zu lesen nicht entziehen kann, fängt es an, mit bewussten Überlegungen zu „entziffern“. Es kehrt den Schreibakt um und übersetzt, am Wortanfang beginnend, Buchstabe um Buchstabe in Laute, spricht dann diese Laute laut und versucht schließlich, durch entsprechend schnelles Zusammenziehen bzw. „Zusammenschleifen“ aus den hörbaren Lauten ein Wort zu bilden und dessen Sinn zu verstehen.

Nun bestreite ich zwar nicht, dass auf diese Weise der Sinn eines Wortes herausgearbeitet werden kann; aber ich bestreite, dass es sich bei diesem Verfahren um Lesen handelt. Wir sollten uns präzise ausdrücken und von Rückübersetzen, Entziffern, Enträtseln, Herausfinden o.ä. sprechen.

Entziffern aber ist ineffizient und wäre, sollte auf diese Weise ein Buch gelesen werden, so anstrengend, dass dieses „entziffernde Lesen" unmöglich Spaß machen kann.

Und nun darf eine Gegenfrage gestellt werden: Warum soll das Kind etwas Ineffizientes, ja eigentlich Falsches lernen? Wenn nur „Blitzlesen", wie ich es früher nannte, eigentliches Lesen ist, dann wird gerade dieses verfehlt, wenn ich das Kind zum Entziffern zwinge. Die Aufforderung an das Kind, das nicht lesen kann, es solle lesen, was es geschrieben hat, führt nicht dazu, dass das Kind Blitzleser wird, diese Aufforderung führt dazu, dass das Kind „Entzifferer" wird. Es betreibt die Sinnentnahme, um die es beim Lesen letztlich geht, bewusst-willentlich und blockiert dadurch die nicht-bewusst „vom Selbst" gesteuerten impliziten Prozesse, welche dazu führen, dass das Lesen „anspringend" geschehen könnte.

LehrerInnen, die konsequent nach den Prinzipien von *Lesen durch Schreiben* arbeiten, erleben immer wieder, dass Kinder, die – entgegen unserer Empfehlung – zu Hause lesen müssen, die womöglich sogar einem zusätzlichen häuslichen Fibelunterricht unterworfen sind, später und teilweise nur unzureichend „Blitzleser" werden als jene Kinder, die ausschließlich verschriften.

Und deshalb wiederhole ich meine frühere Bitte mit Nachdruck: Verlangen Sie von Ihrem Kind keine Leseleistungen, bevor es nicht „Blitzleser" ist. Sorgen Sie zudem dafür, dass auch keine anderen Personen (Großeltern, Geschwister, Nachbarn usw.) das Kind zum Lesen auffordern oder dem Kind erklären, „wie Lesen geht". Es lernt in der Schule schreiben, nicht lesen. Wenn Sie Ihr Kind unterstützen wollen, dann regen Sie es zum Schreiben an.

5. Kein lautes Vorlesen

Sie erinnern sich: Im Kapitel II habe ich ausgeführt, dass „Lesen" etwas anderes ist als „lautes Vorlesen" – und dass „lautes Vorlesen" schädlich ist. Zwar war im bisherigen Erstleseunterricht ausdrucksvolles Vorlesen ein wichtiges Anliegen, doch bei *Lesen durch Schreiben* ist aufgrund der besonderen lernprozessualen Implikationen und des methodischen Vorgehens „lautes Vorlesen" verboten.

Im Alltag wird fast ausschließlich still gelesen. Deshalb ist es wesentlicher, dass die Kinder das stille Lesen beherrschen, nicht das laute Vorlesen. Wichtig sind dabei die Sinnentnahme aus den Texten und die Förderung der Lesefreude. Beide Ziele werden durch das laute Vorlesen in der Klasse eher verfehlt als angesteuert. Der Grund dafür liegt im Anspruch (sei es durch LehrerIn/Eltern oder das Kind selbst), dass beim Vorlesen „fehlerfrei" gelesen werden müsse, weil diese Forderung zu unnötigen Dauerkorrekturen und Lesehemmungen führt.

Durch den Anspruch, fehlerfrei vorzulesen, wird das Kind auf das „Hier und Jetzt" des gerade zu lesenden Wortes fixiert, so dass es nicht mehr imstande ist, gleichzeitig mit dem Aussprechen des eben Gelesenen auch noch vorauszulesen bzw. zu denken, um Kontexthinweise zu erlangen, welche das Sinnverständnis des Textes begünstigen und unterstützen. Damit wird aber die Sinnerfassung erschwert bzw. gar unmöglich gemacht. Aus Furcht vor einer Blamage gegenüber den Klassenkameraden und im Hinblick auf die Erwartungen der Lehrerin richten die Kinder beim Vorlesen ihre Aufmerksamkeitsanstrengungen auf die Vermeidung von Fehlern und die „schöne Aussprache" anstatt auf die Sinnerfassung. Da dies aber gerade den schwächeren Schülern nicht immer gelingt, so dass ihre Schwäche immer wieder gleichsam öffentlich zum Ausdruck kommt, vergällt der Zwang zum lauten Vorlesen gerade jenen Kindern die Freude am Lesen, bei denen Lesefreude als Voraussetzung eines besseren Schulerfolgs besonders nötig wäre. Mit anderen Worten: Die Forderung nach fehlerfreiem Vorlesen führt zu einem „Nur"-Lesen ohne Sinnverständnis.

Ich verweise nochmals auf ein Zitat von MEIERS, das schon im Kap. II abgedruckt ist. MEIERS schreibt in seinem Lehrwerk „Der Lesespiegel" auf S. 26 hierzu: „Das übende Lesen mit dem Ziel, auch schön zu lesen, führt in der Regel dazu, dass die Kinder einen Text zwar (einwandfrei), d. h. lautrichtig, auch mit angemessener Betonung, lesen, dass aber auch häufig ohne Sinnverständnis gelesen wird. Ein solches Lesen bezeichnet man als einfaches Rekodieren, d. h. die Wörter (die grafischen Zeichen) werden zwar in gesprochene Sprache umgesetzt (rekodiert), der darin enthaltene Sinn wird jedoch nicht entschlüsselt (dekodiert). Hier stoßen wir zweifellos auf die gravierendste Fehlleistung des Erstleseunterrichts.

Wo das Lesen aber beim Rekodieren stehenbleibt, d. h. auf den technischen Ablauf verkürzt ist, wird der Begriff Lesen mit einer zweifachen Konsequenz korrumpiert: Einmal wird das Nichterfassen des Sinnes für das Kind die weitere Mitarbeit im Unterricht erschweren, zum zweiten besteht die Gefahr, dass dieses rekodierende Lesen – besonders wenn das Kind dafür noch gelobt wird – zur Gewohnheit wird."

Drängen Sie daher das Kind auf keinen Fall, Ihnen vorzulesen! In der Schule wird das laute Vorlesen nicht gepflegt, Sie sollten es daher auch zu Hause nicht tun. Zwar verstehe ich durchaus, wenn Sie nach einigen Schulwochen gerne wissen möchten, was Ihr Kind nun eigentlich gelernt hat. Vielleicht würden Sie gerne hören, ob es schon lesen kann. Dass es schreiben kann, wissen Sie, aber letztlich gilt Ihr Interesse ja dem Lesen. Das Kind in dieser Situation vorlesen zu lassen, scheint unverfänglich. Aber es wäre völlig falsch. Sie lenken das Kind dadurch auf eine falsche Fährte – und ob es lesen kann, d.h. versteht, was da geschrieben ist, können Sie aus seinem Vorlesen ohnehin nicht schließen; Sie erinnern sich doch: Man kann auch laut vorlesen, wenn man nichts versteht.

6. Das Kind auf eigene Art lernen lassen

Da der ganze Lehrgang davon getragen ist, dass das Kind in seinen eigenen Lernmöglichkeiten und seinem eigenen Lerntempo, also individuell arbeitet, sollten Sie als Eltern diese Maxime auch zu Hause unterstützen und das Kind auf seine eigene Art lernen lassen. Das bedeutet zweierlei: Sie sollten das Kind nicht mit vielerlei Erklärungen didaktisch bedrängen und Sie sollten ihm nicht dauernd alle Schwierigkeiten aus dem Weg räumen. In der Auseinandersetzung mit Schwierigkeiten und Problemen werden Menschen stark – dem Kind viel und häufig zu helfen, ist verwöhnend. Ich möchte Sie hier an die Tatsache erinnern, dass etwas, das man selber herausfindet, wertvoller für den Lernprozess ist als die bloße Nachahmung. Unterstützen Sie Ihr Kind hierbei, indem Sie ihm, wie es in der Schule auch die Lehrerin tut, so wenig wie nötig helfen und es, wenn immer möglich, alles selber tun lassen. Leitend sollte das **Prinzip der minimalen Hilfe** sein, von dem nur abzurücken wäre, wenn das Kind ausdrücklich um Hilfe bittet. Entspringt diese Bitte erkennbar nicht geistiger Bequemlichkeit, dann sollten Sie mit dem Kind zusammen das jeweilige Problem in Angriff nehmen.

Weil die Methode ein eigenaktives Lernen gestattet, kann jedes Kind sein Lernen grundsätzlich selbständig vorantreiben. Hat ein Kind das Prinzip des Übertragens gesprochener Wörter in geschriebene verstanden und besitzt eine Buchstabentabelle, dann ist es grundsätzlich nicht mehr von einer Lehrerin abhängig und kann individuell voranlernen.

Nutzen Sie diese Möglichkeiten und verzichten Sie darauf, mit dem Kind zu Hause eine Art Zusatz-Unterricht durchzuführen. Ich erinnere wieder an die Grundthese aller modernen Didaktik: Kinder lernen umso mehr, je weniger sie belehrt werden. Wenn ein Kind nicht so schnell arbeitet, wie Sie es vielleicht erwarten, oder keine Extraaufgaben macht, wie Sie es möglicherweise gerne hätten, dann bedeutet das nämlich keineswegs, dass bei Ihnen ein kleiner Faulpelz herumsitzt, jedenfalls nicht, so lange von der Schule keine entsprechenden Klagen eingehen. Das Kind wird „von selbst" groß und es lernt auch „von selbst"!

* * * * *

Die bisherigen Hinweise und Empfehlungen waren spezifisch auf *Lesen durch Schreiben* ausgerichtet. Nun ist aber der Leselehrgang nur ein Teil des Unterrichts, und daher sind für eine erfolgreiche Schularbeit Ihres Kindes noch weitere pädagogische Bedingungen von Belang. Deshalb gestatte ich mir, nachfolgend noch auf einige pädagogische Empfehlungen allgemeiner Art hinzuweisen, allerdings ohne auf jene Problemfälle einzugehen, welche den LehrerInnen im Schulalltag am meisten zu schaffen machen. Die begriffsstutzigen, die antriebsschwachen und die schlechterzogenen Kinder.

7. Emotionale Geborgenheit und intellektuelle Anregungen

Wichtig ist, dass sich das Kind wohl fühlt. Angst, Überforderung und Langeweile schaden, statt dessen braucht das Kind Anregung, Ermutigung und Vertrauen. Auch soll es Fehler machen dürfen, ohne dass man ihm diese sofort vorhält. Das heißt für die Erwachsenen, dass sie Geduld haben müssen. Man bringe dem Kind Vertrauen entgegen und freue sich vor allem über Fragen. Die Art und Weise, wie Eltern das Fragen ihrer Kinder fördern und darauf eingehen, trägt zum Schulerfolg erheblich bei. Hören Sie dem Kind zu, wenn es etwas fragt; geben Sie ihm eine kurze richtige Antwort, die es verstehen kann. Sind Sie verhindert, so sagen Sie: „Frage später nochmal." Stellen Sie auch Rückfragen: „Was meinst denn du, wie es ist?"

Denken Sie daran, dass es mit Zuneigung allein nicht getan ist. „Kinder brauchen Liebe" ist eine Teilwahrheit. Kinder brauchen Zuneigung, welche Geborgenheit, Verständnis, Freiheit, Anregung, Aufmerksamkeit und auch Herausforderung einbezieht.

8. Selbständigkeit und Selbstverantwortung

Am Wichtigsten ist die Erziehung zu Selbständigkeit und Selbstverantwortung. Selbständigkeitserziehung ist aber nicht möglich, wenn das Kind ständig kontrolliert, kritisiert und bemuttert wird. Selbständig wird das Kind, wenn man es selbständig gewähren lässt. So soll es z.B. seinen Schulranzen selber packen. Die Mutter ist auch nicht dazu da, ihm den Turnbeutel nachzutragen, wenn es ihn vergessen hat. Es soll selber vor der Lehrerin für seine Vergesslichkeit einstehen. Normalerweise soll man das Kind nicht in die Schule begleiten und von der Schule abholen. Wenn es einen gefährlichen Schulweg hat, dann zeigen Sie ihm, wo und wie es auf den Verkehr achten soll. Im Übrigen genügt es, wenn man das Kind rechtzeitig von zu Hause wegschickt. Dass es nicht herumtrödelt, ist seine Sache. „Rechtzeitig" bedeutet auch, dass eine gewisse Zeittoleranz eingeräumt wird. Der Schulweg hat eine wichtige soziale Funktion, insbesondere der Heimweg, auf dem das Kind mit Kameraden plaudern, vielleicht sogar noch etwas spielen kann.

Gewähren Sie dem Kind auch in sozialer Beziehung Selbständigkeit. Erlauben Sie ihm, Kameraden heimzubringen und seinerseits zu Kameraden heimzugehen (natürlich mit Ihrem Wissen). Mischen Sie sich, wenn möglich, auch nicht in soziale Konflikte ein, die es mit Kameraden hat. Es ist wichtig, dass Kinder lernen, soziale Konflikte untereinander selber zu lösen.

9. Spielen und Arbeiten

Auch wenn die Vorschulzeit vorbei ist – Gelegenheit zu ausgiebigem Spiel ist nach wie vor von zentraler Bedeutung für das Wohlbefinden und die Lernentwicklung des Kindes. Zwar bedeutet der Wechsel vom

Kindergarten in die Schule einen Wechsel zwischen zwei Lebensabschnitten, das Spielbedürfnis bleibt aber erhalten. Ermöglichen und unterstützen Sie daher weiterhin das Spielen und beachten Sie die Bewegungsbedürfnisse Ihres Kindes.

Wenn Sie das Kind und seine Lernentwicklung unterstützen möchten, dann verzichten Sie vor allem darauf, dem Kind weitere Hausaufgaben zu stellen. Üben Sie nicht zusätzlich Buchstaben und Zahlen. Halten Sie sich auch vor Augen, dass es nicht viel nützt, ein Kind immer wieder zum Lesen anzuhalten, wenn es die einzige Person in der Familie ist, die liest.

Glauben Sie der Lernpsychologie, die nachweisen kann, dass alles, was das Kind von sich aus lernt, besser haftet und eine stabilere Basis für weiterführendes Lernen bietet, als das, was nachahmend übernommen wird. Gestehen Sie den Kindern daher nicht nur Spielräume zu, sondern auch Experimentier- und Erkundungsgelegenheiten. Wenn das Kind Ihnen bei Ihrer Arbeit helfen will, dann sagen Sie nie: „Das kannst du noch nicht." Nehmen Sie gewisse Unannehmlichkeiten in Kauf.

Beobachten Sie mit dem Kind zusammen Tiere, Pflanzen, Verkehr, Leute, Haushalt, Garten, Wald usw. Zeigen Sie ihm besondere Sachverhalte und Zusammenhänge, lassen Sie es fragen und reden. Zeigen Sie ihm, wenn immer möglich, auch die Arbeitsplätze von Vater und Mutter, die Mitarbeiter usw. Und erzählen Sie dem Kind schließlich viele, seinem Alter gemäße Geschichten.

10. Hausaufgaben

Ein wichtiges Kapitel. Zeigen Sie als Eltern Interesse für die schulischen Belange, aber übernehmen Sie nicht die Funktion einer Zweit-Lehrerin. Die Eltern sollten bei den Hausaufgaben nicht dauernd daneben sitzen. Hausaufgaben sollten möglichst selbständig erledigt werden. Es hat auch keinen Sinn, dass das Kind stundenlang daran sitzt; es soll nach 30 Minuten aufhören, auch wenn es nicht fertig ist. Wenn es unkonzentriert arbeitet und trödelt, muss mit der Lehrerin zusammen eine Lösung gesucht werden. Zusätzliche Hausarbeiten sind unnötig und meist schädlich, es sei denn, die Lehrerin empfiehlt dies ausdrücklich. Schließlich sei, obwohl es kaum opportun ist, auf etwas Wichtiges hingewiesen: Seit über 150 Jahren sind sich Pädagogen und Erziehungswissenschaftler einig, dass in der Grundschule die übliche Form der Hausaufgaben sinnlos und pädagogisch eher schädlich ist. Der größere Teil der Lehrerschaft erteilt Hausaufgaben nur unter dem Erwartungsdruck einer pädagogisch uninformierten Öffentlichkeit.

11. Prioritäten setzen

Pädagogische Idealvorstellungen und pädagogische Wirklichkeit lassen sich nicht leicht in Einklang bringen. Das gilt insbesondere im Bereich bestimmter Erziehungsziele. Deshalb sollten sich auch Eltern über Erziehungsziele und deren Bedeutung Gedanken machen. Ein reicher Wortschatz und eine lebendige, genaue Ausdrucksweise sind wichtiger als orthografisches Können, und dieses wiederum ist wichtiger als kalligrafische Meisterschaft. Das rasche und fehlerfreie Heruntersprechen des Einmaleins ist – im Zeitalter der Taschenrechner in jeder Preislage – von sekundärer Bedeutung. Wichtiger wäre das Verständnis mathematischer Strukturen in der Dingwelt, d.h. die Fähigkeit, Rechenoperationen auf wirkliche Sachverhalte zu beziehen. Ähnliche Überlegungen gelten im Bereich von Ordnung und Reinlichkeit. Lassen Sie dem Kind eine Ecke, in der es angefangene Spiele liegen lassen darf und stellen Sie Ordnung und Reinlichkeitsgebote nicht vor wichtigere Prinzipien.

12. Normenkonflikte vermeiden

Wenn Sie in pädagogischer oder methodischer Beziehung andere Auffassungen vertreten als die Lehrerin Ihres Kindes, so lassen Sie das Kind die Differenz nicht allzusehr fühlen, sondern bewahren Sie es vor Auseinandersetzungen um verschiedene Erziehungsvorstellungen. Für das Wohlergehen Ihres Kindes ist es wichtig, dass Sie Zweifel, Bedenken, Fragen oder Unsicherheiten wegen seines Lernens mit der Lehrerin besprechen und nicht mit dem Schulanfänger. So ersparen Sie ihm einen Konflikt, dem es noch nicht gewachsen ist und der es unnötig belasten würde.

Unsere Schulen sind leistungsorientiert. Nicht nur Sie als Eltern, auch die Lehrerschaft strebt ein hohes Leistungsniveau der Kinder an. Damit die Kinder nicht überfordert und überanstrengt werden, müssen wir uns aber vor Augen halten, dass Leistungsdruck bei Grundschülern die Leistungsfähigkeit der Kinder letztlich nicht mehrt, sondern mindert. Überzogene oder verfrühte Leistungserwartungen wirken sich langfristig gesehen negativ auf das Leistungsvermögen aus. Lob und Anerkennung für gute Leistungen sind der Treibstoff, der den Motor des Lernens in Gang hält, nicht der stete Hinweis auf „Fehler". Lassen Sie dem Kind Zeit für sein Lernen und bedenken Sie, dass Lernprozesse nicht kontinuierlich ansteigend verlaufen, sondern unregelmäßig. Ist ein Kind momentan unfähig, gewisse Dinge aufzunehmen, so nützt es nichts, Druck auszuüben. Es nützt auch wenig, durch Belohnung bzw. Bestrafung bessere Leistungen erzwingen zu wollen. Es gibt kaum wirklich faule oder uninteressierte Kinder – wenn ein Kind so wirkt, so liegt meistens ein Problem vor.

Auch der Vergleich mit anderen Schülern, die vermeintlich mehr können, entmutigt. Dabei verlangte bereits PESTALOZZI: „Vergleiche ein Kind nie mit einem andern Kind, vergleiche es stets nur mit sich selbst." Schon die kleinsten Fortschritte, die das Kind macht, helfen es ermutigen.

13. Kontakt zur Lehrerin
Wichtig ist schließlich auch der gute Kontakt zur Lehrerin. Versuchen Sie, einige Male pro Jahr, Gelegenheit zu einem kurzen Gespräch mit der Lehrerin zu finden. Behalten Sie aber das, was Sie mit der Lehrerin besprechen, als Erwachsenengespräch für sich, tragen Sie es nicht (beispielsweise als Ermahnung) an das Kind weiter. Wenn Sie Probleme mit der Lehrerin haben, sprechen Sie mit ihr selber darüber. Kommen Sie gar nicht zu einer Lösung, dann scheuen Sie sich nicht, sich an die Schulleitung zu wenden.

X Schlussbemerkung

Für die Schule wie für das Elternhaus ist letztlich entscheidend, dass *Lesen durch Schreiben* erheblich mehr ist als bloß ein Leselehrgang. Über das Lesedidaktische im engeren Sinne hinaus ist es der ehrgeizige Versuch, einer anderen Art von Grundschulunterricht den Weg zu bereiten, bei dem unter der Leitidee einer klar emanzipatorischen Orientierung die Ermöglichung selbstgesteuerten Lernens im Mittelpunkt steht. Erreicht wird das durch den eigentlichen „Trick" des Leselehrgangs: Er nimmt sich das überaus erfolgreiche Lernen der Kleinkinder im Vorschulalter zum Vorbild und bietet ein Unterrichtsmaterial an, das diesbezüglich kindgerecht ist und dem Leitgedanken folgt: Kinder lernen umso mehr, je weniger sie belehrt werden – denn sie lernen von ihrem Selbst gesteuert. Ziel des Lernens ist i m p l i z i t e s Wissen und Können, und das wird nicht erleichtert durch formales Üben, sondern unterstützt durch kognitive Aktivierung. Der Einsatz einer Buchstabentabelle allein ist daher nicht ausreichend! Von der Lehrerin verlangt das Konzept den Kindern gegenüber pädagogische Zuwendung und maximale Anerkennung, gepaart mit didaktischer Zurückhaltung und minimaler Hilfe. Im Kern geht es um eine indirekte Didaktik des incidentellen Lernens, wo Kinder nicht didaktisch bedrängt werden, sondern emotional unterstützt.

Grundlage ist eine Lerntheorie, die Leser-Werden nicht als Lernprozess, sondern als Entwicklungs-Reif-Lern-Mischprozess betrachtet, der genetisch bestimmt ist. Dabei fällt am schwersten, anzuerkennen, dass traditionelle Lesetechnik nicht nur überflüssig, sondern schädlich ist.

Dem Konzept *Lesen durch Schreiben* zu folgen bedeutet, sich ausdrücklich und bewusst emanzipatorisch zu orientieren: **Die Erziehung zum mündigen Bürger anzustreben, nicht zum fügsamen Untertan!** Hierzu ist das zunächst Wichtigste, den Kindern ihr eigenes Lernen zu belassen, so wie man es ihnen in der Vorschulzeit beließ, also ihre Souveränität nicht zu untergraben und ihr eigenes Lernen nicht zu unterbinden, wie es der traditionelle Unterricht mit seiner didaktischen Gängelung macht.

Im Einzelnen verlangt das Konzept *Lesen durch Schreiben*:

- durch eigenes Schreiben Lesen lernen,
- kein ausdrückliches Lautieren, höchstens innergedanklich,
- mit Kindern erst lesen, wenn sie es können,
- still lesen, lautes Vorlesen ist „verboten",
- keinerlei Buchstabentraining,

- nicht üben, durch Einsicht lernen,
- keine erzwungene Nachahmung, das eigene Denken der Kinder zur Grundlage des Lernens machen,
- ein Breitband-Lernangebot in einem Werkstattunterricht mit umfassender Kompetenz- und Aufgabendelegation (Chefs),
- den Einsatz des REICHEN-Materials.

Dieses Konzept hat sich in der Praxis seit über 20 Jahren erfolgreich bewährt, u.a. weil es gegenüber traditionellen Fibellehrgängen eine ganze Reihe maßgebender Vorteile aufweist:

1. Dank der Buchstabentabelle kann von Anfang an mit dem ganzen Alphabet, und d. h. zugleich mit einem unbegrenzten Wortschatz, gearbeitet werden. Dies enthebt den Unterricht von den Künstlichkeiten, die vorab bei der synthetischen Methode durch die vermeintlichen Aufbaufolgen in der Einführung der einzelnen Buchstaben geschaffen werden und in den ersten Phasen des Leseunterrichts den verwendbaren Wortschatz sprachdidaktisch unvertretbar reduzieren.

2. Die Kinder können selber bestimmen, was sie schreiben wollen. Entsprechend schreiben sie, was für sie von Interesse und Bedeutung ist. So wird die informative, kommunikative und expressive Funktion von Texten unmittelbar erlebt und festigt im Kind das Bewusstsein, dass Geschriebenes Sinn enthält. Gleichzeitig wird das Schreiben als etwas erfahren, was eigene Kompetenzen erweitert und im Alltag gebraucht werden kann.

3. Das Hauptproblem traditioneller Methoden, Kinder zum sinnentnehmenden Lesen zu führen, entfällt, weil das Kind weiß, was es schreiben will. Das Kind kann so seine ganze Aufmerksamkeit auf das Verschriften richten. Damit entfällt auch das zweite Hauptproblem traditioneller Leseverfahren, das „Zusammenschleifen“. Gleichzeitig wird den Kindern auf selbstverständliche Weise bewusst, dass Schreiben informieren und Lesen Sinnentnahme bedeutet.

4. Wird das Kind „durch Schreiben“ zum Leser, dann bleiben ihm Misserfolge beim Lesen weitgehend erspart, da es erst dann im Unterricht

liest, wenn es lesen kann – vorher schreibt es. Die hinlänglich bekannte Situation, in der ein schwacher Schüler zwangsläufig bloßgestellt wird, weil er mühsam einen Text vorstottern muss, während die Klasse mehr oder weniger aufmerksam „mitliest" und die Lehrerin mit Korrekturen „hilft", gehört hier der Vergangenheit an. Langweilige Lesestunden gibt es keine mehr, ein Leseverleider schon im 1. Schuljahr wird vermieden. Zudem werden durch diesen Umstand schwache Schüler in einem Maße psychisch entlastet, das kaum hoch genug eingeschätzt werden kann.

5. Die Selbständigkeit im Lernen verhindert legasthenische Fehlentwicklungen und vermittelt Erfolgserlebnisse. Dadurch wird das natürliche Selbstbewusstsein der Kinder immer wieder gestärkt. Unter pädagogischen Aspekten betrachtet ist dies der Hauptvorteil des Verfahrens: *Lesen durch Schreiben* vermittelt dem Kind die Überzeugung, e s s e l b s t habe sich das Lesen beigebracht, nicht die Lehrerin.

Diese Vorteile haben dazu geführt, dass *Lesen durch Schreiben* zunehmend Anerkennung findet. Entsprechend wird das Konzept immer häufiger aufgegriffen – leider aber auch zunehmend halbherziger und dadurch in seinem Wirkungspotential geschwächt. Aufgrund des Erfolgs, den konsequent mit *Lesen durch Schreiben* arbeitende LehrerInnen haben, greifen – leider – vermehrt auch solche zum Lehrgang, die der Sache eigentlich nicht so ganz trauen, die sich vom traditionellen Unterricht nicht lösen können, immer noch an den Wert von Buchstabenkenntnissen glauben und meinen, man müsse im Erstleseunterricht Üben, lautes Vorlesen pflegen usw. Solche KollegInnen vermischen die Idee von *Lesen durch Schreiben* mit traditionellen Ansätzen und meinen dann, mit ihren individuellen Mischungen hätten sie nun das Gelbe vom Ei.

Das ist falsch. Auf die Gefahr hin, dass man mich dogmatisch und doktrinär schimpft, halte ich hier fest: Das willkürliche Vermischen verschiedener Erstleselehrgänge ist eine Unart, die mit aller Entschiedenheit zu bekämpfen ist. Lehrerinnen und Lehrer irren, wenn sie meinen, sie könnten durch eine Vermischung verschiedener Leselehrgänge gleichsam das „Beste" aus jedem Konzept bekommen und kumulativ steigern. Jede Mischung ist grundsätzlich schlechter, als das Ursprungskonzept. Man kann mit Kindern traditionell arbeiten. Das mag nicht „das Beste vom Besten" sein, aber die Kinder wissen, woran sie sind: Die Lehrerin sagt, wo's lang geht und die Kinder haben dem zu entsprechen. Man kann mit Kindern aber auch offen arbeiten und die Kinder selbständig lernen lassen, dann wissen sie ebenfalls, woran sie sind. Eine Verschmelzung beider Konzepte kommt aber immer schief heraus: Die Kinder sind ohne Orientierung. Sie wissen nicht mehr genau, wo der Lehrerin zu folgen ist und wo sie selbständig vorgehen sollen. Und was noch schlimmer ist: Sie erspüren intuitiv, warum die Lehrerin nur „halboffen" mit ihnen arbeitet – weil sie ihnen nämlich nicht wirklich zutraut, selbstgesteuert zu lernen, weil sie in der Handhabung des offenen Konzepts unsicher ist, weil sie den Mut nicht hat, die Kinder ihre eigenen Lernwege gehen zu lassen, kurz: weil sie professionell nicht souverän ist. Das aber mindert den Respekt der Kinder vor der natürlichen Autorität der Lehrerin: Sie trauen ihr didaktisch nicht mehr bedingungslos über den Weg und der Misserfolg ist vorprogrammiert.

Im Falle von *Lesen durch Schreiben* lässt sich jedenfalls belegen, dass Lehrkräfte mit dem Leselehrgang umso mehr Erfolg haben, je ausschließlicher sie sich an die Konzeption halten und je ausschließlicher sie mit dem dafür entwickelten Material arbeiten – und umso weniger Erfolg, je mehr sie mit anderen Konzepten „mischen", d.h. mit Dritt- oder Eigenproduktionen operieren. Mein Material ist schließlich genau und nur auf das Konzept von *Lesen durch Schreiben* zugeschnitten, was für andere Materialien nicht gilt.

Daher wünsche ich mir, dass Kinder wirklich nach *Lesen durch Schreiben* unterrichtet werden, und nicht nur zum Schein oder halbherzig. Wenn das geschieht, wenn man sie nicht didaktisch bedrängt, wenn man ihnen nicht „erklärt", wie „Lesen funktioniert", wenn man nicht Buchstaben trainiert, wenn man sie nicht ungeduldig zum „Lesen" drängt, ehe sie lesen können und damit zum „Entziffern" zwingt – kurz: Wenn man bildlich gesprochen auf „Gott vertraut" und den Prozess der Steuerung durch das kindliche Selbst überlässt, dann werden sie nach relativ kurzer Zeit zu einer „Hannah" und haben eines Tages „Kino im Kopf". Und das, liebe Leserin, lieber Leser, ist angesichts der zunehmenden kulturellen Verwahrlosung und Verrohung der Sitten, die wir in unzähligen Schulen zu beklagen haben, ganz gewiss nicht nichts!

XI Anhang

Entstehung der Methode
– oder die Folgen eines misslungenen Fibelunterrichts

Immer wieder wollen Leute wissen, wie ich eigentlich zu *Lesen durch Schreiben* kam. Nun, dies ist eine lange Geschichte. Ich erzähle sie gerne, muss allerdings zuerst einen möglichen Irrtum verhindern: Es war nicht so, dass ich zum Lehrgang kam – der Lehrgang kam zu mir.

Die Geschichte fing eigentlich mit einer Vor-Geschichte an, als ich in die erste Klasse ging – und nicht lesen lernte. Wir hatten zwar eine ordentliche Schule, aber der Unterricht war wenig professionell. 42 Jungen waren in drei Bankreihen platziert: Vorne saßen die Kleingewachsenen, hinten die Großgewachsenen und als Größter saß ich ganz hinten. Die Handhabung der Fibel vollzog sich immer nach dem gleichen Muster: Der kleinste Junge ganz vorne musste den ersten Fibelsatz laut vorlesen, der nächste Junge hatte den zweiten Satz zu lesen, der dritte Junge den dritten Satz usw. Und weil die Fibel höchstens fünf, sechs Sätze pro Seite aufwies, wurde jede Fibelseite sechs, siebenmal vorgelesen, bis auch ich an der Reihe war. Ich war ein „verträumter" Junge, vieles im Schulbetrieb war mir rätselhaft, unklar; ich tat, was die anderen Knaben taten, ohne immer genau zu wissen, weshalb und wozu. Trotzdem hatte ich irgendwie begriffen, dass beim „Lesen" jeder Junge etwas sagen musste und dass ich als letzter an der Reihe war. Das war mein Glück, denn so hatte ich jeweils Zeit, herauszufinden, bei welchem Satz ich an die Reihe kam – und das bekam ich immer schnell heraus: Es war ein Satz, den bestimmte meiner „Vorredner" schon ausgesprochen hatten. So konnte ich meinen Satz stets perfekt vorsagen und meinen Lehrer immer zufriedenstellen. Ich war nämlich rhetorisch begabt und konnte den Satz, den ich sagen sollte, gestaltend betont, laut und deutlich in die Klasse stellen.

Am Ende des ersten Schuljahres hatte ich im Zeugnis im Lesen eine glatte Eins und machte damit auch meine Eltern sehr glücklich. Mein Vater brachte mich stolz zu seiner Mutter, damit ich dort der Oma meine Lesekünste präsentiere. Das ging allerdings bös daneben; als ich der Oma vorlesen sollte, blieb ich stumm. Mein Vater schloss daraus aber nicht, dass ich gar nicht lesen konnte. In der Familie erklärte man sich mein Versagen mit der latenten Abneigung, die ich gegen meine Oma hegte. Trotzdem war ich in einer prekären Situation: Alle meinten, ich sei ein guter Leser, während ich genau wusste, dass das nicht stimmte.

Da kam mir das Glück zu Hilfe, wie eigentlich immer in meinem Leben. Ich bekam anfangs des zweiten Schuljahres die Windpocken. Arg leidend war ich da nicht, aber damit ich keine anderen Kinder ansteckte, durfte ich auch nicht in die Schule. Ich saß also den ganzen Tag zu Hause herum und langweilte mich. Nun lebte aber in dem Mehrfamilienhaus, wo wir wohnten, ein Stockwerk tiefer eine Familie mit einem etwa vier Jahre älteren Mädchen: Eveline. Eveline hatte Erbarmen mit meiner Langeweile, und deshalb besuchte sie mich an einem Nachmittag mit einem Arm voller Bücher – damit ich etwas zu lesen habe und mich weniger langweilen müsse. Da lief es mir heiß und kalt den Rücken hinunter, denn nun, so fürchtete ich, würde herauskommen, dass ich nicht lesen konnte.

Aber da hatte ich wieder Glück! Zu jener Zeit waren nämlich alle Tageszeitungen und der größere Teil der Bücher noch in Fraktur gedruckt. (Als Reminiszenz an jene Zeit druckt übrigens die FAZ bis heute die Titel über den Artikeln noch so.) Als ich diese in Fraktur gedruckten Bücher sah, hatte ich natürlich eine plausible Ausrede, denn soviel hatte ich nach einem Jahr Fibelunterricht doch mitbekommen, dass das Schriftbild, das sich in diesen Büchern zeigte, nicht dem entsprach, was ich aus der Schule kannte. „Das kann ich nicht lesen", meinte ich bedauernd zu Eveline, „wir haben in der Schule diese Schrift nicht gelernt." Eveline erwiderte, das wisse sie wohl. Aber das sei gar kein Problem, sie zeige mir, wie das geht. Und das tat sie auch.

Leider kann ich mich nicht mehr erinnern, was Eveline an jenem Nachmittag mit mir machte, ich weiß nur, dass ich am Abend lesen konnte – und heimlicherweise, im Bett, mein erstes Märchen gelesen hatte: Das ANDERSEN Märchen von der kleinen Meerjungfrau. Am Ende der Geschichte weinte ich herzzerreißend. Meine Mutter hörte dieses Weinen, dachte, mir fehle was, kam nachschauen und bemerkte dann, dass ich inzwischen auch Fraktur lesen konnte. Da waren meine Eltern natürlich doppelt stolz, ich war aber ein Stück entlastet – und ein paar Tage später vollends meiner Schwierigkeiten enthoben, denn das Lesen von Antiqua, der Schuldruckschrift, klappte anschließend ganz plötzlich und wie auf Anhieb.

Fazit: Weil ich im schulischen Fibelunterricht nicht lesen lernte, hatte ich aus persönlicher Erfahrung keinen Anlass, diesem Unterricht Vertrauen entgegenzubringen. Im Gegenteil – ich hatte zur Fibel von Anfang an eine große Distanz und damit gute Voraussetzungen, mit anderer Sichtweise an die Probleme des Lesenlernens heranzugehen.

Mit „Lesenlernen" hatte ich dann lange Jahre nie mehr etwas zu tun. Das Lehrerseminar besuchte ich in Basel zu einer Zeit, als man erschöpft vom jahrzehntelangen und fruchtlosen Methodenstreit zwischen analytischen und synthetischen Verfahren (für Laien: Ganzwort- und Buchstabenmethode) lesedidaktische und lesemethodische Fragen als irrelevant betrachtete. Weil keine der beiden Methoden eine deutliche Überlegenheit über die andere aufweisen konnte, zog man den voreiligen Schluss, es komme auf die Methode gar nicht an: Kinder lernten ohnehin lesen.

Diese These halte ich für außerordentlich gefährlich, und die Jahre zwischen 1960 und 1980 belegen auch ihre Gefährlichkeit – damals stieg die Zahl der sogenannten „Legastheniker" auf Höchstwerte. Jene, die die These vertraten, begründeten sie falsch und zogen vor allem die falschen Konsequenzen.

Zwar vertrete ja auch ich die These, dass Kinder „von selbst" lesen lernen, aber wenn man diese These vertritt, muss man den Kindern das Lernen dann auch tatsächlich selbst überlassen und sie nicht - gegen diese These - auf einen fremd vorgegebenen Weg zwingen. Sobald man Kinder unter eine Methode zwingt, ist es ihnen eben kaum mehr möglich, „von selbst" lesen zu lernen. Methodenfragen kann man nur ungestraft ignorieren, wenn man wirklich keine Methode einsetzt, sobald aber eine Methode zur Anwendung gelangt, muss man deren Qualitäten prüfen.

Das geschah damals nur unzureichend. Wenn ein Methodenstreit unentschieden endet, muss das ja nicht zwingend so interpretiert werden, dass beide Methoden gleich gut seien – denkbar ist auch, dass beide Methoden ungeeignet sind. Ich vertrete diese Auffassung, will das hier aber nicht weiter verfolgen, sondern kehre zurück zum Basler Lehrerseminar, ins Jahr 1965, als – wie gesagt – Methodenfragen im Bereich des Lesenlernens niemanden sonderlich interessierten. Entsprechend war der Erstleseunterricht das Thema von zwei Didaktikstunden: In der einen Stunde blätterten wir die synthische Basler Fibel durch (das war immer noch die, die ich als Junge selber schon kennengelernt hatte) und in der zweiten Stunden besahen wir uns die damals im Gebrauch stehende analytische Fibel. Und das war's, eigentlich ja skandalös, aber für mich persönlich war es wohl ein Vorteil, denn so blieb ich verschont von irgendwelchen Lesetheorien und Lesedidaktiken und konnte später, als mich Lesenlernen zu faszinieren begann, ohne Vor-Urteile an die Probleme herangehen.

Bevor ich diesen Teil der Geschichte erzählen kann, muss ich nun allerdings vorher noch etwas zu meiner Ausbildung sagen, denn diese spielt bei der Entwicklung von *Lesen durch Schreiben* auch eine wichtige Rolle.

Nach der Matura (dem Abitur) hatte ich von der Schule die Nase gründlich voll und mit Schule nichts, rein gar nichts im Sinn. Ich studierte Psychologie mit Philosophie und Soziologie als Nebenfächern, fand alles ungemein interessant und dachte keinen Augenblick an Schule oder „Lehrerei". Dass ich trotzdem in den Schuldienst eintrat, lag am damaligen Basler Lehrstuhlinhaber für Psychologie, Prof. Hans KUNZ.

KUNZ, ein von den Studierenden hochverehrter und durch und durch integrer Mann, vertrat nämlich die ungewöhnliche These, dass man mit Psychologie sein Brot nicht auf ehrliche Weise verdienen könne – weshalb er von allen seinen Studierenden vor Studienabschluss den Nachweis eines „Brotberufs" verlangte. Ich hatte diesen „Brotberuf" nicht. Ich hatte zwar meine Studien abgeschlossen, die Dissertation war geschrieben und angenommen, aber ich wurde nicht zum Schlussexamen zugelassen, weil mir ein bürgerlicher Beruf fehlte. Natürlich hätte Kunz diese Forderung juristisch nicht durchsetzen können, aber alle seine Studenten fanden sie berechtigt und unterwarfen sich. So erhob sich die Frage, was ich jetzt tun sollte. Ich hatte mein Studium durch Mitarbeit in einer internationalen Speditionsfirma als sogenannter „Werkstudent“ finanziert und stand nun vor der Alternative, entweder Speditionskaufmann oder Grundschullehrer zu werden. Weil ich Abitur hatte, wäre mir als Speditionskaufmann ein Lehrjahr erlassen worden, so dass ich nur noch drei Jahre Ausbildung hätte absolvieren müssen. Doch das war mir zu lang, denn das Lehrerseminar in Basel dauerte nur zwei Jahre. So wurde ich Lehrer, sehr „zufällig“, und zunächst ohne besonderes Engagement. Freilich änderte sich das sehr rasch, sehr bald hatte ich „Feuer gefangen“ und blieb anschließend Lehrer – bis heute.

So kam ich als „fertig studierter Psychologe“ in die Schule, und das war wohl der Grund dafür, dass ich von Anfang an einen anderen Blick auf die Kinder und den Unterricht hatte. In meinem ersten Dienstjahr unterrichtete ich zwar ganz so, wie es im Seminar vermittelt wurde, spürte aber sehr bald, dass da „irgendetwas“ nicht stimmte. So wandte ich mich von der erlernten Didaktik ab und begann, didaktisch eigene Wege zu gehen. Wesentliche Anregungen hierzu bekam ich durch den von HEINRICH ROTH herausgegebenen Gutachtenband des Deutschen Bildungsrates „Begabung und Lernen“ (Stuttgart 1968). Ich begann mit Kolleginnen und Kollegen auf eigene Faust „Schulreform“ zu betreiben, orientiert an Zielsetzungen wie Selbständigkeit, einsichtiges Lernen, systematisch-realistischer Sachunterricht u.ä.m. Mit den Behörden bekam ich natürlich sehr bald erhebliche Konflikte – doch das ist eine andere Geschichte.

Als ich in den Schuldienst eintrat, brachten es die Umstände mit sich, dass ich eine verwaiste dritte Klasse übernehmen musste, und als ich diese Ende des vierten Schuljahres abgab, musste ich noch einmal eine verwaiste dritte übernehmen. So hatte ich erst in meinem fünften Dienstjahr (1972) zum ersten Male Erstklässler.

Mit dem Erstleseunterricht bekam ich bewusst erstmals zu tun, als der Materialverwalter der Schule im November 1971 von mir wissen wollte, welche Fibel er für mich bestellen solle: synthetisch oder analytisch? Daraufhin nahm ich mir die beiden Fibeln noch einmal vor, war aber absolut entsetzt und wusste intuitiv nur eines: keine von beiden, alles, nur das nicht. Ich entschied also, auf diese Fibeln zu verzichten und einen eigenen Weg zu beschreiten. Auch wenn ich zu jenem Zeitpunkt noch keine Ahnung hatte, wie dieser Weg aussehen würde, so wusste ich doch, dass die Kinder vor dieser unglaublichen Fibel-Gängelung und dem sprachlichen Dadaismus („Mi im ...““ „Mo im ...“ „Mimi im ...“ „Omi im ...“ usw.) bewahrt werden mussten. Sie sollten mehr Möglichkeiten selbständigen Arbeitens eingeräumt bekommen, die Lernziele wären breiter anzulegen, und zur Schulung der Wahrnehmung, der Sprache, der Konzentration, der Aufmerksamkeit, ja des Denkens überhaupt sollten zusätzliche Angebote unterbreitet werden.

Die Idee, Lesen durch Schreiben lernen zu lassen, war noch nirgends in Sicht. Aber ich hatte wieder Glück! Die Siebzigerjahre waren eine Zeit, da weltweit die Vorschulerziehung im Gespräch war. So kam es, dass ich im Winter 71/72 im Rahmen der Basler Lehrerfortbildung einen Fortbildungskurs für Kindergärtnerinnen erteilte. Bei den Vorbereitungen für diesen Kurs benutzte ich auch eine kleine Broschüre von JOACHIM LOMPSCHER, „Vorschulerziehung als geistige Herausforderung unserer Zeit“ (München 1968) und fünf Seiten dieser Broschüre führten – gewissermaßen durch ein „produktives Missverständnis“ – zur Idee von *Lesen durch Schreiben*.

Auf den Seiten 99-104 berichtete LOMPSCHER nämlich über einen Vorschulversuch, der damals in der Sowjetunion unter der Leitung von DAWYDOW und ELKONIN durchgeführt wurde. Weil im Russischen Schrift- und Sprechsprache noch mehr auseinanderklaffen als im Deutschen, welches ja ebenfalls nur annähernd eine Lautschrift darstellt, haben russische Kinder noch größere Probleme als deutsche, mit den alten Methoden lesen zu lernen.

DAWYDOW versuchte daher, einen Leselehrgang zu entwickeln, der sich an die Linguistik anlehnte, weshalb er den Lehrgang mit einer Einführung in die Phonetik begann. Mit dieser Einführung war DORA ELKONIN betraut, die schon früher für eine Schulung der Kinder in der Lautanalyse v o r dem eigentlichen Leselehrgang eingetreten war. Sie forderte, dass dem akustischen Teil des Prozesses mehr Gewicht beizumessen sei – was damals ungewöhnlich war, wurden doch in jenen Jahren hauptsächlich optische Phänomene (Form und Gestalt der Buchstaben) trainiert, indes der akustische Teil weitgehend ignoriert wurde. ELKONIN aber wies die Kinder auf die Lautaspekte der Sprache hin, indem sie dem eigentlichen Leselernprozess einen „akustischen Vorkurs" vorausschickte, der über akustische Sensibilisierung die „Hinführung zur Lautstruktur der Sprache" zum Ziel hatte. Dieser Gedanke leuchtete mir unmittelbar ein.

Weniger einleuchtend waren für mich die praktischen Übungen, welche mit den Kindern gemacht werden sollten. Hauptaufgabe war jeweils die Lautanalyse eines Wortes, aber eingeschränkt auf die Unterscheidung von Selbst- und Mitlauten. Die Kinder bekamen dort beispielsweise das Bild einer Ente, unter dem vier Kästchen gedruckt waren. Die Kinder sollten nun das Wort „Ente" akustisch analysieren und für jeden Laut bestimmen, ob es sich um einen Selbst- oder einen Mitlaut handelte. In den Kästchen sollte dies dann entsprechend markiert werden: die Selbstlaute mit einem „x", die Mitlaute mit einem „o". Nun leuchtete mir zwar bei dieser Übung ein, dass man das Wort auf seine Lautgestalt hin abhören musste, doch mir schien unsinnig, warum die Kinder danach Selbst- und Mitlaute markieren sollten. „Was soll das?", fragte ich mich. „Was bringt das? Wem soll so etwas nutzen? Vernünftiger wäre doch, die Kinder würden gerade die richtigen Buchstaben schreiben!"

Nun – das wäre sicher vernünftiger gewesen. Das Problem war jedoch, dass ja die Kinder die Buchstaben nicht kannten. Da hatte ich erneut Glück!

Ich erinnerte mich zum richtigen Moment an meine Pfadfinderzeit. Als Pfadfinder hatte mir immer besonders gut gefallen, nachts im Wald mit einer Taschenlampe „Morse-Botschaften" an andere Kameraden zu senden. Morsen gefiel mir sehr, dabei konnte ich das Morsealphabet nie auswendig – doch das war kein Problem: Es gab da nämlich den sogenannten „Morse-Schlüssel", aus dem man die Morsezeichen ablesen konnte. „Man müsste für die Kinder eine Art Morseschlüssel haben", dachte ich, „aus dem sie die Buchstaben ablesen können" – und damit war die Buchstabentabelle geboren. Die sah in der ersten Version noch anders aus als heute, war wirklich als Tabelle mit Zeilen und Spalten gegliedert und nach dem ABC angeordnet. Aber das Prinzip war da –

und irgendwie war unbemerkt auch plötzlich die Intuition da, dass Kinder, die dem gesprochenen Wort entlangschreiben, im Gefolge dieses Schreibens lesen lernen. Offenbar betrachtete ich die Übung ELKONINs irgendwie als eine Vorform des Schreibens. Ich beschloss, diese Vorform auszulassen und den Kindern mit Hilfe einer Buchstabentabelle auf Anhieb die Möglichkeit „richtigen" Schreibens zu geben – *Lesen durch Schreiben* war (der Idee nach) „erfunden"!

Bis aus der Idee ein Lehrgang wurde, dauerte es freilich nochmals ein Jahr. Der Lehrgang ist ja nicht am Schreibtisch, sondern in der Praxis entstanden: Ich entwickelte das Material im Laufe jenes Schuljahres, als ich das erste Mal eine erste Klasse betreute. Dabei setzte ich zum einen meine im Psychologiestudium gewonnenen allgemeinen lerntheoretischen Vorstellungen um, zum anderen stützte ich mich regelmäßig auf die Kinder, die ich sorgfältig beobachtete und von denen ich eine ganze Menge wichtiger Dinge lernte. Im fruchtbaren Austausch mit engagierten Kolleginnen und Kollegen wurde das Material anschließend regelmäßig weiterentwickelt, bis es endlich 1982 beim sabe-Verlag in Zürich allgemein erhältlich wurde.

Nachtrag

In der Entwicklung von *Lesen durch Schreiben* im engeren Sinne, bzw. des „Werkstattunterrichts" im mittleren Sinne bzw. einer „individualisierenden Elementardidaktik des eigenaktiven Lernens" im weitesten Sinne lassen sich eine ganze Reihe von Entwicklungsphasen erkennen. Das Konzept hat sich stetig fortentwickelt – und die Auslöser waren eigentlich immer sogenannte „Zufälle".

Nun bin ich inzwischen aber zu alt, um noch an Zufalle zu glauben. So wie der Zufall im Alltag interpretiert wird, als zufällig, gerade so ist er ja nicht. Weil das Zufällige statistisch gesehen als sehr sehr unwahrscheinlich erscheint, so unwahrscheinlich, dass es sich praktisch eigentlich gar nicht ereignen dürfte, meinen wir, es sei zufällig. HEIDEGGER dagegen hat gerade diese Unwahrscheinlichkeit als Hinweis für höchste Fügung gewertet. Zufall ist für HEIDEGGER das, was mir „zu fällt", was mir bestimmt ist. Meine Biografie jedenfalls ist reich an Zufällen, die keine sind, ja gerade die absolut entscheidenden Ereignisse und Begegnungen in meinem Leben, privat und beruflich, sind „Zufälle" gewesen. Ohne eine ganze Reihe unwahrscheinlicher „Zufälle" gäbe es kein *Lesen durch Schreiben*, keinen „Werkstattunterricht", keine „individualisierende Elementardidaktik des eigenaktiven Lernens" und auch nicht die heutige Verbreitung meines Konzepts. Also glaube ich nicht an „Zufälle", schon eher an „Fügung" – und von daher stellt sich eben die Frage, ob mein Erlebnis mit Eveline, die mir das Lesen beibrachte, nicht letztlich der Beginn meiner Didaktik war? Eveline war der Grund für meine innere Distanz zum Fibelunterricht, so dass ich unbelastet um didaktischen Theorieballast alternative Lernformen entwickeln konnte, und Eveline war auch, psychologisch gesehen, der Grund meines Vertrauens in Kinder. Ein Kind, nicht mein Lehrer, eröffnete mir den Zugang zum Lesen, und daher konnte ich mir immer schon gut vorstellen, dass Kinder zum Unterrichten gut geeignet sein können. So wurzelt z.B. die „Kompetenz- und Aufgabendelegation" (das Chefsystem) als das pädagogische, didaktische und organisatorische Herzstück des „Werkstattunterrichts" in meinen eigenen, positiven Erfahrungen.

Literaturhinweise

Bartnitzky, H.: Sprachunterricht heute. Frankfurt/M 1987
Brügelmann, H./Brinkmann, E.: Die Schrift erfinden. Lengwil 1998
Brügelmann, H./Richter, S. (Hrsg.): Wie wir recht schreiben lernen. Lengwil 1994
Bruner, J.: Wie das Kind sprechen lernt. Bern 1993
Cazden, C.B.: Environmental Assistance to the Child's Acquisition of Grammar. Dissertation, Harvard University, Cambridge MA 1965
Deitering, F.G.: Selbstgesteuertes Lernen. Göttingen 1995
Feldmann, K.: Schüler helfen Schülern. München 1980.
Gardner, H.: Der ungeschulte Kopf. Stuttgart 1994
Geschwind, N.: Die Grosshirnrinde. In: Spektrum der Wissenschaft, Nov. 1976
Konrad, K./Traub, S.: Selbstgesteuertes Lernen in Theorie und Praxis. München 1999
May, P.: Kinder lernen rechtschreiben: Gemeinsamkeiten und Unterschiede guter und schwacher Lerner. In: Brügelmann, H./Balhorn, H. (Hrsg.): Das Gehirn, sein Alfabet und andere Geschichten. Konstanz 1990
Meiers, K.: Erstlesen. Bad Heilbrunn 1977.
Meiers, K.: Der Lesespiegel 1. Stuttgart 1978.
Metzger, W.: Gesetze des Sehens. Frankfurt/M. 1953
Neber, H./Wagner, A./Einsiedler, W. (Hrsg.): Selbstgesteuertes Lernen. Weinheim 1978.
Neuweg, G.H.: Mehr lernen, als man sagen kann: Konzepte und didaktische Perspektiven impliziten Lernens. In: Unterrichtswissenschaft. Heft 3/2000.
OECD/CERI: Indikatoren für Bildungssysteme - Eine bildungspolitische Analyse. Paris 1997, (ISBN 92-64- 55682-6)
OECD/CERI: Lesefähigkeiten und Wissensgesellschaft / Weitere Ergebnisse der Internationalen Erwachsenen-Lesefähigkeits-Studie. Paris 1997 (ISBN 92-64-15624-0)
Oerter, R.: Implizites Lernen beim Sprechen, Lesen und Schreiben. In: Unterrichtswissenschaft. Heft 3/2000. Weinheim 2000
Posner, M.I./Raichle, M.E.: Bilder des Geistes - Hirnforscher auf den Spuren des Denkens. Heidelberg, Berlin, Oxford 1996
Rainer, W.: Lernen lernen. Paderborn 1980

Schiefele, U./Pekrun, R.: Psychologische Modelle des fremdgesteuerten und selbstgesteuerten Lernens. In: Weinert, F. E. (Hrsg.): Psychologie des Lernens und der Instruktion, Enzyklopädie der Psychologie, Göttingen 1996
Sirch, K.: Der Unfug mit der Legasthenie, Stuttgart 1984
Spitta, G. (Hrsg.): Legasthenie gibt es nicht ... Was nun? Kronberg 1977
Spitta, G.: Kinder schreiben eigene Texte. Bielefeld 1988
Spitzer, M.: Geist im Netz, Modelle für Lernen, Denken und Handeln. Heidelberg, Berlin, Oxford 1996
Valtin, R. / Nägele, L. (Hrsg.): Schreiben ist wichtig. Frankfurt/M. 1986
Valtin, R. u.a. Legasthenie in Wissenschaft und Unterricht. Darmstadt 1981
Weinert, S.: Spracherwerb und implizites Lernen. Bern 1991
Wygotski, L.S.: Denken und Sprechen. Berlin 1964
Zimmer, D. E.: So kommt der Mensch zur Sprache. Zürich 1986